文經文庫 316

一甲子的未亡人

——王培五與她的6個子女

呂培苓◎著

COSMAX
PUBLISHING Co.
Since 1981

文經社
Taiwan

序1

血淚編織的大河劇

馮賢賢
（資深媒體人、前公共電視總經理）

小時候，我喜歡坐在客廳角落聽長輩們聊天。他們談政治，時而隱誨，時而細瑣，對於不瞭解脈絡的小孩來說，其實並不真的明白，只感覺大人們口中的政府似乎暗中做了許多壞事。國中某一天，父親的同事童伯伯突然被捕，一些小心翼翼的營救行動都不起作用。童伯伯後來因匪諜罪名遭處決。他的夫人和子女被限制出境多年，而後移民美國。

幽默又寬厚的童伯伯，若生為美國人，會是一位文壇健將，愛才的專業編輯，受人尊敬的兒童文學作家。但是命運讓他在台灣連求生都不可得。

解嚴後才慢慢知道，長達四十年間發生了數萬件的冤假錯案，是為白色恐怖。原來我童年聽到的離奇敘事，並非零星偶發，而是千萬個知識份子的悲劇，無數家庭的苦難。

澎湖七一三事件，發生於白色恐怖的開端，其慘烈令人心驚。含冤遇害的張敏之校長在一九四九年底辭世，而他的夫人王培五默默吞下苦楚，做了「一甲子的未亡人」。細讀張家屈辱求生的故事，思索著張敏之校長和從中國來台灣避難的整個戰亂世代的命運，思緒難平。

張校長因堅持為山東流亡學生爭取受教權而被構陷，受盡凌虐後遇難。從小家境富裕的王培五女士低頭面對橫逆，強悍地撫養六個孩子長大後，堅持將他們陸續送到美國，以擺脫「匪眷」魔咒。

真是個性決定命運嗎？張敏之校長若生在美國，以他的堅毅與熱情，投身教育或其他公職，應該可以理想淑世，備受尊敬。王培五女士聰慧果斷，何嘗不會有個大開大闔的專業生涯？若他們不求聞達，至少可以安做太平公民。但是，他們不幸生在中國，為躲避共產黨逃至台灣，竟遭逢「自己人」最殘酷的對待。讓人置身險境求救無門的豈是個性？是兇狠的統治者和他們的幫兇肆無忌憚地將無數人推向悲慘的命運。

這些受害者並不是龍應台在《大江大海，一九四九》書中所謬誤定義的失敗者，他們只是在亂世奮力求生的無辜之人。白色恐怖在解嚴後仍陰魂不散，因為加害者繼續橫行於世，而警總仍在許多人心中作祟。張敏之校長去世66年後，張家人終於說出了他們的血淚故事，讓歷史不被忘記。

《一甲子的未亡人》是書寫時代悲劇的難得之作。作者呂培苓以清雅內斂的筆觸，重現張家從中國到台灣以至於美國，一幕又一幕峰迴路轉的悲喜劇。培苓展現了資深電視記者運用畫面經營情境的深厚功力，讓我們彷彿親臨現場，看到張家人的淚與笑，愛與恨，和在困厄中尋找陽光的各種豐富的生活細節。

我們需要這樣的書寫，來抵抗所有讓生命枯萎的謊言與冷漠。希望這本書的問世，不僅能撫慰張敏之校長一家，也能讓蒙受白色恐怖戕害的生者與逝者得到一個溫暖的擁抱。更期待這血淚編織的故事，讓人們覺察，今日我們所享受的自由民主何其珍貴，而轉型正義在台灣亟需實現。不為報復，只為讓愛與公義高舉。

序2

作孤兒的父，作寡婦的伸寃者

張彤
（王培五老師三兒子）

這是《聖經．詩篇》裡一段經文，也是我們一家人的見證。

母親在二〇一四年六月二十四日凌晨在睡夢中安祥過世，距父親蒙寃遇難也有六十五年了。

一九四九年至一九六九年的二十年，寡母在惡劣的環境中，堅忍不拔的撫養我們兄弟姐妹六人是個奇蹟，也印證了《聖經．詩篇》裡那段經文「神在他的聖所作孤兒的父，作寡婦的伸寃者」。

一九六八年春天，我希望在出國前擇地埋葬父親的骨灰。母親與我去陽明山第一公墓購買十二區五號的地，承辦人要知道父親過世的原委，我不知道如何以對，母親心平氣和的講述父親被寃枉為匪諜而槍斃的往事。

那還是在白色恐怖的年代。母親的鎮靜令我終生難忘，我也從此立定決心要把父母親的故事廣傳。

一九八九年，煙台聯中學生王人榮、趙儒生搜集豐富的資料及專文，出版了《煙台聯中師生罹難紀要》，由父親的同學杭立武先生為封面題字，並在台北舉辦了紀念大會。

父親遇難前，走過王大哥的牢房對他說：「我們不行了，你要好自為之」。幾十年來，那一句話一直激勵著他。十年後，他又負責出版《張敏校長罹難五十週年》紀念冊，請鄉長孫運璿先生題字。

就在一九九九年底，台北靈糧堂舉辦父親遇難五十週年紀念禮拜前，我們希望能出版由立委高惠宇起草的一本書，在文經社吳榮斌社長及主編管仁健先生的大力協助下，整理出版了《十字架上的校長》。冤案的故事從此在台灣廣為流傳。

幾個月後，由「行政院戒嚴時期不當政治案件補償基金會」為煙台聯中受害有案的師生們正式平反。這個基金會是由謝聰敏、高惠宇、葛雨琴三位立委努力促成的。台幣六百萬元的補償金我們捐給煙台二中，興建了「張敏之教學樓」，請諾貝爾物理獎得主丁肇中教授題字。丁教授的母親當年在當地毓皇頂中學畢業。

民進黨執政時期，為紀念解嚴二十周年，友人高丹華、楊長鎮為我們在澎湖學辦了山東流亡學生紀念會，更在二〇〇八年立了紀念碑。

二〇一三年，我們與文經社討論出第二本書，決定以母親在台灣艱苦的二十年為主軸。請媒體朋友呂培苓執筆。

二〇一四年春天，我邀請高丹華，呂培苓及攝影師李國壽來美國參加母親的生日聚會。他們與我們六個兄弟姐妹分別交談，搜集資料。大哥張彬用英文寫了一本還沒機會出版的回憶錄，"Year of the Rat"，有他幼年經歷的詳細精彩故事。

特別感謝呂小姐努力著書，管先生大力協助，為這書起名《一甲子的未亡人》。以及高丹華與張茂桂協助審閱，還有諸多提供資料與接受採訪的當事人。

我誠摯希望這本書能為那些人生有苦難的人提供安慰，更盼望神眷顧我們一家孤兒寡母的故事，能讓更多的世人歸向憐憫人的神。就像《聖經．約翰福音》上所說：「耶穌說，我將這些事告訴你們，是要叫你們在我裡面有平安。在世上，你們有苦難；但你們可以放心，我已經勝了世界。」

▲本書作者呂培苓（後排中）、攝影者李國壽（後排左）、高丹華（後排右），在美國拉斯維加斯參加王培五老師106歲生日宴。

目次

序1 血淚編織的大河劇／馮賢賢 002
序2 作孤兒的父，作寡婦的伸寃者／張彤 005

Part 1 逃
1 她嫁給了三民主義 012
2 流亡再流亡 025
3 戰亂中的小確幸 041
4 迢迢歸鄉路 054
5 最後的逃亡 064

Part 2 囚
6 刺刀下的「志願」從軍 078
7 不死心的校長 088
8 匪諜是這樣造出來的 098
9 長子的責任 109

Part 3 冤

10 燈塔的下方永遠黑暗 118
11 你們逃不掉的！ 128
12 在那島嶼的最下方 148
13 苦澀的青春 162

Part 4 孀

14 向上挪移的第一步 182
15 小老鼠的觀察 189
16 尋覓能停靠的港灣 201
17 一條命五千圓 210
18 被關在高塔裡的公主 226

Part 5 勵

19 偷雞摸鴨的歲月 238
20 從激昂到冷靜 248
21 台大，我來了！ 260

22 老鼠捉貓的遊戲 275
23 爸爸的骨灰罐 286

Part 6 轉

24 第二個台大生 296
25 全家上台北 305
26 投奔新大陸 320
27 遠離傷心島 339

Part 7 愛

28 終於得到的自由 356
29 神的應許之地 370
出版後記 事就這樣成了！／吳榮斌 385
王培五女士年表 392
引述備註 395
感謝 396

Part 1
逃。

1949 年 6 月，張敏之校長帶著煙台聯中師生，與另外七所山東流亡學校近八千名師生來到廣州，四顧茫茫，前途未卜。抵穗不久，張校長就帶著學生前往黃花崗七十二烈士紀念碑致敬。這是學生們在流亡歲月中，最難忘的照片。

1 她嫁給了三民主義

在張敏之負責的訓練班裡，王培五的成績很好，教官張敏之頒獎給她，獎品就是《三民主義》與《建國大綱》這兩本書。結婚後，王培五常開玩笑說：「我嫁給了三民主義。」

二〇〇七年的冬天，一百歲的王培五坐在美國拉斯維加斯（Las Vegas）家中的客廳，對著攝影機朗聲說著：「我是張敏之的未亡人王培五。每年登泰山而小天下。」出生於中國山東省泰山附近的一百歲人瑞，說著說著就大笑了起來。這天，台灣的公共電視要採訪她，關於一九四九年山東流亡學生在澎湖的冤案。

打從一九四九年十二月十一日那天開始，王培五就被冠上「未亡人」的身分，算來已超過半世紀了。她稱自己是未亡人，這原本是中國舊社會女性對自己在社會上身分的定位，看似平常，但出於她嘴裡，卻多了老頑童嘲謔的味道。怎麼說呢？

王培五出生於百年前的中國，卻沒有同年紀女性纏足後的三寸金蓮，她向父母強烈主張要到北京讀大學、談戀愛，甚至拒絕父母為她挑選的婚姻對象，是個思想和行動都很新潮的女性。後來因為政治冤案，她成了寡婦，獨自帶著六個小孩，在南台灣的屏東萬丹、潮州，以及台南縣的善化和台南市「討生活」。

「討生活」這個字眼看來卑微，卻是王培五的真實經歷。雖然她拿著國立師範大學（北京）英文系畢業的文憑在中學擔任教員，卻得低頭忍辱、咬緊牙關過日子。因為她的先生，前煙台聯中校長張敏之，在一九四九年以匪諜罪名被槍斃後，王培五和她的六個孩子，一家七口孤兒寡母，全都成了「匪眷」，她們在台灣四顧茫然，尋無容身之處，只能到屏東縣鄉下的萬丹中學去教書。

在萬丹的日子十分煎熬，颱風來的時候，破房子的屋頂被吹走了，一家七口溼答答地坐等天亮；颱風走了，孩子們在門口撿死掉的麻雀烤「鳥仔巴」，高興加菜了！沒有錢買牙膏，就用鹽巴洗嘴搓一搓，反正牙刷也只有一把，七個人一起用！

不過艱難的日子中也有令人驚訝的「神蹟」：調皮的大兒子因為偷了一根甘蔗，地主拿鐮刀追趕，結果地主竟活生生被雷劈倒；在台北讀書的大女兒感染肺結核，休學回家，才兩間紙拉門房間的陋室，一家人誰也沒有被傳染，通通健康平安。

王培五帶著六個小孩不管搬到哪裡，第一個上門的永遠都是查戶口的管區警察。永遠常伴左右的情治人員，不但說話刺激她，試探她有沒有「謀反」的意圖，還找「職業學生」監視她的兒子。她的兒子都經歷過「不得不猜忌別人」的痛苦：我的同學是真的對我好，還是在監視我？

於是王培五「堅持」：每個孩子都要升學、然後出國重獲新生。她在那個年代就知道做「虎媽」，只是這個「虎媽」從不疾言厲色打罵小孩，她的「虎」在於「堅持」。在物質與精神都艱難的日子中，「堅持」樂觀、「堅持」學習、「堅持」沉默。她的六個小孩，四個唸台大，拿博士、當醫生。

第一個小孩出國，由黨國五大老聯署、副總統陳誠下條子「有條件放人」。直到一九六九年，小孩都出國念書、工作之後，她才從台北建國中學退休離開台灣。

有趣的是，她的十三個孫子，嫁娶對象幾乎都不是華人。在她一〇六歲的生日宴上，許多洋面孔喊她祖母、曾祖母，對照她在北京師範畢業證書上穿著高領旗袍，瀏海齊眉的照片，還有先生張敏之復旦大學畢業穿著中山裝的照片，這對夫妻歷經上個世紀動盪中國的炮火煙硝，也經歷過台灣白色恐怖時期的血腥肅殺，他們是中國和台灣歷史的一部分，最後全溶入了汪洋萬里之外的另一個國度。

她是王培五，前山東煙台聯中校長張敏之「一甲子的未亡人」。

◆

濟寧是個內陸城市，在山東省的西邊，城內湖泊、小溪遍佈，素來有「江北小蘇州」的美譽。濟寧城南有個大湖叫南陽湖，這湖可重要了，從南洋湖以南，連接洪澤湖、高郵湖，過長江通達太湖，最後抵達浙江省的杭州。

從濟寧往北過黃河，經河北省的德州、滄州、天津，到北京，這路線就是從隋唐時代開鑿的「大運河」，之後不管如何改朝換代，每朝天子都要整修擴建。靠著這條「大運河」，富庶江南的米、糖、絲綢、瓷器等物資，才能往北輸送。濟寧除了因為漕運成了繁華富庶的城市，在中國歷史上更有著重要的位置：孔子、孟子、顏回和曾子，都是濟寧人，濟寧可說是儒家的發源地。

王培五的家，就在濟寧城的南邊靠運河的地方。家裡世代做瓷器的生意，沿著大運河南下長江，到達江西的景德鎮。王家是濟寧的富商。王培五的幾個兄弟，每個人都有自己獨立的一個院落，她的學生高慕君回憶起王家的建築，讚嘆說，「房子很大，有很深的院子」。

王培五是王家的第二個女兒，她的侄子王長仁記得，「她從小就很聰明，所以爺爺、奶奶都叫她『能能』。」另一個姪子王同生說，「我聽母親說過，如果她快回來了，奶奶很高興，一直說『二能能』要回來啦！奶奶很疼這個聰明又有主見的女兒。」

王家在日軍佔據華北時，並沒有吃太多苦頭，他們像一般富商那樣，只要繳交高額的稅賦，就能換取平安過日子。王培五的父親去世後，媽媽和教友捐錢給天主教會蓋了一所「中西中學」（現濟寧市第一中學東校區），高慕君就是中西中學的學生。

王培五沒讀過小學，當時很多大戶人家對女子教育的標準，只要能讀書識字即可。王培五小時候由媽媽自己教育，唸了百家姓、三字經、千字文、朱子家訓、女兒經、弟子規、雜字本等私塾教科書，每天媽媽要午睡前，王培五就背段書給媽媽考核。

幾年下來，媽媽認為這個女兒資質不錯，不出外唸書太可惜，雖然王培五的爸爸反對，媽媽卻很堅持。十五歲那年，王家的「二能能」終於到了泰安。泰安距離濟寧只有一百多公里，那裡有一所基督教美以美教會辦的德貞女子中學。泰安不是一個大城市，但泰安城北邊的「泰山」就大有名氣了，泰山是中國五嶽之首，秦始皇封禪之地。昔日「孔子登泰山而小天下」，就是叫人要見多識廣，心胸開闊。

王培五在泰安讀書時，老師常帶她們去登泰山，青春少女在當時家國動盪的氛圍下，很有報國救世的胸襟，尤其是在學校裡，眼睜睜看著平日深受學生敬重的訓導主任被日軍架走，更是熱血沸騰。也因此在深感亡國末路時，她愛上了到泰安演講的三民主義巡迴教官——張敏之。

女人一輩子的命運，大概都和愛情有關。

◆

王培五與張敏之名為師生，實際上年齡只差兩歲。張敏之是山東牟平人，牟平屬於煙台市。張家做小生意，所以張敏之從小養成儉樸生活的習慣；結婚以後太太在餐桌上預備的菜餚豐盛一點，先生就不以為然。

一九二三年，十六歲的張敏之進入先志中學唸書，一年四季穿的就是一件褪色的藍布長衫，天氣熱時就單穿，天冷時裡面也只多夾一層棉花，腳上的布鞋還都是母親親手縫製的。嫁給張敏之，王培五一生的命運自此翻轉，從千金小姐變成勤儉持家的校長夫人，最後不幸變成落難的寡婦。而影響張敏之命運的關鍵，就在先志中學。

先志中學位於煙台，一九二二年創校，是山東聞人于洪起（字範亭）為了培育新時代的知識分子而創辦的學校。于洪起是第一任校長，不過實際負責校務的是教務主任崔唯吾。

一九一九年，第一次世界大戰結束後，列強在巴黎開會，把原本德國在山東的租界權益轉讓給日本。由於北洋政府無能捍衛中國的權益，北京青年就在五月四日走上街頭高喊「外爭國權、內除國賊」，更加熾熱了一連串追隨「德先生（民主）與賽先生（科學）」的新文化運動。

當時，崔唯吾是濟南第一師範的學生會代表，同時也被推派為山東省學生總代表到上海開會，還跟孫中山見了一面。崔唯吾在一九二〇年考上北京師範大學博物部，第二年加入國民黨，他到先志中學教書，最重要的任務就是要栽培學生、吸收黨員。

在先志中學，崔唯吾吸收了一個好學生張敏之。張敏之和他的老師崔唯吾一樣，在先志中學的學生自治會表現很活躍。一九二七年，張敏之中學畢業後，在崔唯吾的推薦之下，由國民黨山東省黨部送到南京，報考國民黨中央黨務學校（今政治大學）。這個學校當時成立的目的是要培育黨務人才，完成北伐的軍政使命。

一九二八年國民革命軍北伐到了山東省會濟南，日軍聲稱國民革命軍對濟南城內的日僑燒殺擄虐，為了報復，日軍在濟南殺了中國軍民六千多人，史稱「五三慘案」。慘案發生後，山東省政府遷到泰安，國民黨山東省黨部為宣傳三民主義，開設了「黨義教育訓練班」，張敏之是訓練班的教官，而王培五是訓練班的學生。那個年代，許多青年男女在大時代激情的催化下，成就了一段段的愛情。

張敏之的恩師崔唯吾和他的夫人張志安（時為濟南女子師範學生代表，曾任國大代表）因為「五四運動」相識相戀，結婚後生了一個女兒取名崔玖（婦產科醫師，致力中西醫學整合），取五加四等於九之意。而張敏之和王培五則是在「五三」的震盪中，被命運推擠到一塊。這年，王培五只有十九歲，而張敏之也才二十一歲。

這段發展在泰山腳下的戀情很浪漫，兩人結伴遍遊泰山，遙想孔孟的經世濟國大業；還一起到煙台看海，讓成長於內陸的年輕女子豁然心胸開朗，瞭然天下之大。

在私底下相處的小確幸裡，張敏之不再是嚴肅不苟言笑的教官，他會對心愛的女孩唱歌，「好時光像水一般不斷流，春來不久要歸去，水也不能留。別恨離愁賦予落花流水共幽幽。」

張敏之和王培五的師生戀情，就算在現代也不免被人評價兩句，更何況是一九二〇年代的中國。王培五承受了極大的壓力，雖然她念書的德貞女中是洋學堂，但卻是很保守的教會學校，外籍教師責罵王培五年輕不懂事，將來一定吃虧後悔；校長還警告王家，不要讓女兒和「大兵」在一起。

兩心相許的戀愛不被祝福，鬱悶的張敏之苦中作樂，用唱歌表白心情，「小妹妹，不要妳的金；小妹妹，不要妳的銀。只要妳的心啊！妳的心！」王培五無法在德貞女中繼續念書，轉學到濟寧第七中學，完成高三最後一年的學業。

◆

雖然不被祝福，但兩人的感情還是明確穩定地發展，不過，兩人世界以外的國家大局，卻令張敏之沮喪失望。國共兩黨不斷的內鬥，再加上黨內人事的腐敗，張敏之決定要離開黨務工作。他在「黨義教育訓練班」結束後，又主持了一段時間的「黨務訓練班」，之後考取了上海復旦大學經濟系二年級，他認為經濟是富國強兵的底子，也鼓勵王培五繼續升學。

但王培五中學畢業已經十九歲了，年紀這麼大了還要唸書？王培五的爸爸堅持女兒該嫁人了！他不顧女兒反對，自作主張替女兒談婚事，結果媒人帶了一位富商子弟上門求親，王培五不但斷然拒絕，還把媒人給轟了出去！

爸爸對女兒的叛逆感到失望，但是王培五的大哥思想開明，他全力支持妹妹的決定，王家大哥對張敏之很欣賞，王培五的侄子王同生這麼回憶，「我父親對我二姑夫特別好，說他很聰明，很能幹，有抱負，最重要的是肚子裡有學問。」王家大哥不但支持妹妹的戀愛，而且勸爸爸讓妹妹到北京唸大學，老爸爸敵不過孩子們的聯合陣線，終於點頭讓女兒展翅高飛。

為了勘察環境，張敏之陪著女朋友到北京走一趟，這趟旅程讓王培五下定決心：非張敏之不嫁！半個世紀以後，王培五告訴她的二兒子張彪，「爸爸陪著我從家裡到北京，在濟南，我們誤了到北京的火車，孤男寡女只好在旅館過了一夜，但你爸爸始終以禮相待，沒有做甚麼不禮貌的事情。從那一天開始，我就決定一定要嫁這個人，因為他是正人君子。」

王培五到北京考試有兩個目標，一個是北京的國立師範大學，一個是燕京大學。王培五原本最屬意燕京大學（一九五二年停辦，校舍由北京大學接收），因為燕京是由美、英兩國的基督教會合辦的學校，其中包括了美以美教會，就是創辦泰安貞德女子中學的教會。不過，「當她要去考燕京時，竟下起了大雨，她在半路滑倒了，筆墨掉了一地，沒法應考，只好選了北師大，結果就錄取了。」王培五的大女兒張磊說。

這場大雨或許是上帝特意的安排，祂已經為祂在地上的女兒，預備了未來人生道路上的資糧。師範大學英文系的文憑和人脈，是王培五不幸變成政治寡婦以後，賴以餬口謀生的重要工具。

王培五在北京待了六年，前兩年是預科，後四年是大學部的正式課程。那個年代窮學生很多，不過王培五的日子可不是這麼過的。二兒子張彪說，「她的大哥是做生意的，每一次到北京去，就給她留幾十塊錢，那時候一個月兩塊錢就可以過得很好，因此她的錢是花不完的。」

在北京，王培五的日子過得順心暢快，「母親不但學了鋼琴，還參加歌詠隊，她唱女高音，後來在教會裡也都是詩班成員，聲音很好的。」大女兒張磊說。

女大學生的身分代表著摩登新女性的魅力，王培五身邊不乏男同學對她獻殷勤，但是她情貞意堅，縱使與張敏之南北遙隔，感情卻依然熾熱沸騰。一九三一年，兩個人決定結婚了，二十二歲的王培五回濟寧告訴爸媽要嫁給張敏之，張敏之也趕回牟平稟告父母要娶王培五。但是，這一對才子佳人卻得不到雙方家長的祝福：王家怕女兒嫁過去受委屈，張家覺得高攀不起。

怎麼辦呢？但是張敏之已經二十四歲了，娶個高攀不起的媳婦，總好過兒子不娶媳婦吧？於是張家兩老從山東省東邊靠海的煙台，迢迢千里趕到山東省西邊的濟寧去拜訪王家，大女兒張磊聽媽媽說過這段往事，「我的祖父祖母認為張家很窮，王家卻很有錢，自己配不上。但母親卻堅持，我愛的是這個人，其他的都不重要。」這婚事在新娘的堅持下，成了！

在張敏之負責的訓練班裡，王培五的成績很好，教官張敏之頒獎給她，獎品就是《三民主義》與《建國大綱》這兩本書。後來兩人感情升溫，論及婚嫁，張敏之對王培五說，「我很窮，沒有什麼聘禮，當獎品的那兩本書，就算是我的聘禮吧！」王培五回說，「我家雖有錢，但我也不會帶什麼貴重的嫁妝，我自己就是無價的活嫁妝。」後來王培五常開玩笑說：「我嫁給了三民主義。」

這兩個人的婚宴設在濟南火車站前面的旅館，就是現在濟南火車站前面的「山東賓館」舊址。王培五姪子王長仁參加了那場婚禮，「我記得他們結婚那天，二姑夫從煙台帶來了兩筐蘋果，我記得很清楚，就像兩天前剛發生的一樣。」煙台蘋果向來以色澤鮮豔，香甜多汁聞名，張敏之家鄉牟平縣，更是煙台蘋果的重要產區。張家帶著兩筐蘋果來，很有做親家的誠意。

婚宴結束以後，王培五和張敏之依舊是一南一北，一個在上海、一個在北京，他們分隔兩地就學，只有在放長假的時候，其中一個人坐上好幾天的火車去探望對方。結婚後的王培五給自己改了名字，其實她原來的閨名叫「王沛蘭」，婚後改成「王培吾」，取自立自強，自我期許改造的意思。到台灣後為了避禍，再取諧音改為「培五」。

一九三五年，王培五從北京師範大學畢業了，畢業證書上瀏海齊眉的照片，還是清純女大學生的樣子，不過這時王培五已經當媽媽了。就在這一年的三月五號，她在北京協和醫院生下長女張磊。

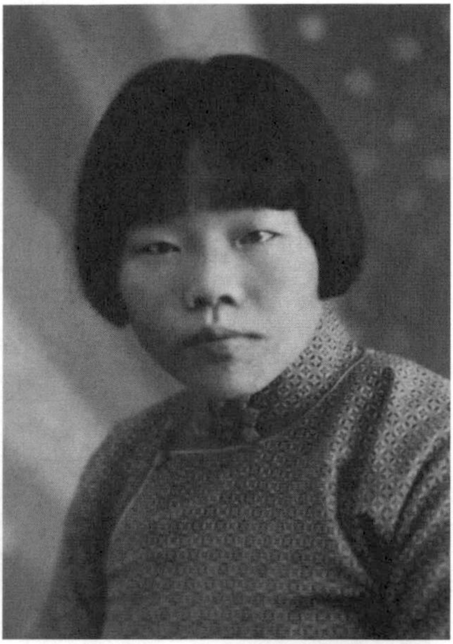

■1933年，張敏之(圖上左)剛從復旦大學畢業，擔任濟南第一師範學校訓育主任。1935年，從北京師範大學畢業的王培五(右)。這一年，她在北京協和醫院生下長女張磊。

■北京師範大學典藏1935年的畢業紀念冊裡面，有英語系的王培五同學照片(下排右一)。當時這位出身濟寧優渥富商家庭、覓得良緣，又有高學歷的幸福女子，還無法預見將作一甲子未亡人的命運。(高丹華2013年攝於北京)

■ 王培五么子張彤(左)與姪子王長仁(中)王同生(右)。年逾八十的王長仁是王家長孫，對二姑王培五印象最深，他參加過二姑的婚禮，記得二姑父張敏之帶了有名的煙台蘋果餽贈親友。(高丹華2014年攝於美國)。

■ 王培五費盡千辛萬苦，不僅將自己的兒女都送到美國，脫離台灣的白色恐怖。還要孩子們幫忙把王家、張家的子姪輩從大陸接來美國讀書、工作。

2 流亡再流亡

媽媽要張彬以耶穌做榜樣，張彬完全不能理解耶穌為什麼要原諒壞人？從一個七歲小孩的眼睛看這世界，世界像一堆散落的拼圖，完全是一團混亂。

結婚後這四、五年，是王培五一生中唯一和丈夫共渡的甜蜜時光。張敏之從復旦畢業之後不願再淌政治的渾水，因此接受了濟南第一師範學校訓育主任的工作。濟南師範是山東中、小學師資的培訓基地，也是山東發展「德先生（民主）與賽先生（科學）」的大本營。在濟南師範的這四年，張敏之不再擔任黨政工作，他曾向長官說了很有意思的話，「我要做教育家，我辦的是教育，不是黨務。愛國與愛黨是兩碼事。」

這番話非常有意思。從現在的觀點來看，你不得不替張敏之鼓掌：他分得清什麼叫做黨？什麼叫做國？他知道真正的「民主政治」是什麼意思！即使他在國民黨與共產黨的對立中，始終選擇站在國民黨這一邊，但綜觀他的一生，他其實是站在「讀書求知識」的那一邊，為二十世紀的新中國培養人才，而不只是為黨派培養幹部。

他不怯懦於參與政治活動，但他深知「政治」是手段、是方法，而不是目標。他在先志中學讀書時就被老師吸收入黨，參與北伐、抗戰的工作，但畢生的焦點卻都放在「教育」的推行與堅持。

一九三五年八月，山東省教育廳注意到了這位年輕有為的主任，聘張敏之到省政府工作，擔任「國民教育科督學」。張敏之把媽媽從煙台牟平老家接到濟南，和他的小家庭住在一起。他的薪水全交給媽媽，而不是交給老婆。這對小夫妻毫不避諱地手牽手逛大街，儼然摩登新派作風，但在家庭倫理問題上卻還是守舊派。對於張敏之這樣處理家中財務，王培五從不抱怨，這或許是小時候家庭教育裡《三字經》、《女兒經》的影響吧！

王培五是個長壽的人，生命雖長過一個世紀，但與丈夫恩愛甜蜜的幸福日子，也就這幾年而已。即使從相識相戀算起，兩人在一起的緣份也只有二十年。

◆

一九三六年的三月六日，長子張彬誕生了。這是張家的大事，一個兒子！即使張、王兩人是新派夫妻，也為「兒子」的誕生感到雀躍不已。一九三六年是農曆的閏年，三月又是閏月，出生在閏年閏月的兒子，象徵好福氣好運道。張彬有媽媽的真傳，一樣長壽而健康。在爸爸張敏之蒙冤過世之後，媽媽要張彬做張家的頂樑柱。為了栽培這個大兒子，王培五費盡心血，這本張家故事的下半段，張彬是故事的主角。從這個腦袋聰明、性情古怪、「壞事」幹盡的孩子成長過程當中，教人看到了王培五，一個寡母，怎樣用智慧、沉默與毅力，度過上帝給予她在人世間的嚴苛試煉。

一九三七年七月七號，盧溝橋事變爆發，中國與日本展開長達八年的戰爭，國民黨將首都從南京遷到大後方的重慶，「以空間換取時間」，華北各省包括河北、河南、山東，處於日軍與中國遊擊隊勢力的拉扯之中，張敏之受派回鄉擔任山東省立煙台中學校長。不久，日軍進入煙台，張敏之離開煙台到大後方的武漢，王培五則帶著張磊、張彬回到濟寧娘家。

這是戰亂中一段短暫的快樂時光，因為二哥擔任「中西中學」中國部的校長，王培五也到中西中學教英文。「中西中學」是王培五的媽媽和教友們捐錢給德國聖方濟會辦的學校，在日本佔領山東時成了淪陷區的「挪亞方舟」，王培五的學生高慕君說，「所有的學校都關閉了，無論是公立的、私立的、還是教會的，全都不許辦。但中西中學因為是德國人辦的，那時候德日同盟，所以很多學生、老師都到那個學校去，因為住在裡邊比較安全。」

高慕君很懷念當時的中西中學，「校內軟硬體設施都很先進，像物理、化學每講到一個單元，都會做實驗。來自德國的神父或修女也都有很好的學歷，中國老師像王培五等人，也都是頂尖大學畢業。」高慕君後來到了大後方，覺得那裡的學校即使號稱是名校，也都比不上中西中學的水平。她懷念中西中學的日子，更懷念中西的老師，每當她孤單寂寞的時候，她就想：我的老師王培五也是一個人在北京求學啊！「老師的榜樣，給了我們很大的鼓舞。」九十歲的高慕君想起老師，興奮地笑起來。

中西中學的紅磚圍牆隔絕了外面的戰亂，學校像修會一樣在嚴謹的時間表中過日子。女老師穿著黑色或灰色的旗袍，女學生則穿著西式的淺藍襯衫和黑裙子，不論老師、學生，一律瀏海齊眉的清湯掛麵，腳上一樣的白襪黑鞋。在學校肅穆的日子中，天真可愛的小小孩，就像一隻逗趣可愛的小寵物，很受女學生的歡迎。在高慕君記憶中，「看到王老師遠遠走過來，老師跟她的小女兒（張磊）跑著玩，我們也跑過去逗她。但是小朋友一看到我們走過來，立刻就跑開了。」

小張磊和小張彬在濟寧是備受寵愛的，張彬說，「我姥姥家是個很大的四合院，大舅、二舅、三舅、四舅都是住在一起，大家庭大鍋飯，還有很多傭人。他們叫我『隆隆』，叫張磊『妞妞』，他們都很愛我們。」張磊記得，「有一次我在階梯上摔跤了，額頭上流了點血，姥姥氣的不得了，就叫傭人把階梯給敲掉！」

在張彬的記憶中，中西中學是個好玩的地方，媽媽上課時，修女會帶著他們姊弟倆玩耍。在姥姥家的日子是自由自在，甚至是可以任性跋扈的，但爸爸回來的時候就得小心了，「有時後爸爸會躲過日軍的追捕，在深夜時回來看望，家裡的氣氛馬上嚴肅起來。我和姊姊都要規規矩矩，因為爸爸是個嚴肅的人。」張彬說。

◆

幸福日子總有結束的時候，疼愛他們的姥姥在近古稀之年過世了，王家辦了一個隆重的喪禮，由一個主教級的神父主持，但布置了傳統的中國靈堂。連續三天，每天都有好幾百人來弔唁，王培五的兄弟們就跪在棺材邊磕頭答禮。院子裡也搭起了流水席，川流不息的人潮在院子裡吃飯喝茶。

三天過後，姥姥出殯了，送葬的行列非常壯觀，領頭的是好幾百人的樂隊，接著是姥姥的靈柩和家人，後面則是一條長長的人龍。張彬對這一天印象深刻，「我那天很興奮地跑前跑後，看儀式啊！看人啊！很熱鬧，都是沒有看過的。」

姥姥很幸運地在中國對日抗戰激化前過世了，在她閉上眼時，王家的院落和她捐錢蓋的學校，尚且平靜安好。姥姥過世後，張家的爺爺把媳婦和孫子接回煙台老家。

和姥姥家的院落相比，爺爺家的房子顯得寒酸許多。房子後面有片墳場，四周都是田野，張彬很快就和附近鄰居的孩子玩起來。

有一天，這群孩子惹火了一隻剛生產的母狗，狗媽媽的利齒在張彬右大腿上咬出四個洞，張彬拖著左腿步履蹣跚地回家，一路走，一路血跡斑斑回到家。媽媽看了大驚失色，火速把受傷的兒子送到街上的診所，醫生檢查了傷勢，吩咐媽媽把小孩抓好。

「很痛唷！」醫生提醒媽媽把小孩抓穩，用碘酒不斷地沖洗傷口。真的很痛！但張彬沒有發出一點聲音。

「這孩子的爹是個土匪吧？」醫生開玩笑地問。

「不，這孩子的爹是教書的。」

「這真奇了，教書人的孩子也這麼硬挺！不容易啊！」醫生嘖嘖稱奇。

張彬對這段回憶很得意。

·◆·

住在煙台的這幾年，張家添了老三張焱和老四張彪。生張彪的那晚，爺爺和爸爸都不在家，半夜產婦開始陣痛，奶奶叫七歲的張磊去請助產士。到助產士的家要穿過一片墳場，張磊說，「我一個七歲的小孩，半夜要穿過墓地，跑到助產士家門前拚命的敲門，大聲喊著：『黑仙哪，你救救命啊！我媽媽要生了！她現在痛得很厲害！』那個助產士就跟我來了，一到之後發現是難產，就跟奶奶講：『沒救了。』奶奶慌了就在那裏哭：『培吾，我的好媳婦啊！妳不能死啊！老天爺呀！』爺爺趕回來以為沒救了，忙著去準備壽衣。」

兵荒馬亂中張彬一個人躲在院子裡哭起來，媽媽臉色慘白到完全無法說話，張彬好怕媽媽會死掉。還好鄰居聽到奶奶的哭喊，趕過來一看，「哎呀！大娘，妳怎麼那麼糊塗，這要趕快送醫院啊！妳怎麼知道沒救了呢？」奶奶這時才清醒過來，趕緊將媳婦送到煙台的毓璜頂醫院。那年是馬年，很幸運的，次子張彪在醫院裡出生了，但媽媽卻得了產褥熱，還是得受罪。在張磊的印象中，「生張彪的時候媽媽病得很重，還好，她過了這一關。」

但這只是一連串難關的開始，而非結束。

一九三七年，盧溝橋事變爆發，中國對日八年抗戰開始。張敏之先是被派任為煙台中學校長，後來轉到武漢大後方。一九三八年二月，又受派為山東省立第六聯合中學校長，兼教育部戰區教育主任督學。六聯中是國民政府為了救助因抗戰而失學的青年們所成立的學校。原本學校設在萊陽，為了躲避日軍的轟炸，張敏之帶著一千五百多位師生，先遷到煙台牟平（魯東），繼而又遷到沂水（魯南），最後帶著學生跟隨山東省政府辦公室遷到安徽阜陽。

一九四一年八月，山東省立六聯中在安徽阜陽併入國立第二十二中學，張敏之擔任教務主任。二十二中是駐防在此的第二十八集團軍總司令李仙洲大力主張創辦的，目的在收容從山東、江蘇等日軍佔領區逃出來的學生，由李總司令擔任校長。

李仙洲是山東人，對山東子弟很愛護，但要照顧這麼多學生卻不容易，因為處處都要錢！不過李仙洲堅持：「孩子在後方學校裡，他們的父母就不會當漢奸！」另外還有一個李仙洲，是一九四九年澎湖防衛司令部長官李振清，字仙洲。山東教育界人士基於在安徽阜陽和「李仙洲」合作的經驗，以為投奔有軍權的「自己人」萬無一失，沒想到，此「李仙洲」非彼「李仙洲」，張敏之也因此枉送一命。

國立二十二聯中的成立，還有個功臣是黃埔軍校一期的王叔銘。他是山東諸城人，後來做到空軍總司令、參謀總長。他找到機會對蔣委員長陳情：「如果不收容這些學生，他們就要跑去延安當共產黨了。」有了李仙洲和王叔銘的催促，蔣介石才勉強批准了這所學校的經費由中央負責，所以叫做國立二十二聯中。

關於國立二十二聯中的故事，作家王鼎鈞的回憶錄《怒目少年》裡有非常詳實的第一手敘述，既有歷史紀錄的價值，又有文學家的細膩觀察，是台灣迄今幾十年來少見的大部頭戰爭文學作品。

從抗日到逃匪，中國各省以山東組織的流亡學校，規模之大，人數之多，遠非其他省份能及。有人認為，這是因為山東是中國儒家發源地，孔孟的故鄉，因而更有捍衛及傳承中國文化的使命感。

◆

隨著流亡學生不斷湧入安徽，二十二聯中的學生人數急速膨脹，眼看就要突破七千人，山東省政府教育廳在安徽省臨泉縣的一個小鎮長官店，又成立山東省立第一臨時中學，學生八百多人，由張敏之出任校長，這次他想帶著妻兒一同到安徽赴任。

但是張家奶奶有意見，她堅持要留下一個孫兒作伴。這是老奶奶一種控制的心理，雖然大兒子已經成家，也有兩個傳宗接代的孫兒，但老奶奶還是希望二兒子也留下一個小孩，這麼一來，兒子就不會丟下老父老母，會回來看看孩子，也一定會寄錢回來。

在老奶奶的堅持下，次女張焱被留了下來。張焱剛滿週歲已經斷奶，卻還不會認人，離開爸媽也不會吵鬧。爸媽去大後方一去六年，張焱就跟著爺爺奶奶過著小公主般的日子，張焱說，「奶奶家太好了，是天堂。到了七歲，我還不會穿鞋、穿衣服，一切奶奶都會幫我弄好，這樣就把我慣壞了。所以後來回到父母家時，反而不能適應。看到兄弟姊妹都自己穿衣服、穿鞋子，我卻什麼也不會，成天也就是哭哭鬧鬧，因為想念奶奶。」張焱因此和爸爸媽媽、兄弟姊妹整整分開了六年。

◆

張敏之帶著妻兒從煙台到安徽，不能明目張膽地走公路或坐火車，因為他是日軍通緝的對象。他們走的都是偏僻的鄉間道路，這意味著常常要翻過許多山丘。張磊和張彬起初覺得好玩，覺得像出門郊遊一樣，不過連續好幾天只能吃乾糧，孩子們就開始厭煩了。有一天，張彬趁著大人不注意，一連吞下七顆白煮雞蛋，這一下不僅把最後的一點存糧耗盡了，張彬還上吐下瀉發高燒！

為了給張彬治病，他們冒險進入村莊，借住在一戶人家的倉庫。晚上，一隊武裝的日本兵「砰！砰！砰！」地來敲門，霎時大家都緊張起來。媽媽雙手握緊脖子上的十字架，張磊和張彬也照做，趁著媽媽打開吱吱作響的柴門，爸爸閃到倉庫後面躲起來。日本兵進來掃視一圈，看看母子三人身上的十字架，安靜地離開了。媽媽說這是上帝的旨意，上帝保守了全家。從此之後，白煮雞蛋的味道和戰慄的記憶糾纏在一起，張彬聞到這味道就想嘔吐。

走鄉道雖能避開日軍，但不一定能保證安全，因為危險的不只日軍而已。有一天晚上，他們投宿在一個偏僻的小村落，又是一陣敲門聲，不過來者講的是北京話，他們自稱是「八路軍」，叫屋子裡面的人開門不然就開槍了。王培五一開門，六個穿著粗糙軍服的人走進來，腰間掛著老式的手槍。

「我們是打日本鬼子的八路軍，需要錢，你們把錢都拿出來。」帶頭的人對著王培五大呼小叫。

王培五交出了錢包，卻換來八路軍一陣咆哮，他們要王培五手腕上的鐲子，還有戒指。

「行行好，這是我結婚的戒指。」

帶頭的用手槍比了比，王培五乖乖地褪下戒指，非常不捨，張敏之不在身邊的日子，這婚戒她給了許多心裡上的慰藉。不過八路軍並不就此滿足，他認定女人家一定還有些手飾珠寶。

「拜託你們，我是一個基督徒，這是我的十字架。看在上帝的份上，這點東西就留給我吧！」王培五哀求著，日本兵都還懂得尊重上帝啊！

「妳說妳是什麼？」

「基督教，洋鬼子的邪教。」另外一個八路軍回答。

「妳們一看就知道是有錢人，還有什麼東西通通交出來，不然我帶走妳的孩子。」帶頭的士兵一邊說著，一邊拽過張磊和張彬，兩個小孩都害怕地發抖，張彬還尿濕了褲子。

「求求你們，我什麼都給你們了，你們放過我的孩子啊！」王培五聲嘶力竭地哭喊。

八路軍拿了項鍊、戒指，心滿意足地走了。兩個小孩奔向媽媽，母子三人緊緊擁抱，慶幸劫後餘生。

過了一會兒，張彬問媽媽，「他們是什麼人啊？」

「他們是八路軍。」

「什麼是八路軍？」

「八路就是說，大家都是從四面八方來的。他們是共產黨的遊擊隊。」媽媽解釋。

「他們打誰呢？」

「他們打日本人。」

「那他們是好人囉？」張彬高興了，打日本人就是好人！但是，好人也搶他們的東西嗎？

「隆隆，八路軍不是真打日本人，他們說的比做的多。他們是共產黨，他們想和國民黨打仗，佔了這個國家。」

張彬迷糊了，到底誰是好人？誰是壞人？對一個七歲小孩來說，這真是太難理解了。唯一確定的是，這世界好像每一個人都在打來打去。

◆

這麼艱苦的旅程，對帶著小孩的家庭來說，不是件容易的事情。不但沒有公路、鐵路，有些地方甚至連「路」都沒有，大部分的運輸工具都是靠著一種獨輪車，兩旁各掛一個大籃子，有時候婦女和小孩就坐在籃子裡，由搬運工推著走。遇到要翻越山嶺的關卡，就改僱幾隻驢子或馬匹。

張磊記得沿途村落常見被打家劫舍之後的火災，帶給人危機四伏的恐懼，有時候她和弟弟張彬走不動了，就坐進裝糞便的大籃子裡，「我們是走路喔！那時我們兩個年紀還小，路也走不動，就是用一隻小驢子，一邊掛一個框子，框子是裝大便的，就是裝驢糞、牛糞的那種框子，我們兩個人一人坐一邊，臭的很！因為框子實在太臭了，弟弟耍起少爺脾氣來了，他不肯上，我說你不上你就留下來！他就乖乖的上去，真的很臭啊！」

離開了山東省境，日軍對張敏之的通緝就鬆了許多，一家人不再躲躲藏藏改走大路。鐵路沿線有許多日軍設的關卡，他們荷槍實彈，任意盤查來往的行旅，輕蔑地喊著「支那人！支那人！」日本兵一個不順眼，「支那人」就遭殃。

小張彬不再覺得旅行是件好玩的事，尤其對於日本兵感到恐懼。日本兵雖然個子矮小，但是槍膛上亮閃閃的刺刀，還有窮兇惡極的態度，看起來很可怕。

張彬問媽媽，「為什麼日本人要這樣？」

「因為日本人要佔領中國。」

「我恨他們！」

但是媽媽說，「不要恨我們的敵人。耶穌基督被釘在十字架上時，祂告訴父親，要原諒那些把耶穌釘在十字架的人。」

媽媽要張彬以耶穌做榜樣，謹記《聖經》的教誨。張彬完全不能理解耶穌為什麼要原諒壞人？如果耶穌基督是有大能力的神，祂為什麼讓這些壞事發生呢？從一個七歲小孩的眼睛看這世界，世界像一堆散落的拼圖，完全是一團混亂。

張敏之一家人在魯南和學校會合，進入安徽省境，最後抵達臨泉縣的長官店。長官店是個農業小鎮，四周有城牆，還有四個城門，鎮上一個大地主倪老治，騰出了許多屋子，收容這些遠從山東來的學生。地主對校長特別尊敬，給張家預備了一個有大庭院的房子。

不久，王培五的二哥帶著家族裡四個男孩，還有一位遠房表姊，也到了長官店。張磊、張彬這些孩子們喊媽媽的表姊「大姨」。大姨是個苦命人，十八歲經父母安排結婚，十九歲就守寡，孩子沒出世就註定沒爹。大姨被認為是個不祥的人，跟她接近就會倒楣。但張敏之夫妻不信這一套，要大姨帶著兒子跟他們一起生活。大姨煮飯洗衣，還幫孩子們做鞋子，替王培五分擔了不少家務。王培五原來是個不操持家事的富商千金，現在也學著做豆瓣醬、醃漬西瓜皮、削蘿蔔做鹹菜，這像是冥冥中的「特訓」，要王培五先學了起來，對照她往後的人生，一切生命的軌跡都有它存在的意義。

對十一歲的張磊來說也是如此。往後在台灣的日子，她得幫著幫著媽媽共同撐起岌岌可危的張家。張磊在長官店一邊上學，一邊跟著大姨學習家務，「還好有大姨跟著，我有時候幫忙洗一洗衣服。那時候洗衣服都要去河邊，我們拿著一個搓板，還有一個棒槌，那個棒槌要搥啊搥的，然後再搓啊搓的，最後再洗，洗完拿回家，曬到院子裡。」

農村的夜晚沒有光害，星星格外明亮。晚上吃過飯，大姨帶著孩子們在院子裡看星星。大姨說，銀河兩端各有一顆亮晶晶的星星，一顆叫做「牛郎」、一顆叫做「織女」。

「有沒有看到織女旁邊也有兩顆星星？」

「有。」孩子們都興奮了。

「那兩顆星星就是織女的孩子，織女是他們的媽。織女肩膀上兩個籃子，裝著她的小孩。」

「織女太辛苦了！」孩子們同情這個可憐的媽媽。

「是啊，是很辛苦，但這是她的命啊！」大姨嘆氣了。

大姨仰望星空，強撐著不在孩子們面前掉下眼淚，但孩子們都忘不了大姨悲傷的表情。

■王培五母親和天主教教友捐款給德國聖方濟教會，成立了濟寧中西中學（今濟寧市第一中學東校區）。校內軟硬體設施都很先進，來自德國的神父或修女也都學有專精。下圖為校內宏偉的校舍，右三是德國神父，其他為校內學生。（圖為王長仁提供）

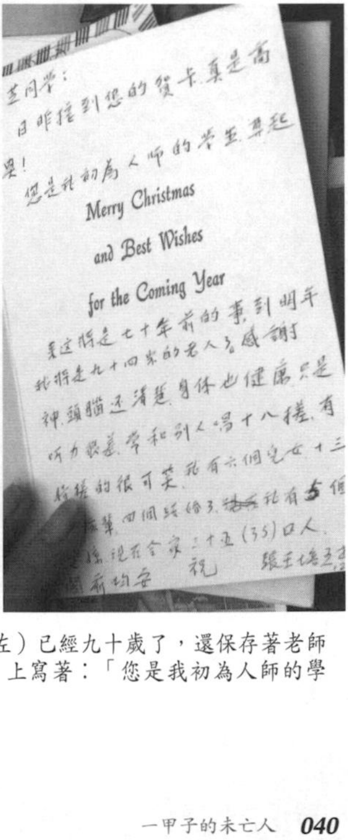

■王培五在濟寧中西中學的學生高慕君（本名高秀芝，圖下左）已經九十歲了，還保存著老師寄來的書信、卡片。王老師給高慕君的耶誕賀卡（圖右）上寫著：「您是我初為人師的學生…。」（高丹華2014年攝於美國）

3 戰亂中的小確幸

這四年裡，日子雖然刻苦，不過先生、兒女都在身邊，也不用四處遷徙，尤其先生晚上回到家，一邊吃飯一邊說著今天發生了什麼事，多美好的時光啊！

張敏之帶領的山東一臨中，設在長官店東門的山陝會館。這裡的回民不少，大多是從山西、陝西來做絲綢生意的，如今鎮上還有位老人家李全福會唱著：「陝西來個李老端，火㸂火石賣萬擔，捐獻公款建會館。」李全福的二叔和姑姑當年都是山東一臨中的學生，已經過世的李家老爺常說：「張敏之在長官店，治病救窮、打土匪！」

一臨中來到長官店時，地方深受「造病」所苦，這是一種像瘧疾的傳染病，張校長買了好多藥送給鎮民；土匪來騷擾時，高年級的男同學也幫忙地方鄉勇一起巡邏守衛。一臨中也收當地的學生，除了安徽臨泉縣附近的孩子，也有從皖豫邊界來的河南學生。

長官店沒有高中，所以一臨中的到來很受歡迎。許多一臨中畢業的在地學生，後來都當了附近中小學的教師、校長。現今長官鎮初級中學創校校長馬鈞銘，就是其中之一。

一臨中借住的山陝會館相當有規模，有主殿、配殿，還有戲台。會館的東西廂房權作學校的辦公室，廚房也設在這裡，廟前空地就是師生吃飯的地方。吃飯的時候，每八個人蹲在地上圍成一圈，除了每人手上一碗雜糧之外，中間一盆菜湯，大多是蘿蔔之類的青菜。

學校剛來的時候很克難，李全福的爺爺曾經告訴他：「張校長來的時候，帶著學生蓋了三十八間泥草房，當作教室或是寢室，每間大概是六、七米長，三米寬。」一臨中學生馬鈞銘記得，「泥草房裡的課桌椅，都是土凳，兩邊土塊上面架一條木板，學生就坐在上面。」

每天早上五點鐘，學校敲鐘叫大家起床，同學們紛紛趕往南城外的操場，張敏之就帶著學生作體操、跑步。校長跑在最前頭，訓導住任殿後，遲到的同學不准入列。同學們都知道校長這麼嚴格是為大家好，在醫藥缺乏的情況之下，唯有提昇自己的體力，才能平安活下去。跑步之後升旗唱國歌，提振大家的愛國士氣，接著上兩節課，才吃第一頓飯。飯後再上三節課，再吃第二頓。一天吃兩餐。

張敏之每天除了校務以外，還要騎馬到其他學校聯繫開會，最主要是為了催錢。當時山東省政府遷到安徽阜陽，各校按期前往領款。錢款一旦拖延，上千人吃飯都成問題。學生每人都由學校發給兩套棉質衣服，冬、夏各一套，食物大多是雜糧，米、麵都很少見。

「我們都是去挖地瓜，麥子雖然也有，可是很貴，大多數學生都很難吃到白米，吃的就是雜糧，窩窩頭啦、高粱啦，為了好下嚥，就吃些大蒜、辣椒。」張磊記得在長官店時並不缺雞蛋，鄉下很多人養雞，「蛋黃裡面放點大蒜、辣椒，就沾那個窩窩頭，吃起來很香的。」

窩窩頭的原料大多是秫麵（高粱）加上紅薯麵，馬鈞銘回憶說，「蒸了就叫做窩窩頭、貼在鍋上烤就叫做鍋粑子，其實都是一樣的東西。」馬鈞銘是安徽人，原來住在阜陽，為了躲日軍回到長官店爺爺家。

有一天，他帶了一些黴茸子到學校分給同學吃，山東同學沒吃過這些東西大為驚奇，「再帶來！再帶來！」發育中的孩子胃口大，一天兩頓飯總是不夠的，這樣的小點心除了新鮮有趣之外，也有著對肉類蛋白質的需求。

在長官店不缺青菜，張磊印象中吃過很多綠花椰菜，還有醃製的鹹菜，如果吃到大頭菜，那就是快過年了。另外還有一種叫做「榆樹錢」的果實，一串黃黃的掛在樹上，可以生吃，「吃起來甜甜的。」也可以剁碎拌到窩窩頭裡面一起蒸。伙食裡面肉類很少，蛋白質大多靠雞蛋補充。

由於食物裡缺少脂肪，學生大便都帶血。在鄉下衛生條件比較差，蝨子、跳蚤、蚊蟲肆虐，抵抗力差的學生很容易生病，每個班級都有掛病號的學生。張校長規定每個學生一早起床就喝一碗燒開的溫開水，這個習慣用現代的眼光看來相當具有保健的效果，喝溫水可以促進腸胃蠕動、代謝毒素。

除了糧食以外，校長還得為學生的衣著操心。冬天發給一套棉衣，夏天把裡面棉花拆了，穿單的。抗戰勝利後，學校要復員返鄉，山東省政府先一步離開寄居的安徽阜陽，臨中的經費暫告中斷，入秋以後天氣越來越冷，校長很著急四處奔波，最後找上部隊幫忙替每個學生弄來一套軍裝，臨中學生張敬周寫道（引述備註❶）：「同學們在寒風中穿上暖和柔軟的棉軍衣時，每個人都感觸到張校長那顆火熱的心。」

張敏之自己在念中學時就加入國民黨，但是當他擔任校長後，卻不鼓勵學生加入任何一個政黨活動，對學生的思想是採自由開放的態度，學生讀什麼書、辦什麼活動都不禁止，也不需要報備、核准，學生組織歌詠隊、文學社、壁報社、話劇社、詩社、籃球社，他都支持，還主動給經費。

臨中在長官店辦了不少學生的籃球比賽，還有話劇比賽，學生用英文演出名家經典。此外，他還讓學生組織管理會，學習自治。每個班級都有伙食委員會，並且派代表成立一個全校組織，由學生自己管理伙食。

雖然對課外活動採取開明開放的態度，但是在教學上，張校長卻非常嚴格，學生仝緒文寫道，「張校長治校既嚴謹，又開明。」學生晚上一律參加晚自習，幾個人一桌圍著油燈讀書，考試一門課不及格要補考、兩門課不及格就得留級。學生蔣向虹寫道，「學校初辦時開學較晚，只好一年開課三個學期，把進度趕上。」臨中畢業考上復旦、清華、北大、交大等好學校的學生不少。在長官店的日子，大家忙著讀書、搞社團，馬鈞銘就說，「很少看到學生在街上閒逛的。」

張校長對讀書這件事有頑固不可動搖的執著，並且堅持要「踏踏實實」，他反對「跳級」這件事，總認為這樣讀書沒有紮根，太虛浮。這點張校長和夫人王培五的見解不同，夫妻倆的性格是矛盾而互補的。

但也因為如此，王培五後來才能隻身帶領六個孩子在台灣活下來。王培五個性靈活講究實際，如果孩子讀得懂、讀得通，為什麼不跳級呢？後來到台灣，王老師就讓老二張彪跳級。但張校長發現跳級的學生，還要勸他「回歸原年級」。他特別反對女學生打扮，學生文暖根寫道，「他看不慣學生尤其是女學生打扮的風氣，他說，來學校是來學習，不是演戲。」

每個星期的週會，校長會指著一張大地圖，向全校師生報告日軍以及同盟國（包括英、美、法各國）的軍事發展變化。於是在安徽省長官店這個偏僻的小農村裡，上千個師生秉氣凝神聽著校長報告從廣播電台以及報紙綜合而來的消息，認識到了世界和中國的命運，同他們每一個人的命運都緊緊聯繫在一起，這關係著他們回不回得了家？以及什麼時候回家？

⋅◆⋅

張家在長官店住了四年，張磊和張彬都在這裡修習相當小學的課程，她們沒有在臨泉當地的小學讀書，王培五請了一個老師教他們國語、算術和常識，一起唸書的還有王培五大哥的兩個小孩，以及其他教職員的孩子。在張敏之教書的學校，他從不聘請王培五擔任教職，理由是「避免人家講話」。

在長官店這段日子，王培五每天在家帶小孩，督促小孩唸書。她發現張彬對數學的理解能力很好，還特地請了一個教數學的黎老師來鑑定張彬的程度。張彬只有二年級，但黎老師教他四則運算，這小子竟然都聽得懂！接著又講代數，也行！老師教得高興，得天下英才而教育之，「張太太，我敢打包票，妳兒子將來一定能當個數學家！」

這位黎老師是個數學瘋子，他講的話讓當媽的聽了很舒服。王培五在唸中學時，數學成績也特別優秀，她說，「隆隆，我很高興你有數學天份。一個人數學不好，其他事情也做不好，這代表一個人的智力不好。」王培五應該是個稱職的全職媽媽，或許還是「教育虎媽」那一型的，不過往後的命運安排，卻不讓她繼續扮演這樣的角色。

在長官店的這四年裡，日子雖然刻苦，不過對王培五來說，先生、兒女都在身邊，也不用四處遷徙，這樣就算是好日子了。先生中午在學校和同學們一起用餐，晚上回到家，一邊吃飯一邊和太太說今天發生了什麼事情，多美好的時光啊！

◆

在長官店有一些好玩的回憶，有一次同學掉進茅坑裡了，臭得要死，張彬把他從茅坑裡拉出來送他回家，他媽媽看了歇斯底理地大喊大叫。

再有一次，就換張彬的媽媽大叫了。有一天，張彬和這個掉進茅坑的小玩伴到六尺高的城牆上玩耍，他們玩「從牆上跳到樹上」的猴子遊戲，結果張彬這隻猴子摔下來撞傷了額頭，他拿泥巴抹在額上止血，飛奔回家找媽媽，不幸的是在路上又跌了一跤。他回到家的時候像一個戰場歸來的傷兵，一手捂住不斷冒血的額頭，另一隻手也血漬斑斑。

「隆隆，你是怎麼啦？」媽媽帶張彬去學校的醫護站，一旁教國文的周紹賢老師看了嘖嘖稱奇，這孩子傷成這樣還不哭不鬧！張彬記得周老師誇他，「這孩子將來是做土匪的料囉！」上次被醫生誇獎，這次被老師誇獎，卻不約而同都說張彬可以做土匪，這孩子性格裡面的強悍，可能很早就顯現出來了。

不過，也有一些可怕的事情。臨泉這裡和許多中國偏遠的城鎮一樣，城鎮的治安由富裕人家出錢成立自衛隊來保護，遇到麻煩就由大家推派的鎮長來解決。有一天，張彬和張磊聽到外面一陣鼓譟，自衛隊押著倆個五花大綁的人遊街，據說是抓到土匪了。遊行隊伍出了城牆西門，倆個土匪朝西跪下，隊長掏出手槍，從背後把他們兩個斃了。

死亡與死亡的過程，對在戰亂中長大的孩子一點都不陌生。死亡是一個人可以付出的最大籌碼嗎？這世界地雷遍佈，索取人命從不手軟。不問你是好人？壞人？是土匪？是遊擊隊？是八路軍？還是單純就一個學生，一個孩子而已？

張磊記得不斷遷徙逃難的過程當中，遊擊隊會來給爸爸報消息：「張校長，哪裡哪裡有日本兵，你們注意喔！」日本兵想要阻斷往大後方的路，這時常常有義勇學生挺身而出，「校長，我們去前面，把日本人的眼線引開。」他們這一去，有可能就回不來了。

到了抗戰後期，中國兵疲馬乏，中央的錢、糧都吃緊，山東省政府客居安徽阜陽，沒有自己的財源。張敏之跑去向魯蘇豫皖四省邊區司令湯恩伯借糧，湯恩伯不肯，張敏之說：「很多家長當初送子弟到學校，都是以託孤的心情，求師長們照顧。今日面臨凍餒，我們憂心如焚，深感愧對遠在淪陷區託孤的家長啊！」

張校長先講這些情義層面的話，但兩個人也都知道，就現實層面來說，飢餓的學生放著不管，無異逼人上梁山，輕則打家劫舍騷擾治安，更麻煩的是被共產黨藉機吸收。所以於情於理，湯恩伯這糧該借，而他也真借了。

◆

一九四四年戰情緊急，蔣介石號召「十萬青年十萬軍」，山東臨時師範的學生劉德麟，挺身響應投筆從戎。從軍隊伍來到臨泉縣城和第一臨中的同學會合，他寫道，「臨中校長張敏之在司令台上帶頭呼口號，記得張校長喊到第三句就興奮得喊不出來了。一句話只有一、二字聽得到，同學們也都興奮地抹眼淚。」劉德麟到台灣以後，曾任總統府辦公室領班警衛長。

當時美國已經參戰，在英美聯軍支持下，打通了滇緬公路，物資得以輸送到中國境內的重慶大後方，如此才可以繞開日軍在沿海的封鎖。中國軍隊在緬甸作戰時有一位師長——孫立人，他破天荒的指揮英軍的炮兵與戰車部隊，協助劉放吾團長的步兵以少勝多，擊退了日軍，解救了被圍困的英國軍隊，史稱「仁安羌大捷」，英國國王喬治六世（King George VI）為此頒發「帝國司令」勳章給孫立人。這在滯悶的抗日戰爭裡，是個令人興奮的消息。中國軍隊救了外國人，民族自尊心開始閃閃發光。

為了招募學生到印度參加遠征軍的訓練，軍隊派人到學校裡，招募十八歲青年從軍。但來招兵的人，講話沒什麼煽動力，招兵的成績很差。張敏之於是對學生做了一場令人熱血沸騰的演講，他說自己年輕時加入國民黨，跟隨師長支持「護法運動」，阻止軍閥段祺瑞作亂，維護憲政體制。現在中國面臨生死存亡的關頭，我們要和世界各國合作來抵抗日本人。

張敏之演講後，許多學生出列表明參軍的決心。第二天的升旗，張彬發現學生人數變少了，不免感到有點落寞，卻也混合著失落、悲傷、興奮和希望。但從此以後，張敏之就多了一個工作，政府派他去其他學校演講，藉由他的熱情和口才來招兵。

同樣是參軍，參加的部隊和參加的理由卻差很多。來學校招募的部隊是中央軍，但一些軍閥為了增加自己的兵員，也會派人到各地「抓兵」。

有一天，張彬和籃球隊的同學在田野裡練球，看到一隊中國士兵押著幾十個年輕人，不但上手銬，而且用鐵鍊拴住年輕人的脖子串成一長列，隊伍後面一群婦女聲嘶力竭地哭喊。年紀大一點的同學小聲說，這叫「拉伕」，就是要抓這些農夫去當兵。

張彬感到一陣恐懼，他跑回家問媽媽，「學生都會志願去當兵啊！為什麼還要來抓人？」媽媽告訴他，「這些來抓人的都是軍閥的部隊，他們要抓人去『點名』。」因為很多部隊浮報人數來汙中央的軍餉，所以中央派人來查時，就要抓人去充數。

「點完名還會回來嗎？」小男孩問。

「嗯！」要回答這個問題真的很為難，兒子小小年紀就要懂得命運的殘酷嗎？媽媽只好說，「有些人很快就回來了，有些人，或許就參加軍隊了。」

母親和長子之間的情感是很緊密的。父親長年不在家，媽媽是孩子們的倚靠，安全感的來源。有一天，媽媽生病了，躺在床上整天沒有起來，張彬想到媽媽在煙台生弟弟時差點死掉，他心裡頭一陣揪結，跑到媽媽的房門口卻不敢進去，他怕看到那恐怖的一幕再現。

媽媽出聲叫他，「隆隆，是你嗎？進來啊，讓我看看你。」

張彬走到媽媽床前，卻不敢看媽媽的臉，他怕承受不了謎底揭曉的打擊。

「媽，妳怎麼了？」

「我沒事，我只是有點傷風。」媽媽說。

張彬鬆了一口氣，傷風？傷風這病他懂得，小孩子也會傷風。他一溜煙跑去把他的毯子、被褥全都抱來疊在媽媽身上。媽媽被兒子感動了，眼眶濕潤了，這是窩心、開心的淚。

「你真是個好孩子，隆隆。」

王培五的二哥到長官店來了。他辭去了濟寧中西中學中國部校長的職位，因為受不了日本越來越無理的統治。他給大家帶來有趣的消息，關於八路軍為什麼不再搶劫的秘密。原來八路軍專門挑日軍到不了的鄉下，他們給農民課徵還算合理、不嚴苛的稅捐，而且對待農民非常客氣，這是中國幾千年統治集團不曾做過的事。他們幫農民割稻收成，還幫農民挑水到家！八路軍有了稅收就不搶劫，還教農民唱歌跳舞。

一九四五年，小女兒張鑫出生。隔年，生了小兒子張彤。生張彤時有點不尋常，都已經足九個月了，還是沒有要生的跡象，家人們都很緊張，孕婦自己倒是一點都不驚惶，她總是相信上帝會保守她。每天晚上吃過飯，孩子們陪著媽媽散步，希望可以早點把孩子生下來。

終於，張彤在媽媽肚子裡待夠了，想出來玩玩了，大姊張磊回憶說，「我爸爸是老舊思想，他知道媽媽要生了，卻還跑到外面去下圍棋，不在家裡等。那時候的男人很奇怪的，女人生孩子竟然不可以在場，要到外面去。」張磊記得弟弟出生那天，她去喊爸爸回家，二十世紀初的中國，真是一個新觀念與老價值混雜的年代。

張家的么子張彤是個壯小子，一生下來就有四點五公斤，即使這樣逃荒的歲月，媽媽還是把他孕養得極好。

■抗戰期間，張敏之擔任山東第一臨時中學校長，校址借居於安徽省臨泉縣長官店的關帝廟。校內除了山東流亡學生，還有皖豫邊界來的河南學生，以及長官店附近的學生。右圖為當時關帝廟外觀（圖為李全福提供），左圖則可見今廟內擺設的張敏之抗日紀念牌。

■長官店的李全福（右）記得爺爺說過，「張敏之在長官店，治病、救窮、打土匪！」李全福的二叔和姑姑，都是當年一臨中的學生。(高丹華2014年攝)

4 迢迢歸鄉路

黃昏時，張校長常和他的朋友一邊喝啤酒、嗑花生，一邊談論時勢。國共兩黨的鬥爭拉扯著中國人的心，談到最後，總是意見不合，心情越來越低落鬱悶。

收音機傳來消息，美國對日本投了一顆叫做「原子彈」的東西。「原子彈」是甚麼呢？在臨泉街上，大家議論紛紛，一致認為原子彈不過雞蛋大小卻威力無比，是美國人的神祕武器。過了幾天又傳來消息，美國又丟了一顆原子彈！日本宣佈投降了！

這是天大的喜訊！中國老百姓對戰爭厭倦極了，大家都期待戰爭結束的一天。街上擠滿了人，比過年還熱鬧！大家互相恭喜，甚至互相擁抱。中國人的禮節裡沒有肢體接觸這回事，握手已經是極限。但這一天，儒家的禮教被丟到水溝裡，人類情感的宣洩大於一切。

學生們激動地討論未來的計畫，首先，大家都希望回家。他們已經離家四年了，孩子們希望回家看看父母，但早熟一點的孩子心裡卻有一層隱憂，他們擔心房子還在嗎？爸媽還在嗎？家鄉只怕早已經人事全非？

張彬在街上待了一整晚，看著大街上激動興奮的人群，他不禁想到，此刻，日本人的心情如何？他們在做什麼呢？回到家，媽媽不停地哼著《新世界交響曲》，這首歌的歌詞說：「我要回家，我要回家，我在回家的路上……」

回家不是件容易的事情，主要是交通工具難得。全校師生從臨泉一起步行好幾天到阜陽，山東省政府在抗戰時就客居於此。阜陽是現今安徽省人口最多的城市，有一千多萬人，在西周時期，已經是個姓「歸」的諸侯國，歷史悠久。一臨中師生到了阜陽，等待校長張敏之四處張羅，尋求軍方卡車載運學生回鄉。

中國當時的公路大多是泥地或石頭路，卡車經過灰塵滿天，每個人都拿手帕捂住嘴鼻。有時候卡車壞了，所有車輛都停下來等待修復；有時候卡車修不好，就開始併車，每輛車載運的學生人數越來越多，不過大家也都不抱怨，畢竟要回家了！

車行數天，隊伍進入江蘇省境，抵達蘇州。這也是個歷史名城，春秋戰國時期是「吳國」，中國歷史上有名的魚米之鄉，位於江蘇省最富裕的長江三角洲和太湖平原的中心。山東省政府要一臨中在這裡等待轉運，張敏之找到一個軍營來容納上千位師生。

軍營附近有一個小學，但是媽媽王培五認為這個小學素質不優，她要把張彬送到蘇州城裡去讀書。王培五的三弟是個年輕有為的商人，除了山東之外，他在上海和蘇州都有店鋪和住家。

這一年，張彬十歲了，他升上了五年級。小張彬並不想離家，但是媽媽堅持這樣做，媽媽說：「你是長子！」這是張彬第一次聽到媽媽對「長子」的要求，此後一生當中，「長子」成了他生命中的緊箍咒。

・◆・

張彬小時候住過濟寧，和三舅的感情很好，三舅稱讚他是眾兄弟姊妹中最硬氣的小孩。但是張彬想家，而且他從來沒唸過公立小學，和一大群小朋友相處。他以往的經驗都是非正式的「家教班」，四、五個人而已。那樣的教學模式頗類似現在的森林小學，老師像朋友一樣，有不懂的地方大家就一起討論。公立學校學生多，中國人相信嚴師出高徒，玉不琢不成器，不管是在課業的學習或者生活的紀律上。

有一天，張彬和同學遲到了，他們排成一排接受懲罰：打手心。當校長的板子落下時，張彬緊閉眼睛，痛得直跳腳。沒想到，還有第二回合！雙手被打的又紅又腫，像要流出血來，但還有第三回合！張彬不可置信：有這麼嚴重嗎？他生氣了，雙眼直視校長，承受了第三次落下的板子。在他眼裡，這位女校長和那幫他最討厭的土匪軍人沒什麼兩樣。

到了週末，張彬迫不極待地步行一個多小時回家，有時一邊跑一邊還掉著眼淚。回家真是開心，有姊姊、弟弟妹妹還有以前熟悉的同學。小弟弟張彤已經一歲了，很奇妙地，張彬很喜歡教小弟弟走路，和弟弟一玩可以玩上好幾個小時。對一個十歲的小孩來說，這或許是出自於一種好奇，好奇小生物如何成長蛻變的新奇。

張彬是個好奇的孩子，不僅好奇而且還有行動力。好奇拿來探究科學，或者挖掘生命的真義是件好事；但好奇也會帶來危險，張彬就因好奇而差點釀出大禍。軍營附近山腳下，每半個鐘頭就有一列火車經過，十歲的男孩觀察到火車頭前方有個防護板，火車前進的時候就靠它掃除前方的障礙物。於是，張彬堆了一堆石頭在鐵軌上，他喜歡坐在山頂上看著火車框啷框啷推開石頭英勇前進的樣子。不幸的是，他試了三次都沒有成功。也幸好他沒有成功！或許是媽媽的上帝一直在天上看著，讓他沒有鬧出人命。

星期天傍晚是張彬最難過的時候，非得媽媽一直催促，他才慢慢踏上回學校的路程。他慢慢地磨著、拖著，想到一首古詩：「孔雀東南飛，五里一徘徊。」他是多捨不得離開家啊！

轉眼間秋風瑟瑟，天漸漸涼了，一臨中的師生已經在蘇州翹首企盼多時，但是山東省政府依然沒有安排回鄉的交通。消息傳說，省政府希望學校就地解散，所以遲遲沒有安排。張敏之思考著學校師生自行啟程回鄉的可能性，這時候，濟南傳來確切的消息，一臨中已經在濟南復校，由劉澤民出任校長。張敏之決定離開他一手創辦的學校。但是離開以後要去那兒呢？

一九四七年冬天，上海已經是物價飛騰，一家八口要在上海生活很難。他聽說很多人渡海到台灣，那裡沒有共產黨比較平靜，於是他買了船票，準備帶一家人到台灣去當個窮教員兼農夫，這是中國許多讀書人對政壇失望後的選擇，採菊東籬下，悠然見南山。

◆

張敏之最終還是到了台灣，但不是這次。

就在張敏之、王培五夫婦倆準備啟程到台灣時，張敏之在中央黨校的同學，時任青島市長的李仙良，希望張敏之能出任青島難童學校校長以及自衛幹部訓練班的訓導長。復員返鄉的政府官員，住進了青島海邊的樓房，張家分配到一樓，有三間房間和一個客廳，張敏之的爸爸、媽媽也從煙台到青島來團聚。這個市府宿舍附近是四年制的海軍軍官學校，張敏之同時也在海軍官校以及第十一綏靖區劉安祺的部隊裏面，教授三民主義和政治學。

黃昏時，張校長常和他的朋友一邊喝啤酒、嗑花生，一邊談論時勢。國共兩黨的鬥爭拉扯著中國人的心，學界不乏同情共產黨的左傾份子，談到最後，總是意見不合，心情越來越低落鬱悶。

◆

張家附近有一間學校——太平小學，原本是日本人蓋的。每個星期有一節課，由每一班的班導師負責生活與倫理。這位老師常常講關於階級的概念，有一天老師講到窮人與富人。

「昨天我看到那些特權階級的私家車，輾過一個可憐的乞丐，明明就可以剎車，他們偏不！有錢人根本不把窮人當人看！」老師講到這裡停了一下，走到張彬面前，「我們當中也有一些學生坐著司機開的私家車上學，他們是屬於資產階級那幫人的。」

車子是政府配給爸爸的，爸爸不允許家人搭這部車，他偶爾才有機會搭車上學。但張彬聽到這裡嚇壞了，他再也聽不進老師說的任何一句話，他的腸胃絞痛，感到要上廁所。但他不敢吭聲，忍著忍著，最後還是忍不住，屎尿全拉在褲子上，同學們聞到臭味後哄堂大笑，張彬覺得很羞恥。

張彬感到被同學排擠的孤單。後來，班上有一個廣東來的同學，長得眉清目秀，總是穿著乾淨體面的衣服，班上同學嫉妒他，很愛取笑他的廣東口音，甚至出手打人。張彬刻意坐在他旁邊的位子，和他作伴，張彬是班上唯一願意和他講話的人。但學期結束以後，這個廣東同學再也沒有出現了。

雖然學校是個可怕的地方，不過在青島的日子，也是張彬前半段人生最美好的記憶。放學後，他和鄰居一起去海邊游泳、釣魚，結伴到公園體育場看美國人玩橄欖球，當時美國第七艦隊駐防在青島。張彬起初被這些外國人嚇到了，這些人的身形怎麼如此巨大？

原來，他們穿著厚厚的護墊防止衝撞的力道，這讓球員看起來像金剛一樣龐大威猛。這是張彬對西方文化的初體驗，他驚訝地發現這些老外聲嘶力竭地大聲叫喊，開心狂笑或者搥胸頓足，和中國人不太一樣，通常中國人看球賽只用鼓掌表達情感，大喊大叫顯得很不禮貌。

張彬也注意到球場裡的一些人情味，例如當分數差距拉開一些時，佔上風的隊伍就會把速度放慢些，讓對手有機會趕上一點。他們玩球的目的似乎只在享受運動的樂趣，而不是非得將對手打死不可。不管落敗或者保持領先，所有的球員都努力演出到終場結束，沒有人因為落敗就擺爛，也沒有人因為勝券在握就吊兒啷噹。

這件事給了張彬這個十一歲的中國小孩一個文化震撼，一種奇妙而令人欣賞的價值觀。不過，很快地，張彬又看到了美國人的另一面。

有一天，張彬騎著腳踏車到港區逛逛，看見人行道上躺著一個骨瘦如柴的乞丐，經過的路人說，「這個老乞丐大概快要餓死了。」張彬想到大舅在濟寧總是樂善好施，他飛快地騎到街上，買了麵包和豆漿再回到乞丐身邊，餵這個可憐人慢慢吃下食物。乞丐恢復了元氣，投給這個素昧平生的小男孩感激的眼神。於是張彬再去買了更多的麵包，給他一些存糧。

繁忙的港區是個奇異的地方，來來往往的船隻、車輛、工人與旅人，有一股匆促熱鬧的氣息，但這裡也是遊民和一些無父無母的孤兒流浪的地方。不久，一艘小汽艇靠岸走下來一群美國大兵，他們一邊走一邊往街上灑鈔票，遊民和小乞兒立刻簇擁上來搶錢，這時，美國大兵拿出相機，拍啪啪地照起相來。等他們照夠了，滿足了在中國獵奇的照相癮頭，又成群結伴、嘻嘻哈哈地往市中心走去。

同為中國人，張彬覺得被羞辱了，他想要對他們大喊：「把你們的臭錢拿回家去！」但是他不懂大兵的語言，也沒那個膽子。他一直以為美國人是朋友，是幫中國人打日本人的朋友，朋友怎麼可以侮辱朋友？張彬覺得他好像漸漸看懂了這世界，但也更不懂這世界了。這回，他沒有再去問媽媽：「這是怎麼一回事？」他安安靜靜地吃了晚飯。有些疑問，放在心裡就好。

很快地，張彬要從小學畢業了，但他並沒有依依不捨的感覺，這學校給他好多難題，他懷念的只有逃難時候在長官店的「家教班」。他和許多小朋友一起參加青島第一中學的入學考試，青島一中是明星學校，所有的小孩擠破頭都想進去，但張彬對自己的考試成績沒有把握，媽媽要爸爸想想辦法。

大姊張磊記得，「那是我第一次聽到爸爸跟媽媽爭執，媽媽說，你的兒子因為逃難，沒辦法好好上學，怎麼會考得取？你是市府參事，只要去講一句話，讓他們收他，只是上初中嘛！上初一嘛！」

但張敏之是傳統的中國書生，有所為有所不為，「孩子能考得取就上，考不取就不要上，明年再上。」王培五不一樣，她是商人的女兒，兩隻腳踏在土地上生活，過日子的標準就是現實世界的度量衡，不是書本裡面高來高去的那一套。

爸爸不肯打電話，於是媽媽自己打給校長和副校長。放榜了，張彬在錄取名單上，「至今我仍不知道，究竟是本來就分數不差，可以考得上；還是媽媽的電話起了作用。」張彬說。

一九四八年夏天，國民黨和共產黨在濟寧形成拉鋸戰，濟寧時而落在共軍手裡，時而又被國軍拿回去。

國軍最後一回合在濟寧城內防守時，為了偵查共軍動向，竟然把濟寧城南沿河一帶的房屋放火燒掉，王培五的娘家慘遭這人為的回祿之災，她的四弟對著國軍大聲咆嘯，「起碼警告一下我們屋裡人！」四弟衝動的舉動差點害死自己，士兵拿槍指著他：「再鬧就斃了你！」王家大哥委言求情，請士兵高抬貴手，這才保住了四弟的性命。

四弟坐在河邊掉淚，為失去的家園，也為他自己曾經忠貞不移的反共立場傷痛。他開始思考：「國民黨真的比較好嗎？」

共產黨進城以後，作為濟寧首富的王家，為了避免被清算鬥爭，必須舉家遷往上海。只有當醫生的四弟留守故里，因為共產黨需要醫生，不會為難他。

5 最後的逃亡

王培五最想去的是美國，遠遠離開戰爭與苦難，但是她不敢講，講了也沒用，她的先生張敏之絕不會丟下學生不管。

靠海的青島因為有海軍的優勢，一直都在國民黨的勢力掌控下；但張敏之對國民黨的腐敗，卻是越來越看不順眼。他是一個理想主義者，他的人生需要有一個崇高的大目標來燃燒他的熱情。

他十七歲加入國民黨，支持護法運動，宣揚「三民主義」是在千年帝制的廢墟下建設新中國的指引。在這個偉大旗幟的引導下，他願意四處奔走，為「大我」放棄「小我」，當他的兒子抱怨他只顧學生不顧家人時，他對太太說：「我豈是為子女而生。」如果從公、私兩個領域來看一個人，張敏之就是標準的「丈八燈塔」，照遠不照近。外面國家社會的大事，他看得清清楚楚，有頭腦也有行動力；但身邊職場的人事傾軋，或者家庭裡的義務責任，全不在他的眼裡、心裡。

當這種一心為「大我」放棄「小我」的熱情，遇到現實的冷酷時，他無法妥協，只有避世。再一次，他計畫到台灣。「太平輪」是當時航行上海到基隆的豪華客輪，張敏之買了全家大小的船票。

一九四八年雙十節前夕，張敏之家鄉煙台市區開始出現槍聲，煙台地區包括趙蘭亭校長帶領的中正中學（三百多人）、鄒鑑校長帶領的國華中學（七百多人）、馬文遠神父帶領的崇正中學及崇德女中（二百多人）、徐承烈校長的志浮中學（八百多人）、莊志毅校長的益文商專（三百多人），總共兩千五百多位師生，在海軍總司令桂永清協助之下，搭上中基輪、中鼎輪以及太平輪到青島。

東北及膠東半島逃匪難民不斷湧入的情況下，青島人口急遽增加，治安堪憂。一個月後，十一月初，各校校長與青島市政府協商，市府發給每兩人一袋麵粉，兩千五百多位師生離開青島，搭乘安達輪到上海，住在自忠路的山東會館，徐承烈在《煙台聯中滄桑錄》寫道：「擁擠狼狽情形不言而知」。

這時的上海，物價飛騰，人心惶惶。徐蚌會戰已經開打，大批難民湧入上海。煙台各中學兩千多位師生，在上海困窘度日，上海市政府極力想疏散大批湧來的難民，因此煙台師生必須再次遷徙，但各校校長之間並不和諧。這時山東省境內包括濟南、濰縣等各地也有許多學校陸續南下，在南京的教育部以及山東省政府表示，各地區應成立聯合學校，事權統一。

上級希望煙台地區各校併為「煙台聯合中學」，趙蘭亭及鄒鑑兩位校長對於總校長的位子都有意願，怎麼辦呢？於是省教育廳打電報給正在青島擔任市府參事的張敏之，借重張敏之在魯東教育界的威望，以及數次帶領學生遷徙的經驗，出任「煙台聯合中學」的總校長。一通電報，張敏之從上海趕到南京，接下了這個重責大任。

◆

一九四八年十一月，煙台聯合中學成立，總校長張敏之，領導校本部以及高中部、第一分校校長趙蘭亭、第二分校校長鄒鑑、第三分校校長徐承烈。各分校只管初中部，高中部全移出由校本部合併管理。煙台聯中成立後不久，大隊人馬離開上海前往湖南省安化縣。

張敏之去南京之前，從上海打電話給太太王培五，告知煙台聯中的事情。王培五極力反對，她要張敏之替自己的家庭著想，不要再做這些吃力不討好的事情。她甚至威脅說，「我受夠了！不能再跟你去過那種逃難的苦日子。如果你接了這差事，你就自己去吧！」這次，她不奉陪了！

然而，張敏之還是接了這差事，他對公眾事務的熱情和使命感再度熊熊燃燒。其實，他們夫妻倆個心裡都知道，他們終究還是會在一塊。

大客輪「復興輪」最後一次到青島，王培五終於還是買了船票，帶著孩子們到了上海。張彬很享受這個旅程，尤其喜歡船上提供的「布丁」。或許夾雜了這個美好旅程的回憶，此後一生，他都喜歡吃布丁。

經過了三天的航行，王培五帶著六個孩子抵達上海，這次，留在煙台和爺爺奶奶作伴的小張焱，也歸隊和大家一起行動了。他們和大舅及三舅住在一起，大舅帶張彬去了趟澡堂，上海洗澡文化花樣多，搓背、刮臉，裡面的人熱烘烘地談論著時局，對小孩來說就是新鮮有趣。

王培五帶著孩子們在上海過了一個月。這個月裡，張敏之為了兩千五百多位師生的去處四處奔忙。十二月，師生們從山東會館改住江灣體育場一陣子了，上海車站擠滿了逃難的人潮，像茅坑裡面蠕動的蛆，難以計數。人潮拚命地往車箱裡面塞，連火車頂上都坐滿了人，張彬還看過有人從車頂垂吊一個堅實的籃子，人就坐進籃子裡面。

從上海往湖南的路上，火車開得很慢，一小時大約四十公里。張彬想辦法爬上車頂，想嘗嘗那種冒險的滋味，每當火車經過山洞，眼睛、鼻子和嘴巴，全都黏上了煤灰。坐在車頂是很危險的，過山洞一不小心沒有趴下，就會給洞壁刮下車。車頂雖然危險又寒冷，但車內擠得實在很不好受。

煙台聯中師生分批沿滬杭甬鐵路南下，在浙江省會杭州等待轉車，大家露宿車站好幾天，校長和站長交涉，站長總是說：「沒車啊！我也沒辦法。」但眼看其他聯中揚長而去，年輕氣盛的學生們忍不住了，有人喊著：「校長們沒辦法，我們自己來！」

二分校的巒秉傑，五十年後接受中央研究院近史所訪問時說，「一言不合，雙方開罵起來，學生代表甚而動手將桌上的杯子往地上砸。有外界指控我們破壞車站，將火車站給砸壞了，但身為學生代表之一的我，親眼為證，只是弄壞了幾只杯子罷了。而學生向站方交涉一事，也是自發性行為，絕非為外界所言為外力介入。」衝突之後兩、三天，煙台聯中終於等到了車子，繼續往湖南前進。六個月之後，這事變成「被共匪叫唆破壞車站」的「杭州車站事件」。數十位煙台聯中的學生因此被安上罪名，抓去關了。巒秉傑當然也成了其中之一。

過了杭州之後進入江西省的南昌，火車最後停在湖南省的湘潭。湘潭是毛澤東的故鄉，逃難的行程似乎變得有點荒謬：為了躲共產黨，卻躲到共產黨頭子的老巢！大隊人馬在這裡停了好幾天，因為進入湖南省境，要住在人家屋簷下了，總校長張敏之必須到湖南省會長沙拜訪省府官員。

火車的旅行到湘潭為止，從湘潭到藍田只能走水路，沿著漣水（河）邊的竹林中有小路可走，大約一百多公里。這個地區人口並不稠密，河裡面沒有汽艇，也沒有蒸汽船，用的是最原始的方法，由苦力沿著河邊縴繩前進，十個人拉一艘船，每邊五個。苦力一邊拉船一邊唱著歌，歌曲的節奏是他們的訊號，維持出力的節拍。

年紀小的學生和家眷坐船逆江而上，張校長帶著學生徒步前進。如果不是逃難，山澗河谷，這一路風景原始自然，十分美麗，猴群遊竄嬉戲，聽說，老虎也不少。

水路走了三天，每天學生吃乾糧還要吞下大蒜。大蒜被視為一種殺菌劑，防止學生喝了不乾淨的水而下痢。一整天的吃食只有晚餐稍微豐富一些，河邊村落村民每戶招待三、五位客人，熱情提供飯菜供大家吃飽後休息睡覺。

湖南人喜歡吃辣椒，冬天祛寒保暖，夏天消暑降溫，這是在潮溼氣候裡面的保健食物，進入湖南省境，飯食裡面多了許多辣味。

三天之後上岸，又走了一段路到了藍田（今湖南省婁底市），三個分校分住四個村落，校本部和一分校設在藍田的蘆畝塘（抗戰時期湖南師範舊址）、二分校在新化縣的橋頭河、三分校的高中部設在三峽村（抗戰時期大陸中學舊址）、三分校初中部設於藍田的篤慶堂（抗戰時期海明女中舊址）。

◆

張校長的家眷被分配到一個大庭院西邊的廂房，有好幾間臥室，房子裡面都是黑檀木的老式傢俱。這一家有個很大的大廳，大廳裡面停著女主人的棺木，這棺材停棺快一年了，但是這家的長子參加國民黨的軍隊出外打仗沒有回來，按照習俗，必須等兒子回來才能下葬，否則亡者不能安息。

張彬並不怕這棺材，他找了個機會溜進大廳盯著棺材看，突然間，一個十八歲的大男孩闖了進來，張彬嚇一大跳，大男孩友善地拍拍他的肩膀，咿咿呀呀、比手畫腳地表明棺材裡面是他的媽媽，然後他掉下了眼淚。

大男孩帶著張彬到藍田四處逛逛，路上的佃農看到他都很親暱地打招呼聊天。張彬發現這個啞巴其實非常聰明，也很有知識，雖然媽媽常說：「一切都是上帝的旨意」，但上帝為什麼這樣對待這個年輕人呢？難道他不值得擁有講話的能力嗎？

抵達藍田後的第二個星期，張磊和張彬要到腳程兩個多小時的三分校初中部去上學。媽媽幫兩個小孩打包好行李，爸爸吩咐他們自己的行李自己扛，但是爸爸一轉身出門去上班，媽媽就雇了人幫這兩姊弟揹行李。在竹林密佈的山路上，靜靜地走了兩個多鐘頭，到了學校，校長在眾目睽睽之下親自迎接這對小姐弟，張彬覺得很窘，他希望大家不要對他另眼相看。

宿舍每一間房間，都有五張上下層的床鋪，可以容納十個學生。張彬被分配到一個上鋪位，下鋪是高他一屆，和姊姊張磊同班的曹乃瀛，曹乃瀛記得，「開學好久，張彬才來，理了一個大光頭，都不講話。」雖然同學們都很友善，但張彬就是覺得有點格格不入，讀書也無法專心。學校一天供兩餐，每八個小孩圍成一個圓圈吃飯，每個人都有自己一個碗、一雙筷子，每餐幾乎都是米飯配上大頭菜，千篇一律。

有天晚上，張彬到竹林裡散步，遇到一個農夫，兩人聊得很投緣，當農夫知道眼前這位少年是校長的兒子，而且就住在他的地主（啞巴男孩）家裡，很高興地邀張彬到他家裡吃飯。農夫的太太燒得一手好湖南菜，厭倦了每天白米飯配大頭菜的少年，高興地吃撐了肚子。此後每個禮拜，張彬都會去農夫家裡打一次牙祭。

這對沒有生養孩子的夫妻，很喜歡張彬來家裡，總是盡量招待他吃個飽。農夫講話有濃重的湖南口音，很難聽得懂，不過他還是了解了農夫對地主的感情，他們兩家的關係已經延續好幾代，地主家對佃農頗為寬厚，佃農也感激這樣體恤窮人的老闆。

◆

對日抗戰時，張敏之帶領學生在安徽住了四年，他以為在河南也要住上一段長時間，所以在往湖南前進的路上，他和三分校的校長徐承烈，還計畫招聘後來在台灣政治大學教書的周紹賢、苑覺非老師，中興大學的傅冠亞老師，以及台灣大學外文系的李本題老師到藍田來。不過局勢變化很快，在藍田才五個月，共產黨已經渡過長江了。

一九四九年一月，北平淪陷。五月，上海岌岌可危。煙台聯中考慮遷到貴州省的貴陽，再轉進到重慶，追隨已經遷到成都的行政院教育部。這決定下得很匆忙也很堅定，只給大家三天準備，第四天就啟程步行到河邊、第五天乘船沿漣水南下，回到湘潭。路上聽說共軍已進逼南京，徐承烈寫道，「深覺張校長處事之正確與果斷。」

從湘潭南下到衡陽，分住在碼頭倉庫、鐵路黨部禮堂，以及市區的扶輪中學。

張敏之和徐承烈到湘貴黔鐵路局，協調車輛往西轉進到貴陽。張校長隨手買了一份報紙，發現教育部竟然遷到廣州了！這個消息加深了張敏之對局勢的憂慮，廣州已經是中國最南邊的大城市，中央部會都到了廣州，可見連抗日時的「大後方」都不安全了。張敏之意識到去台灣是唯一的路了，於是決定放棄西進，轉而南下廣州。

廣州是個繁華的大城市，和外國通商很早，上千年來中國政權的轉化，禍事很少波及到此，是一個富裕自足卻又天高皇帝遠的幸運城市。廣東話自成一個系統，和中原的語系差異甚大，山東人到了廣州，覺得像到了外國一樣，廣東人叫他們「北方佬」，有點瞧不起的味道。廣州這個大城市人情比較淡薄，不像之前流亡經過的地方，村民對他們總是很和善，也願意提供食物。

山東學生看到廣州的繁華很是驚嘆，不過住的地方都還沒有安定，張敏之念茲在茲的卻是，帶著學生到黃花崗七十二烈士墓鞠躬致敬，張磊說，「到了廣州的第一天，我們就去黃花崗看裡面的七十二烈士。許多煙台聯中的學生也都在那裡與同學合影，成了逃亡生涯中難得有的待遇。」很多山東流亡學生在大陸十幾年，來台後唯一留下的照片，就是當時在黃花崗的照片。

一九四九年的端午節是很感傷的，廣州擠滿了中國各地蜂擁而來逃難的人群，山東省其他地區的學校，諸如劉澤民校長帶領的濟南第一聯中、王篤修校長的濟南第三聯中、弓英德校長的濟南第四聯中等，也都來到廣州。此時華北唯一國民黨掌控的大城市青島，十一萬軍民也在劉安祺將軍指揮下大規模撤退，華北完全赤化。

五月底，上海也淪陷了。到了廣州之後的下一步在哪裡？最近的是香港，那是英國的殖民地，一群曾經在山東威海衛英國租界擔任員警的山東人，跟著英國人來到香港，他們詢問家鄉子弟，是不是願意跟隨他們到香港？但他們只收高中部學生，而且不要收女生。煙台聯中學生吳晶華記得，「當時我們有一股愛國心，罵他們是幫英國人做事，給英國人做看街狗。所以，雖然他們說盡好話，但大部分同學還是不願意，最後只有幾位同學去了，人數不多。」

除了香港之外，還有一個可能性就是台灣，徐承烈寫道，「台灣在東南行政長官部的嚴格管制下，對大陸撤退的難民及流亡學生都拒絕入境，各校曾經透過不同方式申請遷台，均不得要領。」政治大學和教育部青輔會曾想以「到台灣設立辦事處」的名義送人到台灣，也都不准，入台之難由此可見。

其實廣州到南洋各國都很近，離開中國並不是難事，但王培五最想去的是美國，遠遠離開戰爭與苦難，不過她不敢講，講了也沒用，她的先生張敏之絕不會丟下學生不管。王培五儘可以一輩子當個驕縱蠻橫的大小姐，但她選擇了張敏之，對他百分百的支持與跟隨。當他們的大兒子張彬長大後，也經歷了人間情事的起伏，他認為：「我爸爸真是個幸運的男人。」

每天晚上，王培五帶著小孩，和其他教職員的家眷擠在廣州中山堂大廳的地板上入睡。面對不如意的環境，她總是樂觀以對。她總有辦法在喧囂煩憂中，安定自己的神經，在看似絕望的生活中給自己找樂子。張彬記得，「住在廣州的一個多月，媽媽帶我們到街上吃餐館，廣東菜和湖南菜完全不一樣，甚至也到寺廟去吃素菜。」

王培五雖然是基督徒，但她對於任何宗教都持開放尊敬的態度。在張彬的記憶中，媽媽很難得說教，她不會嘰哩呱啦地「言教」，她相信自己的生活態度，對孩子就是一種潛移默化，道家說：「大音希聲」，最美好的聲音是沒有聲音，最美好的教育是沒有教育。媽媽不用說什麼，但孩子們感受得到。

◆

聚集在廣州的山東流亡學校師生，人數大約兩萬多人，包括濟南第一、二、三、四、五聯中，與煙台聯中、昌濰臨中、海岱聯中這八所學校近八千人。這八所學校的校長天天聚會，將來的去處是大問題，但每天數千人的吃飯問題更迫在眉睫。

當時的廣州商家已經拒收金圓券，只有港幣和銀元可通行。各校之前縛節的金圓券來到廣州形同廢紙，於是各校校長每天到教育部「報到」，請領伙食費和菜金。雖然去台灣是大家的共識，卻不得其法，校長們憂心不已。

有一天濟南一聯中的劉澤民校長說，「中共無海軍，他們總不能打澎澎去吧！」張敏之聽不懂「打澎澎」是什麼？濟南三聯中的弓英德校長解釋，「我們魯西人游泳

■上圖1948年，張敏之時任青島市政府參議。當時山東省政府希望藉重張敏之在魯東教育界的聲望，以及數次帶領學生遷徙的經驗，出任煙台聯中總校長。煙台聯中在上海成立，張敏之接任後，隨即帶著學生開拔往湖南藍田。

■左圖1945年8月二戰結束，張敏之擔任山東第一臨時中學校長。但到了秋天，山東省政府依然沒有安排全校師生回鄉的交通。消息傳說，省政府希望學校就地解散，張敏之為了師生的前途憂心忡忡。

■1949年6月22日，煙台聯中學生抵達廣州以後，分批前往黃花崗七十二烈士墓致敬。很多山東流亡學生在大陸十幾年，來台後唯一留下的照片，就是當時在黃花崗的照片。左起學生王文杰、賀繼盛、孫景恕、吳日勛、劉春生。（圖為賀繼盛提供）

用狗爬式，稱作澎澎。」大家聽了哄堂大笑，這是苦難日子中的一點小樂趣。

六月，來了一個好消息。國防部次長兼山東省政府主席秦德純到廣州，帶著山東籍的立委、校長，還有教育部長杭立武，去見東南長官行政公署長官陳誠，陳誠同意派軍艦載山東師生到澎湖。澎防部司令官李振清是山東清平人，大家以為，兵荒馬亂時投靠老鄉比較穩當，加上之前抗日時期，山東老鄉李仙洲將軍在安徽阜陽辦學讓大家頗有信心，各校校長欣然同意前往澎湖，約定條件如下：

一、十七歲以上及齡男生集體從軍，不得任意進退。該項學生保留學籍，對各年級應修之主要課程，仍得繼續補習，以完成其學業。應屆畢業年限學生，其考試成績及格者，照章發給畢業證書，就業或升學。

二、幼年男生及全體女生，由防衛部另行設置「澎湖防衛司令部子弟學校」安置，自一九四九年七月開始。

一九四九年六月底，煙台聯中與濟南第一、二、三聯中先登上濟和輪，三天兩夜的航行當中船艙一度失火，學生人心惶惶，以為就要死在大海上了，幸好即時撲滅，虛驚一場。火災過後，大鯨魚出現船側，這罕見的巨大生物給飄洋過海、離鄉背井的旅程，增添了一點新奇的趣味。六月二十五日，第一批師生在澎湖漁翁島（今澎湖縣西嶼鄉）上岸。第二批濟南第四、第五聯中，以及昌濰臨中、海岱聯中的學生，則於七月七日在馬公上岸。

Part 2
囚。

即使早過了半世紀的歲月，後來擔任澎湖內垵國小校長的煙台聯中學生呂高麟（下圖），帶著公共電視攝影團隊來到當年校長與同學被拘禁的馬公天后宮，忍不住老淚縱橫。當時，連住在廟旁的歐巴桑聽到師生被刑求的哀號，都跪求官兵說：「放了他們吧！他們只是孩子啊！」

6 刺刀下的「志願」從軍

在澎湖防衛司令部的操場大院，任憑張敏之再怎麼對著司令台叫囂抗議，肅殺的氣氛也已凝結成冰，中間還凍住了學生血紅的鮮血。

一九四九年六月二十五日，煙台聯中的師生們終於抵達澎湖。很意外的，上岸的地方不是澎湖群島的中心島嶼馬公，而是馬公西方的一個小島——漁翁島。

漁翁島是澎湖列島僅次於馬公的第二大島，一九七〇年跨海大橋完工之前，漁翁島對外交通只能靠著小船舟楫來來往往。

張彬對漁翁島的第一印象很糟，覺得這地方很醜、很小，整個島光禿禿一片，看不到樹木綠草，漁民的生活看起來很清貧。女學生們開始哭起來了，她們不知道要如何在這個荒島上生活？許多同學對於離家感到後悔。張彬覺得，爸爸似乎也困惑了。

濟和輪靠岸之後，島上的士兵宣布，高中部的學生留在漁翁島，部分初中部的學生以及老師們則要遷到馬公。接著，士兵開始檢查學生的身高，個子高一點的初中學生也被留下來，三分校初三學生初福山就被留了下來，他說，「我當年正好十六歲，但是個子很高，所以軍方硬說我是十八歲。」張敏之不願學生被分開，但士兵掌握了所有溝通的管道，他不知道要向誰抗議，他氣急敗壞，卻一籌莫展。

士兵開始指揮學生下船，張校長打起精神慷慨激昂地說，「不要擔心，我會盡力改變這個情形，大家不要著急。」學生們哭了，但校長沒哭。張彬和張磊記憶中，爸爸從來沒有哭過。張彬認為，爸爸就是一個徹頭徹尾的孔儒禮教門徒，他從不在人前輕易表露情緒，永遠控制壓抑自己。

這個道別的場面令人難過，學生裡有的是兄弟姐妹一起流亡的，他們大多出身家境良好的家庭，否則也不必逃離共產黨佔領區。張彬看見父親臉上沮喪的神情，這些孩子的父母把小孩交到他手上，他卻不知道將來要怎麼對孩子的父母交待。

濟和輪在馬公靠岸以後，教職員家眷被分配到廟裡住宿。張敏之覺得很焦慮，他身為校長卻不能去漁翁島探視學生，整個澎湖群島都在軍隊的嚴密監控下，他想要見澎湖防衛司令部的司令官李振清將軍，但警衛總是擋著他。

·◆·

李振清也是山東人，一九四三年在太行山戰役帶領一〇六師光榮突圍，當上了四十軍的副軍長。一九四五年和共產黨打了邯鄲戰役之後，接收了老長官龐炳勳的地盤，升任四十軍軍長。

一九四九年，除了青島之外，李振清駐守的河南安陽、新鄉，是國民黨唯一還在長江以北的部隊，然而情勢險峻，年初，蔣介石已經積極部署撤退到台灣了。李振清要選擇戰死？投降？還是另謀出路？

一九四九年二月，李振清來到馬公，出任澎湖防衛司令部司令。

這是風聲鶴唳的一年。一月五日，陳誠在台北接任台灣省政府主席兼警備總司令部總司令。陳誠是蔣介石的浙江嫡系親信，一九四八年指揮東北作戰大敗之後，離開戰場到台北休養胃疾。對於新官職，陳誠原本興趣缺缺，惹惱蔣介石頻頻發電報催促：「為何不速就職，若再延遲，則夜長夢多，全盤計畫，完全破壞也。」

一月十日，中央銀行總裁俞鴻鈞接到蔣介石的命令，開始把黃金運送到台灣。一月二十一日，蔣介石宣佈辭去總統，但仍擔任中國國民黨總裁。他把撤退到台灣的佈局準備好了。

五月二十日，台灣宣佈戒嚴，所有大陸撤到台灣的軍民，都必須經過陳誠的核准。即令當時的行政院長閻錫山到了台灣，不到半年就隱居陽明山，唯一保留的派頭，只剩下一輛從上海坐船運來的凱迪拉克黑頭大轎車。

國民政府的轄區，這時只剩下台灣一個省了。所有政客軍頭，無論曾經如何威風顯赫，誰能到台灣，誰不能到台灣，都要陳誠點頭。李振清是陳誠欽點駐守澎湖的人，他拿到這地盤也不容易。李振清死守河南不投共，比起一些投降的中央軍將領，陳誠覺得這個西北軍的大老粗忠貞多了。

李振清因為丟下在河南的四十軍到澎湖，實力大減，急需補充兵員，否則一個空頭將軍遲早會被換掉。現在，李振清有一個大好機會，幾千個十幾歲的青年學生，都是受過教育的，和那些拉來充數的鄉野兵伕不一樣。

煙台聯中學生于兆泮記得（引述備註❷），「不久之後，我們感覺到狀況不對，軍方根本不讓我們讀書，只要我們當兵……這些老幹部帶我們，第一、在管理方面有問題；第二、違背當初要讓我們讀書的承諾。」

當時家住漁翁島赤馬村三十八號的顏秋敏，是初中女學生，在學校裡面已經學了兩、三年的中文，她幫忙島上居民和這批流亡師生溝通，至今難忘一位女學生的哭泣，「住在我家隔壁的一個女學生一直在哭，她的弟弟可能要被抓去當兵了，日後她回家鄉，沒辦法對媽媽交代，因為她媽媽要她帶弟弟來台灣，是要來讀書的，結果還沒到台灣，又要被抓去當兵。」

漁翁島上的女學生和部分老師被分派到民宅，顏秋敏家和鄰居都接待了好幾位，「從我們家三十八號起，接連三十九號、四十號、四十一號，每家都住了幾個女學生。我家住了一位女老師，她都是穿藍布大褂，還帶著一個年紀很小的小男生。」

大部分的男學生住在小學或者砲台碉堡裡面。漁翁島砲台是一八三七年中法戰爭之後，台灣巡府劉銘傳下令改建的，最早可以追溯到明鄭時代。碉堡裡面濕氣很重，空氣差、蚊蟲也多。煙台聯中學生呂高麟二〇〇七年帶著公共電視拍攝團隊到防空洞，他還記得當年睡覺的位置，「最外面一層，第一個位置就是我睡。我一生到死，都不會忘記的。」

◆

生活條件差，學生們不是不能忍受，但是有件事情很麻煩，就是學生們不服軍隊的管教。駐紮在澎湖的三十九師，大多是河南農村出身的農民，在家耕田靠的是鋤頭，出外打仗靠的是拳頭，他們認為生存靠的是「力氣」，思考方式比較單純魯直，他們看不得這些文謅謅的「少爺兵」，歪理一堆又不受教，體能狀態也很差。

煙台聯中三分校學生孫序振說，「他們最在行的是單槓、木馬等器械操，而我們多做不來，常遭他們數落。但我們則認為，不會吊單槓又如何呢？在心裡臭罵這些大老粗。老兵對我們看得很緊，營房外每晚都有老班長站崗，要到野外解手，非但不能單獨一人，且還須由老班長集體帶隊去。」

學生們打心裡看不起老兵，煙台聯中二分校欒秉傑說，「他們大多是河南一帶的子弟，且大多為不識字的文盲，自當兵後即不曾離開太行山，對外面的世界一無所知。

一提及防衛司令就昂首立正，但若問及總統何人？國防部長是誰？又一概不知。」

山野鄉人要管教這批知道「哥倫布發現新大陸」的少爺們，那是水與火的戰爭，彼此都恨對方恨到牙癢癢。因為不滿軍隊的管教，幾位煙台聯中學生意想天開，他們認為學生人數比軍隊人數多，大家團結起來就可以反制。現在看來，這當然是個輕率的舉動，天真到無知的地步。

但這些學生都只有十六到十八歲，在戰亂中流浪長大，他們想，連日本兵和土八路都打不死他們，怕甚麼呢？幾個煙台聯中學生想和濟南聯中學生串聯起來，要求澎防部履行一半軍訓一半讀書的承諾，不過結果令人沮喪。于兆洋回憶，濟南聯中那邊來了消息，「他們說，要鬧，就讓煙台聯中自己去鬧好了，反正出了事他們倒楣，成功了大家都有好處。」

這個提議總共也只討論了兩個晚上，大家都認為事不可為，也就沒人再提了。不過，幾個學生們天真的激情，卻不知隔牆有耳，種下了後來被清算入獄的種子。

◆

煙台聯中和濟南第一、二、三聯中是六月二十五日到漁翁島。七月七日，濟南第四、五聯中和昌濰聯中抵達馬公。濟南四、五聯中的學生一到馬公，教職員、眷屬、女學生，以及年幼的小男生就被送到馬公小學，其餘男學生都集中到澎防部。

七月十二日，所有學生集中到澎防部大操場，軍方拿著各校的學生名冊，開始點名大編班。傳言編班之後，高中部的學生將被送往漁翁島，初中部學生則留在馬公，學生們覺得不對勁，有人提議，要向軍方表達強烈的抗議，並且要求和師長們見面。

七月十三日，趁著在操場上集合的機會，濟南聯中幾位年長的同學帶頭前進司令部，要求見司令李振清。濟南四聯中學生何昌祥在他的回憶錄《浮生瑣憶》寫道：

「這一突如其來的行動，使軍方人員大為驚訝！並隨後立即遭到他們悍然攔阻……由於我們不理會軍方恫嚇脅迫與任何要求，不顧一切地向突圍衝撞脫困，於是與奉命攔阻的部隊發生了極為不愉快的肢體衝突。不得要領的情況下，我們只好改以靜坐抗議軍方的無理，同時高呼口號：反暴力、要求學、反迫害、要自由等等，澎湖防衛司令部的整個大院裡，霎時如戰場般的混亂。」

軍方老幹部看見苗頭不對，態度開始軟化，一邊安撫學生，一邊等待上級的指示。

「沒等多久，院子內的官兵開始有動作了，眼看著司令部四周的圍牆邊、前後盈門的出入口、院子裡的頂樓上、門窗口、陽台上、司令台上，都迅速的佈滿了荷槍實彈的官兵，真如戰場即將來臨！」

「司令官李振清得知學生們不服編隊與激烈的反彈情況，一進場，滿臉帶著盛怒肅殺之氣，疾走如飛似的一躍跳上了司令台，其身邊緊跟著副官及護衛人員，在其左右，快速地架起了機關槍。這位山東老鄉，對著下面學生開口的第一句話是三字經，

『他媽的，你們想造反？哪個是領頭反抗的？帶隊造反的？不聽指揮的？』並且舉起拳頭，狠狠地往台上桌子用力一擊，而大聲的說，『給俺通通抓起來！』這句狠話一出口，語音還沒落，這時包圍在我們四周蓄勢待發的官兵們，立刻開始撒野起來，個個像搶功似地衝入人群中，搜尋著他們認為是先前帶頭的人、造反的人。」

被抓出去的學生先是被拳打腳踢，更想不到的是，原本以為只是嚇唬學生的刺刀，竟然來真的！刺刀傷了兩個人，一個是李建（李樹民），被刺穿了右手臂；一個是唐克忠，右大腿被刺穿了，到現在大腿上還一個小凹洞。唐克忠總共被刺了三槍，有兩槍刺在屁股上。張敏之校長的大女兒，當時十四歲的張磊擠在操場外面，「看到士兵用刺刀刺學生的腿部，血流如注，哀嚎聲非常的淒慘。」

士兵應該用來對付敵人的刺刀，竟然打到學生身上了，在場的學生都嚇呆了，「誰一講話就一刺刀刺上去。」唐克忠的同班同學，曾經得過國軍文藝獎與吳三連文學獎的作家張放說。

被隔絕在外的各校校長、老師們，聽到消息狂奔而來，但這時，盛夏七月的澎防部操場大院，已經是一片肅殺的嚴冬。任憑張敏之再怎麼對著司令台大叫抗議，肅殺的氣氛已經凝結成冰，中間還凍住了學生血紅的鮮血。

■濟南聯中學生唐克忠（圖中）在澎湖被軍方強徵入伍，右大腿與屁股被士兵用刺刀刺了三個洞。左為張敏之校長么兒張彤。（圖為高丹華提供，2007年攝於高雄）

■濟南聯中學生張放(圖右)，國軍文藝獎、吳三連文學獎得主，2007年接受公視採訪時說，當年在馬公操場，「誰一講話就一刺刀刺上去。」(高丹華2007年攝於新店)。

■這張照片攝於1947年元旦馬公要塞司令部（現澎湖防衛指揮部）的大操場。這個操場在1949年7月13日發生了一件大事，山東流亡學生在此遭軍方強制編兵，引起流血事件。

(圖為文史工作者 商累愛 提供)

7 不死心的校長

飽受挫折的張敏之，難得地對王培五說了感謝的話。他說：「我很感謝你這麼了解和支持我，我知道自己不是一個好丈夫，也不是一個好父親。」

刺刀事件當天下午，在漁翁島的煙台聯中，以及濟南第一、二、三聯中的學生，開始分批遷移到馬公島編入部隊。煙台聯中初二的學生曹乃瀛說，「在漁翁島的最後一堂課是國文課，我們上《桃花源記》，我總共只背了兩句，課就沒了。」當學生的日子像桃花源一樣虛無飄渺，不再有了。

到了馬公一上岸，除了女生和明顯瘦小的男同學，其餘通通編成青年教導總隊一一五團與一一六團。曹乃瀛個子也不大，「日制九九式步槍上了刺刀，還比我高十分公分！」但這樣小個兒的曹乃瀛，竟然也被編兵了。

開始編兵以後，各聯中形同解散，女同學以及年紀小的男同學，歸到新成立的「澎湖防衛司令部子弟學校」，學生人數減少，一半以上的教職員因此失業，有的在澎湖擺地攤，有的加入海軍或者想辦法到台灣去。

對於軍方的蠻橫，各校校長都很憤怒，尤其張敏之聲音大，常讓軍方下不了台。有一天，為了子弟學校的成立事宜，各校教員都在馬公國小禮堂集合，煙台聯中二分校老師曲明齋寫道，李振清當時在會中喊話：「請各位師長幫忙勸導學生，安心接受編隊。」有人當場反駁：「對於在廣州所說的，高中生半受軍訓半讀書，初中生完全讀書，這些諾言還履不履行呢？」

會場議論紛紛，張敏之發言，「我們在這裡被人出賣！」李振清、韓鳳儀等人聽了臉色很難看，張敏之又說，「我們帶來的學生，還得請山東教育廳長想辦法。大家意思如何？」張校長話一出口，在場大家一致附和。

會後張敏之想要和台灣聯絡，他連夜寫信給山東省政府主席秦德純、山東省教育廳長徐軼千，還有他的恩師崔唯吾。他請求同鄉救救這些孩子，信上還說他們在澎湖是「任人宰割」。同時，他請副校長鄒鑑到台北搬救兵，鄒鑑從馬公坐船到高雄，再從高雄要搭火車到台北，但才坐到台中，就被攔下請回澎湖。

張敏之的動作不斷，李振清要傳令兵把張校長「請」來。

「你為什麼反對編兵？」李振清火氣很大。

「我反對你失信、蠻橫的編兵。」張敏之火氣也不小。

李振清揮一揮手中的信，「你知不知道這是誰的信？」張敏之看了怒火中燒，「你怎麼可以扣留我的信？」其實整個澎湖都在軍隊的掌控中，扣留張敏之寄往台灣的求救信，也是輕而易舉的事。

◆

在惶惶不安中，八月，「澎湖防衛司令部子弟學校」開學了，學生們都在操場立正站好，司令官李振清要講話。

張彬清楚記得那一天李振清在台上的神情，顧盼自得，喜形於色。李振清勉勵學生，要為國家民族奮戰。他說：「俺用五指魔掌帶領你們重回大陸！」他伸長了手，有口號有表情，激動得很。

演講之後，李振清參觀學生上課。他進來時，學生正坐在地板的毯子上聽課，「士兵叫我們立正站好，李振清就穿著骯髒泥濘的靴子，踏過我們的毯子。」張彬記憶中的李振清，因為腿受傷拄著拐杖，講話時手杖高低飛舞，一副軍閥的派頭。

李振清的教育程度，大約是一般中國農村的私塾初階。煙台聯中三分校的學生孫序振也記得，「李振清第一次對學生訓話，竟說『咱們都是山東中國人』，由此可見其素質了。」一九四九年在澎湖因為匪諜罪嫌被捕的殷穎（時任三十九師軍需官。退役後成為牧師、曾任基督教道聲出版社社長），在《囚籠裡的歌聲》寫道：「李振清大字不識幾個，在主持總理紀念週時，連國父遺囑都唸不全……」

和張彬一樣唸初一的學生有好幾百個，他和其他六十六個同學同屬一間教室，白天坐在地板上課，晚上就睡在教室地板。教室裡唯一的傢俱，是一面掛在牆壁上的黑板。吃飯是八個人一組坐在操場上吃，一天只能吃兩餐，除了白米飯之外，通常就只有一盆水煮南瓜。

在子弟學校，張彬覺得很孤單，以前在湖南一起上課的同學，現在都被打散。黃昏時份，他常常一個人沿著海灘散步，一邊走著，一邊想起在青島的日子，他是一個喜歡孤獨的孩子吧？在青島，他也總是一個人到海邊釣魚。今昔相比，青島的日子就像天堂一樣，只是一去不回了。

澎湖的夏天很熱，典型的南方氣候。學校每天中午有兩小時的午休時間，同學們吃過飯都去睡午覺，但張彬喜歡在海灘上散步看綠蠵龜曬日光浴，島上的人對這些大龜很友善，沒有人捉回去打牙祭。這是苦悶生活中的一點小確幸，即使海風總是不停地吹襲，但這個原始自然的金黃色沙灘美極了，少年張彬獨享這老天的贈與。

週末，張彬和張磊回家和家人團聚。媽媽一如往常總是精神奕奕，只要和丈夫、孩子在一起，她別無所求。但是父親在家的時間非常少，晚上也常留在學校。他的責任感很重，學生晚自習和就寢，他一定親自照看。

澎防部司令李振清是山東人，他對山東人是歡迎的，並沒打算要傷害誰。他唯一的想法，只是要把這些學生納入自己的軍籍冊裡，因為有兵員就可以請餉。他勢單力薄的來到澎湖，需要建立自己的軍隊。

這是怪不得李振清的。在兵荒馬亂的時代，十幾歲的中學生，的確是部隊的好種子。就連在鳳山練兵的陸軍總司令孫立人，也曾經打過學生兵的主意，他到過長沙和濟南第三聯中校長王志信討論，讓及齡（十七歲）的男學生到台灣接受軍官訓練。

孫立人自己擁有清華大學土木工程系、美國普渡大學（Purdue University）土木工程系與維吉尼亞軍校（Virginia Military Institute）畢業的背景，他想要建立新式、有戰鬥力的部隊，他訓練的新一軍在二戰末期的滇緬戰場嶄露頭角。同理，當李振清的面前出現幾千個受過中學教育的青年男學生，誰不想要呢？

老天本來是有意要幫助李振清的，因為學校和教育部已經有了一些協議，教育部在一九四九年六月二十日（民三八穗中字第五四一一號訓令）第二條即載明：年在十七歲以上的學生，均須切實遵照軍訓辦法，接受軍訓。第四條也提到：年在十六歲以下之學生，准設「澎湖要塞司令部附設軍人子弟學校」。第七條：子弟學校畢業生及參加軍訓期滿學生之安置工作等問題，均由澎湖要塞司令部負責解決。

但李振清錯在焦躁，急功近利。十七、八歲的學生很快就要畢業了，畢業之後這些流落異鄉的孩子大多還是會選擇投效軍旅。七月十三日的刺刀行動太莽撞，就像把嘴邊的糖葫蘆丟到沙地裡踩，再撿起來已經沾滿了碎石沙粒，再也不甜蜜了。

刺刀事件之後，張敏之的好友周紹賢提醒他，軍隊已經控制了一切，學校很難再為學生主張什麼，況且有些教職員都已經離開，周紹賢要張敏之不要再過問學生的事情，不然跟司令部的關係會越來越惡劣。周紹賢當時是《中央日報》派到澎湖的記者，他在一九四九年六月二十二日到馬公。周紹賢抗戰時曾在山東一臨中教過書、內戰時煙台聯中流亡到湖南，他也全力相挺。對好友的勸告，張敏之心領了，但是，「我是總代表，不能一走了之。現在（山東省）教育廳長徐軼千就要來台北，我已函請他速來澎湖，解決問題，我才能卸卻責任。」

八月下旬，徐軼千和山東省政府秘書長楊展雲、財政廳長石中鋒、民政廳長傅立平等幾位官員到了澎湖。頂著暑熱到澎湖視察的大員，最主要是來商討澎防部無力再墊支學生經費的問題，由於共產黨已經佔領山東，山東省政府失去財源，問題很棘手。大家討論的結果是由濟南一聯中校長劉澤民去廣州，向行政院教育部請款。

劉澤民離開澎湖之前，特地去和張敏之告別，提醒他，「為學生問題，嫌隙業已造成，處處更要小心，最好躲開此地赴台。」又是一位智者對張敏之的警告。不過莎士比亞說了，「性格決定命運」。如果張敏之這時會為自己的安全拋下學生離開，他就不會為了學生的受教權，三番兩次和軍隊槓上。

山東省府的官員很快地離開了，高年級學生被編兵已成了定局，再也改變不了。教育廳長徐軼千留下來安撫學生情緒，學生們又被集合在大操場，濟南第三聯中校長王志信記得，徐軼千廳長當場對學生喊話：「十六歲以下的年幼學生，如果要繼續讀書的，可以立即出列，撥歸子弟學校就讀。」

廳長講完，只有二十幾個學生出列，王志信記得，「這時煙台聯中校長張敏之就責問學生，你們過去一再向老師哭哭啼啼訴說冤苦，仍想讀書。現在司令官給你們機會，又不敢站出來，是何道理？凡是想讀書的，可立刻站出來，不必害怕。」

隨後又有十餘名年幼的學生出列，其中有個十六歲的學生叫做宋子廉，當時就站了出來，被帶到子弟學校讀書。不過他讀書的歷程有些坎坷，到學校沒多久，大整肅開始，他又被抓去關。但這人敢在現場如此巨大的壓力下，替自己的前途做抉擇，也算是有膽識，後來，他進了陸軍官校，二十四期畢業，官拜中將退役。

初中部的曹乃瀛就沒那麼勇敢，他看到張校長在台上一再勸說：「大家不要怕。」又走下台在學生隊伍前面一邊走、一邊喊，曹乃瀛想去唸書，但是不敢站出來，大家已經聽說刺刀流血事件，於是他踢踢前面的同學，想趁勢跟著同學一起站出列，同學慌張地縮了一下，這時候張校長拉著廳長，來到他們隊伍前面，曹乃瀛猶豫著，猶豫著……，過了幾秒鐘，張校長又往前走了，曹乃瀛更沒了勇氣。六十多年後，曹乃瀛滿頭白髮，兒孫滿堂，他說，「人的命運，就在那幾秒鐘之間。」

張敏之帶著廳長到學生的營房，孫序振記得，「連上十幾個煙台聯中二分校的學生，一看到校長，好似心中滿腹委屈一下潰堤，我喊了一聲『校長！』就不禁痛哭了起來，其他同學也哭成一團。張校長看到我們大哭，難過地安慰我們：『不要怕！他有槍桿，我有筆桿，我要到台灣去告他們。』想到這一幕，仍不禁老淚撲簌。」

張校長要用筆桿對抗槍桿，究竟要為校長的天真驚駭？還是為校長捍衛學生的大義致敬？雖然耗費那麼大的力氣，不斷想辦法帶訊息到台灣，結果廳長真的來了，但也只救了三十幾個孩子。原來，軍方早就有動作，用郊遊為名，把年幼的學生騙到海邊藏了起來。

廳長來了又走了，大局已經不能改變，張敏之還能做什麼呢？他已經不能爭了。澎湖的豔陽似乎也像張敏之的心情，一點一點地褪去了光彩，九月，快要秋天了。張彬感覺到難以言喻的窒息感。他在週末回家，不敢開口問任何事情，他知道媽媽很擔心，即使表面上看不出來。

媽媽用感恩的心情，對抗籠罩在這個家庭的絕望，畢竟，張敏之如果沒有接下煙台聯中總校長的職務，他們一家就會搭上太平輪，一艘在一九四九年一月二十七日，農曆春節小年夜前夕，由上海開往基隆，結果深夜沈沒在舟山群島附近的客輪，近一千人死亡，僅五十多人生還。

在澎湖很苦，但總好過全家人葬身海底。王培五很感恩，她是個奇特的人，總能看到生命中光亮的部分。靠那一點點微光，照亮她自己和她守護的家人。

◆

有一天深夜，出乎意料之外地，王培五的侄子王長義突然出現。他是來告別的，他已經從部隊脫逃好幾天，藏身在馬公的海軍基地，他打算加入海軍到台灣去。海軍裡面有很多山東人，他們都很同情這些學生的遭遇。此地不能久留，他告訴姑姑，很多學生都想走，也真的很多人不見了。不知道這些人是真的走掉了，還是被抓？

王培五聽了百感交集。侄兒他們身上帶了一些黃金，生活大概還可以。但匆匆一別，真能一路平安？她心裡焦慮不安。大哥大嫂對張敏之與王培五夫妻非常信任，才把自己的孩子託付給他們。萬一姪子出了甚麼事，將來對大哥大嫂怎麼交待？

王培五自己也很想到台灣去，但她說不出口，她知道張敏之絕對不會同意。但是大局已定，他們還能做甚麼呢？有一天晚上，飽受挫折的張敏之，難得地對王培五說了感謝的話。他說，「我很感謝妳這麼了解和支持我，我知道自己不是一個好丈夫，也不是一個好父親。」

總是以大局為重，心裡容不下一點私情的張敏之，竟然這樣溫柔懇切地懺悔，王培五驚訝之餘，既感動又心酸地掉下眼淚，她一邊幫張敏之修剪頭髮，一邊趁機小心翼翼地說，「我們到台灣去吧！」但張敏之依然堅持這些孩子是他帶來的，不能把他們丟在這個荒島。月夜裡，王培五看著張敏之在門外徘迴掙扎，最後，他下了一個結論：「到台灣才能找人解決問題。」

這夜，張敏之又回學校去了，他告訴同仁他要去台灣；王培五也沒閒著，一整夜打包行李。第二天一早，夫婦倆帶著六個小孩到了碼頭，一個軍人過來說，「到台灣要四個立法委員擔保。」等到張家弄齊了保證書，張敏之卻被抓走了。

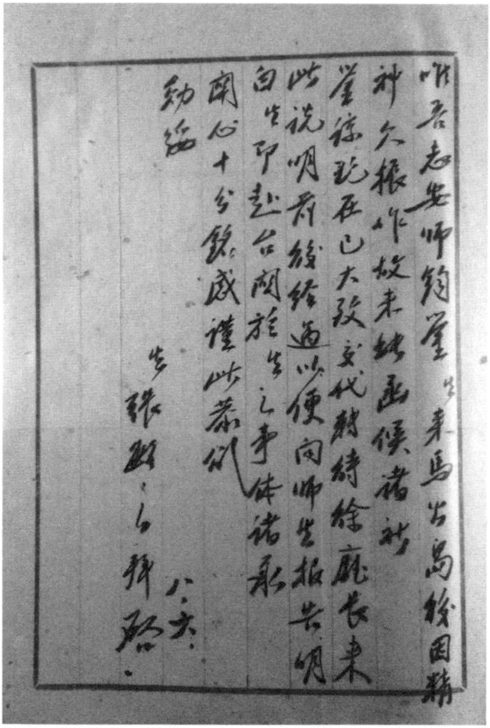
唯吾老先生師鈞鑒：生來馬公島校，因精神欠振作，故未能函候。請於
堂徐廳長在此，大致交代對待。徐廳長來
此說明前後經過，以便向師生報告明
白。生即赴台，關於生之事體，請求
關心，十分欽感。謹此恭頌
勛綏
生 張敏之拜啟 八.六.

■1949年8月6日，張敏之寫信給恩師崔唯吾，信中不但提到已請山東省教育廳徐軼千廳長到澎湖，還說自己到澎湖之後精神不佳。（高丹華2013年攝於山東煙台二中檔案室）

8 匪諜是這樣造出來的

屈打成招，扭曲人性，刑求之下，要有多少匪諜，他們都「做」得出來。因此，連張敏之、鄒鑑都畫押說自己是匪頭。

情勢越來越壞，一天早上，才剛開始上課沒有多久，三十九師代師長韓鳳儀帶著一群上刺刀的軍人，要求學生到操場上按身高排隊，張彬年紀小、身高又矮，排在隊伍的最後面。

男學生排著隊，每個人都怕得要死，這些兵看起來像是玩真的，不只是虛張聲勢而已，張彬嚇得全身發麻。士兵拿著棍子測量學生的身高。當軍用卡車開進來時，合乎士兵標準的學生就像趕牲畜一樣被拖走。

突然，張彬想起了在安徽省臨泉縣的長官店，農夫被繩子串起來走在田埂上。那時他只是遠遠地看著，但現在，張彬自己也在這荒謬劇裡，如此真實而戰慄。

留下來的學生都哭起來了，女同學尤其哭得聲嘶力竭。有人覺得後悔，如果，如果他們沒有離開家鄉，在共產黨的統治下會比現在更糟嗎？每一個人的臉上都是驚駭、恐懼，還有疑惑。

張敏之再一次找上了李振清，他抗議司令部的蠻橫，也抗議司令部干涉他的人身自由。當然這是一次徒勞的抗議，李振清堅持這是為了保障台澎的安全，他必須這麼做，而且有權力這麼做。張敏之最後氣急敗壞地說：「我要繼續向上級爭取！」

◆

日子在膠著中度過，九月十五日，住在樓上的一位學校職員孫先生，突然把張校長請回家，全家人還在孫家吃了一頓午飯。張敏之平時很少回家，幾乎都待在學校和學生住在一起，所以張磊常常給爸爸送去幾樣媽媽準備的小菜，還有替換的衣服。

九月十五日這天，傍晚七點多，一位便衣人士來家裡對王培五說，學校有些事情要來張校長家裡開會。王培五信以為真，還納悶地說，「我家沒有燈，怎麼開會呢？」正在說話之間，另外一個人陪著張敏之進來，他們說要檢查張家有沒有違禁文件。王培五一聽就知道大難臨頭，回道，「如果以物證為憑，請盡管仔細檢查。」

來人在家裡翻箱倒櫃，張敏之冷靜地看著，不發一語。臨上車前，他轉身看著太太，總是表現出愉悅平靜的王培五，這時臉上佈滿了焦慮，張敏之說，「不要擔心，事情總會變好的。和台北的崔（唯吾）先生保持聯絡。我去去，很快就回來。」說完，他爬上了外面等著的吉普車，車子把他載走了。

張敏之被帶走之後，王培五瞪著牆壁發呆，她快被這個突發事件壓垮了。但她仍力圖鎮靜，不想嚇到孩子，「爸爸說了，大家不要擔心。」但張彬發現媽媽整晚未闔眼，他替媽媽感到心痛。

崔唯吾是張敏之在煙台先志中學的老師，他們的師生關係是中國老傳統，一日為師、終生如父。張敏之十七歲時，經由崔唯吾的介紹加入國民黨。崔唯吾這時是財政部錢幣司司長兼中央銀行經濟研究處專門委員，他的太太張志安是國大代表，夫妻兩個都是山東人。王培五想要捎信給崔唯吾，但誰是那個信得過的信差？

·◆·

張敏之被捕的第三天，王培五明白這已經不是「請去喝茶」這麼簡單，她第一封給崔唯吾的信裡提到：「此次斷然逮捕，勢態非常嚴重，倘恐以『莫須有』之罪名加在頭上，祈請聯絡在台鄉友，並轉達徐廳長（軼）千、在台長官陳（誠）、秦主席處多方設法營救。至懇鼎力，恩同再造。」

第二封信又說：「生以孤立無援，叩天乏術，敢乞吾師代為剖白，設法營救，倘蒙為力，請派代表前來，拍電已屬無及。臨表涕泣，不知所云。」

她總共發了十六封信給崔唯吾，但收到第一封回信，已經是一個月以後。這是王培五生命中空前的大劫難，所有尋求救援的管道，只能靠著一封又一封不確定會飄到哪裡的求救信；她每天四處打聽張敏之的下落，知道丈夫被刑求卻無能為力。她在外奔走，心焦如焚，又擔心家裡的六個小孩。

大女兒張磊對這段焦心的日子印象深刻，「母親為營救父親，四處奔波求救，有時很晚才回來。月光下海風撲面，海浪澎湃聲中看到母親淒涼的身影，我淚流滿面。但在她面前一定擦乾眼淚，因為她在我們面前是不流淚的，就是她這樣的堅強，使我們感到有希望。」

九月下旬，崔唯吾邀集了山東來台的省府委員、議會議長、立委、國代、學者，聯名拍電報給李振清，李振清卻回說，直接向東南軍政長官公署（陳誠）接洽比較有用，希望同鄉原諒。崔唯吾等人又向陳誠、彭孟緝陳情，卻都得不到回音。

十月下旬，在澎湖，王培五得知台北保安司令部派了三個人到澎湖查案，她請求與李振清和這三個幹員碰面，不被理會。王培五判斷，張敏之會被押到台灣，她在一九八九年印行的《一段痛苦的回憶》文章中寫道，「有一天我去見（澎防部）政治部主任尹殿甲，請他准許我與校長同去台灣，以便在路上有照顧，被他拒絕了。他說張校長的一切罪狀都承認了。我說若不是受刑不過怎會承認莫需有的罪呢。他一定說沒有用刑。」但真的沒有用刑嗎？

張敏之被扣的罪名是「匪諜」，是死罪。這個案子前後牽連了一百多名山東師生，其中以煙台聯中人數最多。

搞出這件冤案的除了李振清之外，還有三十九師代師長韓鳳儀，以及三十九師政治部秘書陳福生。三年後蔣介石下令調查澎湖案時，李振清說陳福生是主要的策劃者，「陳應槍斃，方平人心。而韓鳳儀受陳矇蔽，亦應負其責也。」

三十九師代師長韓鳳儀是河南人，和李振清一樣都是屬於四十軍龐炳勳、馬法五的系統。一九四九年春天，李振清除了從河南戰場空運出來的五百多人之外，還請准把青島來的兩千多名地方兵（包括青島團管區、青島警察局、山東保安旅、北平天津以及青島等地逃難的軍政人員等等），都納入彭防部指揮。當年澎防部這幾個頭頭，究竟為什麼要興大獄？周紹賢在《澎湖冤案始末》指出，河南籍的韓鳳儀恐澎防部被山東人把持，所以要抓匪諜建功，擴張個人勢力。

在廣州的時候，國防部次長兼山東省政府主席秦德純請求台灣省主席陳誠讓山東師生到台灣，當時陳誠就撂下話來，「無論教職員學生，凡思想動搖而認為有問題者，必須設法除去，否則不能接運赴台。」秦德純說，「山東各地方淪陷較早，各員生的家庭多數均被共匪清算鬥爭，他們的父兄亦多被殘害，他們對共匪均恨之入骨，所以我敢說思想上絕大多數都無問題。」但是秦德純自己也說，「這些學校團體均是一般青年，向為共匪利用對象，難免不雜有匪諜或職業學生。」

幾千個師生裡，或許真有匪諜混雜在內，在寧可錯殺一百的年代，抓匪諜是百分之百的「政治正確」，絕對受到支持。要抓匪諜也很容易，檢查信件有出言「詭異」的，大概就是匪諜。煙台聯中高中部有個學生叫王光耀，他跟移居香港的同學通信，說李振清是「偽」司令，並且抱怨被騙編兵等等。同學朋友回信安慰他，叫他好好過日子：「同學們團結就是力量。」這些信件被判定有謀反意圖。

這些信件究竟真的是「通匪」？或者只是年輕學生的「牢騷」？事實真相恐被只有死去的王光耀本人知道。但像這樣真假莫辨、點點滴滴的生活細節，只要「有人提供線索」、「有人判定」，然後「有人串聯」，就「成了」。

山東籍的作家王鼎鈞，他的弟弟妹妹都是澎防部子弟學校畢業的。二〇〇六年，針對這個案子他在《自由時報》寫了一篇《匪諜是怎樣做成的》：「辦案人員逮捕了一百多個學生（有數字說涉案師生共一百零五人）疲勞審問，從中選出可用的訊息，使這些訊息發酵、變質、走味，成為罪行。辦案人員鎖定其中五個學生，按照各人的才能、儀表、性格，強迫他們分擔罪名，那作文成績優良的，負責為中共作文字宣傳；那強壯率直的，參與中共指揮的暴動；那文弱的，覺悟悔改自動招供。於是這五個學生都成了煙台新民主主義青年團的分團長。」最後，「張敏之成了中共膠東區執行委員，鄒鑑成了中共煙台區市黨部委員兼煙台新民主主義青年團主任。」

這五個同學是王光耀、明同樂、譚茂基、張世能、劉永祥。他們和張敏之、鄒鑑兩位校長，一起被押到台灣槍斃。

其他包括煙台聯中三分校校長徐承烈、濟南第一聯中校長劉澤民、第四聯中校長弓英德等師生總共一百多位師生，最後有的被送到內湖新生隊受訓、有的被送到綠島，也有學生在牢裡受不了折磨，病死。作家王鼎鈞對這個冤案的看法是，「國民政府能在台灣立定腳跟，靠兩件大案殺開一條血路，一件『二二八』事件懾伏了本省人，另一件煙台聯合中學冤案懾伏了外省人。」

◆

首先被抓的是張敏之、鄒鑑和一些學生，被關在澎湖有四百多年歷史的天后宮，他們並不是第一批受刑的人，在此之前，軍隊裡面的濫捕已經開始。殷穎當時十九歲，山東膠縣人，他的部隊從青島輾轉撤到澎湖之後就解散，併入整補中的三十九師。三十九師只要兵不要官，許多軍官以匪諜的名義被整肅掉。

不過整肅對於醫官和軍需官倒是例外，殷穎因為是管軍需的，所以被編入三十九師師本部，每天晚上在二樓打地鋪睡覺時，都會聽到犯人受刑的慘叫。二〇〇五年四月十日至十二日，殷穎在《聯合報》發表《囚籠裡的歌聲》：

「三十九師政治部的偵訊人員，都會套用中共的各種名詞，所謂坦白、前進等中共語言，都是他們慣用的口頭禪。他們問案更嗜用各種酷刑：其中有所謂跳舞，即將兩部軍用電話機的電線綁在受刑人兩手的拇指上，要受刑人脫掉鞋襪，赤足踏在地上；再在地上潑了水，然後行刑者搖動電話機，受刑人便會觸電發出慘叫，且全身跳動。此刑極為殘酷，受刑者都會供認為匪諜而不諱。另外的刑罰，有讓受刑人捲起褲腿，跪在碎貝殼與尖石上，讓貝殼尖石刺入肉中，雙膝血肉模糊。受刑人如不承認為匪諜，便不准起來。這種酷刑也十分有效。此外尚有其他花樣繁多的刑具，任你是鐵打的金剛，也逃不出匪諜的命運。」

這就是當年張敏之、鄒鑑等人受到的待遇。後來擔任澎湖內垵國小校長的呂高麟，六十年後接受公共電視的訪問，走到當年校長和同學被羈押的天后宮忍不住老淚縱橫，「他們用電話線箚手指頭上，過電。哎啊，現在想了都流淚。」呂高麟說著就哭了起來。

電流紮著校長和學生，也紮在居民的心口上，張敏之的女兒張磊記得，「受刑人哀嚎的聲音讓居民很不忍，住在旁邊的歐巴桑就來跪著求官兵說：『你們放了他們吧！他們只是孩子啊』！」

戰亂的時代，孩子們沒有天真的豁免權。部隊裡面每天晚上吃過飯開始點名，抓匪諜，要孩子們互咬。呂高麟說，「我們每天晚上點名，嚇得尿了褲子，說我們這裡面有兩個匪諜，但匪諜長得甚麼樣，到現在我也沒看到。可憐，你不知道有多可憐，嚇得站不住啊！尿褲子上頭！我自己都尿過一褲子。」

「我們在漁翁島，那個時候的連指導員，他的名字叫做馮新善。」濟南聯中學生王殿祥講的抓匪諜，更像是黑色喜劇的無釐頭場景，「抓匪諜怎麼抓呢？指導員問，你們說哪一個參加共產黨的？大家都不敢講。他坐在裡面講，大家頭都不敢抬。他又講一次，大家頭就又低一次。最後他用那個粉筆，寫在那個台上，我們去看，他粉筆向人群一丟！假如丟到我頭上，我一定會移動嘛，移動一下，他就講：『王殿祥，你起來！』就這樣恐怖啊！」

挨過了晚上，天亮起來，旁邊的同學怎麼不見了？班長過來把毯子收一收，把失蹤同學的東西都拿走。同學到哪裡去了？恐怖的傳言四處蔓延：被丟到海裡面去了！呂高麟說，「這是事實，不是我捏造的，有一個同學，他現在嚇得一說這件事，仍然嚇得發抖。因為他被裝在麻袋裡，只是沒甩進海裡而已。」呂高麟一邊說，一邊模仿同學四肢顫抖的模樣。被丟到海裡的人到底有多少，這一直是個謎，沒人做過統計，也無法統計。

■澎湖天后宮，位於馬公市區，明朝萬曆年間已經立廟。1949年張敏之師生被抓之後，曾被關在這裡刑求逼供。(李國壽2014年攝)

■煙台聯中學生呂高麟是當年八千山東師生當中，和澎湖緣分最深的人，他在澎湖教書教了一輩子。2007年，他接受公共電視訪問，說到校長和同學被關在馬公天后宮刑求：「他們用電話線箚在指頭上，過電。唉啊，現在想了都流淚。」(高丹華2007年攝)

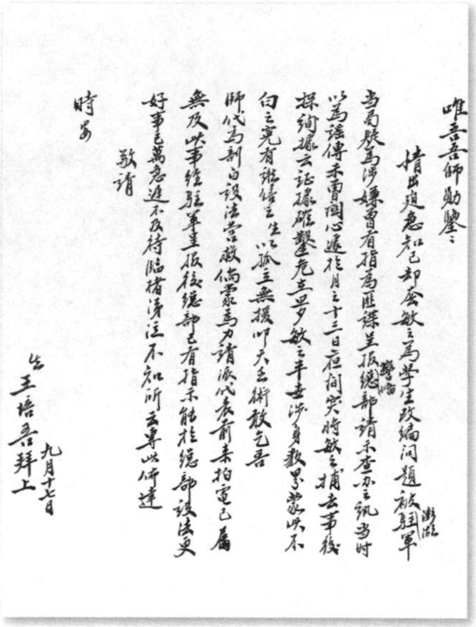
唯吾吾師勛鑒：
情出迫急，知已卻悉，敏之為學生改編問題被澎湖軍
當局朕為涉嫌，曾有指為匪諜呈報警備總部，請示查辦之訊，當時
以為謠傳，未曾關心，遂於月之十三日夜間突將敏之捕去，事後
探詢據云證據確鑿，危甚。吾與敏之平素涉身教界，蒙此不
白之冤，有誰信之。生以孤立無援，仰天長嘆，敢乞吾
師代為剖白，設法營救，倘蒙為力，請派代表前來，拍電已屬
無及，此事經駐軍呈報後，總部已有指示，能否總部設法更
好，事已萬急，遑不及待，臨楮涕泣，不知所云，專此佈達
敬請
時安
生 王培五 拜上 九月十七日

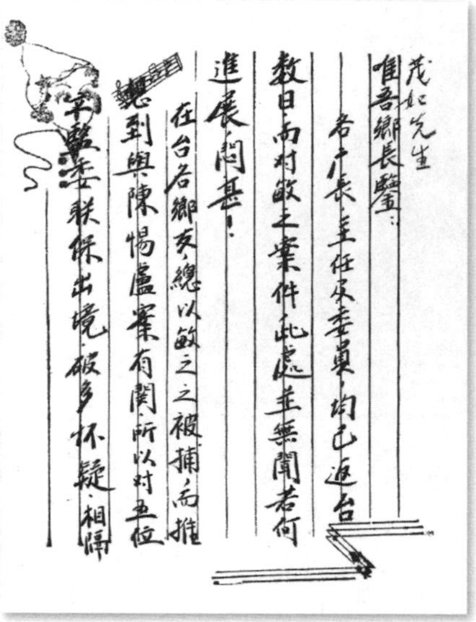
茂如先生
唯吾鄉長鑒：
前上長函並任來書，均已返台
教日前對敏之案件，此處並無聞，若何
進展，悶甚！
在台各鄉友，總以敏之之被捕而推
想到與陳愓盧案有關，所以對五位
平盤澎联保出境，破多怀疑，相傳

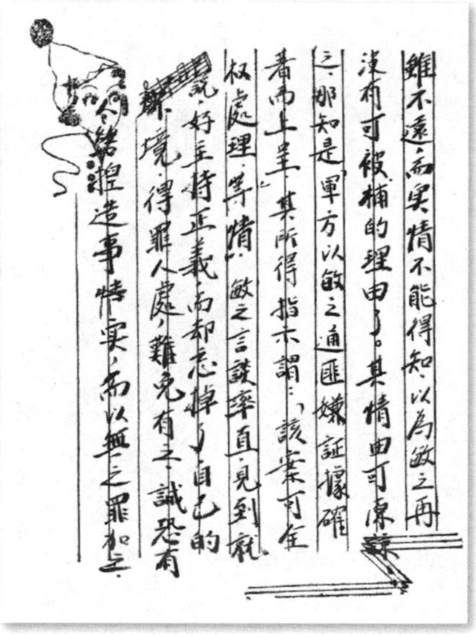
雖不遠，而實情不能得知，以為敏之再
沒有可被捕的理由了。其情由可原諒
之，那知是軍方以敏之通匪嫌證據確
鑿而上呈，其所得指示謂：「該案由在
地處理」等情。敏之言談率直，見到就
說，好主持正義，而却忘掉了自己的
處境，得罪人處，難免有之，誠恐有
人藉端造事，情實，而以無之罪加之。

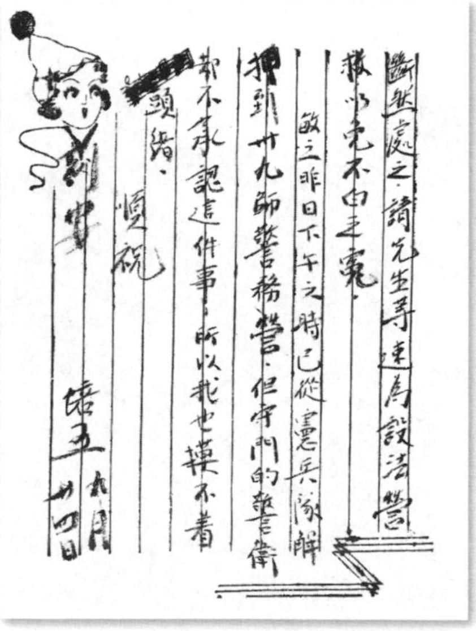
斷然處之。請先生等速為設法營
救，以免不白之冤。
敏之昨日下午之時已從憲兵隊解
押到卅九師警務營，但守門的警衛
都不承認這件事，所以我也摸不着
頭緒。
順祝
鈞安
培五 九月廿四日

■1949年9月張敏之被軍方拘禁後，王培五寫信向各方求救。右上圖為17日向張敏之的老師崔唯吾求援，左上圖與下圖皆為24日再次求救。

9 長子的責任

他萬萬沒有想到，這是他見到父親的最後一面。如果早知道，他要跳上船去跟著爸爸走。但是，如果他走了，誰來當那個張家的長子呢？

張敏之被抓走之後，王培五不讓孩子到學校，每天自己督促孩子做功課。她每天禱告，堅信上帝不會遺棄她。她看起來依舊很鎮靜，但是張彬和張磊都知道，媽媽幾乎夜夜失眠，但他們姊弟倆誰也不敢多說什麼，也不敢將心中的驚惶表現出來，唯恐一個人崩潰了，其他人就跟著垮了。

他們不知道八歲的張焱和七歲的張彪，到底意識到多少事情，更不用講四歲的張鑫和三歲的張彤。但弟弟妹妹們即使懵懂，仍然能感受得到空氣中的凝重。大家都很乖，一家人很有默契地如常過日子，每個人都把心事壓著，這後來成了張家人的基調，張家的孩子們個性都很壓抑，外人說他們「性情冷淡」。

家裡的變化對張彬的影響很大。他是一個敏感聰明的孩子，在性格和環境上，本來很容易成為一個紈褲子弟。他看過爸爸在青島當官（市府參議）時期的威嚴美好，他也曾經悠遊於母舅家在上海經商的富裕滿足。從小，母親對長子的期待和對待，讓他不自覺地有了一份優越感。

張彬的性格其實帶著文學性的浪漫，可悲的是這些特質遇到現實的磨難，特別難以忍受人世間的粗礪和不堪。作為長子的優越和特權，現在全轉化成責任，爸爸不在家，長子就要當家。張彬痛苦極了，十三歲的一家之主，什麼都做不了，卻一定要端著一個樣子，死撐著。

◆

有一天傍晚，張彬看著一個不到二十歲的年輕人，穿著便服騎著腳踏車，穿過家門前的小徑。他先表明態度說他是朋友，沒有惡意，接著表示無論如何要趕快見校長夫人一面。

「張太太，我是一個士兵，那天來逮捕張校長的時候我在場，我現在負責看守張校長。」

「年輕人，請問你要跟我說什麼呢？」王培五感到疑惑。

「我今天來沒什麼別的企圖，我來是因為我很尊敬張校長。不止我尊敬他，我們很多人都尊敬他。」

「謝謝你告訴我這些。張校長現在怎麼樣？」王培五最關心的是先生的平安。

「還可以，他看起來還算平靜。」

「謝謝你特地給我們捎信，請你一定要照顧他。」

「會的，但很慚愧，我們能做的不多。」

「我知道，我很謝謝你特地來告訴我們，你不知道這對我和孩子來說有多重要。」

王培五想請他喝點水，但被婉拒了，「我有很重要的事情要告訴妳。」他停頓了一下，「明天天剛亮時，張校長要被轉送到台灣。」

「載校長的船，明天早上會停在臨時市集的岸邊，我是負責押送他的人其中之一。如果妳們要看看張校長，明天早上去碼頭邊就會看到他。」

王培五聽了又驚又喜，一方面擔心害怕的事情果然成真，這事情沒那麼簡單；一方面又慶幸終於有機會可以看到先生，張敏之已經被抓去一個多月了！

王培五催促來報信的士兵，「年輕人，你快走吧！免得被人發現。我非常感謝你特地跑這一趟，你不需要告訴我你的名字，你不用擔心，我們會保守秘密，沒人知道你來過這裡。」

「謝謝妳的諒解，如果我被發現了，只有死路一條。」士兵如釋重負地走了。

士兵剛走，王培五立刻掉下了眼淚，但她仍不忘安慰孩子們，「到台灣就好了，我們山東的鄉親會幫忙的。」

◆

一九四九年十月十三日。張彬既憂慮又興奮，他可以看到爸爸了，可是他又難過地想到，我不要看到爸爸像個囚犯的樣子。十三年來，張彬父子幾乎沒有什麼親暱談話的機會，爸爸總是在外面奔忙，不是打日本鬼子就是打共產黨，要不然就是忙著教育別人的孩子。即使對張彬這個長子，張敏之也從沒特別對他語重心長地叮嚀交代。

對張彬來說，父親就是一尊神，是那麼可望不可及，所有父親應該做而沒有做的空隙，都由母親王培五填補了。在以往的日子裡，張彬從沒有感到父親的缺席；直到爸爸被帶走了，他才驚覺，爸爸在他心裡是這麼重要。

士兵來通報的那天晚上，做為長子，張彬義不容辭地肩負起斥候兵的任務。他跑到港邊偵查地形，看看明天怎麼安排才可以看到父親，又不會太惹眼？最好……或許……能不能和爸爸說上一兩句話呢？碼頭旁邊有一整排的大樹，堤岸伸進海面大約一百碼，港邊到處都是泥巴和沙礫。

媽媽告訴張彬，明天早上他們兩個一起去碼頭，他們要帶上家裡的毯子，假扮成賣東西的小販。這個港邊市集，天天都有流亡到澎湖的軍人、家眷，把身邊的衣物、傢俱，或是書籍細軟等脫手求現。

這晚，張彬根本沒睡，他和媽媽必須在天亮前趕到碼頭，以免錯過爸爸的船班。張彬的心裡充滿喜悅和恐懼，或許，爸爸到台灣是好的，那裡有許多人可以幫忙；但如果，如果剛好相反呢？母子倆一夜未眠。

第二天，母子倆早早起床，王培五將大大小小的毯子綑成兩個大包裹，外面一片死寂的黑暗，伸手不見五指，連走路都有困難。但張彬反而感謝這沒有月光的闃黑，他不想看見媽媽臉上的表情，也不想讓媽媽看見他臉上的疑懼。

他們兩個一路上都沒有說話，盡可能迅速地往碼頭走去。張彬想起十二生肖的老鼠，傳說中，老鼠悠哉悠哉地騎在牛背上。張彬認為自己也是一隻老鼠，不過卻是一隻倉皇過街的可憐老鼠，所有的重擔，只能自己咬牙揹負。

張彬這隻初解世事的小老鼠，正努力地要跨過人生中第一條車馬喧囂的繁忙街道。但他不知道的是，未來還有更多更可怕的，大卡車呼嘯疾駛而過的高速公路正等著他。

◆

走往碼頭的路上，媽媽扛不動沈重的棉被毯子，她不想給兒子增加負擔，忍耐地扛著，拖著。王培五個子嬌小，一輩子沒做過勞動粗活，即使在大陸隨著學校四處遷徙，都有一個遠房表姐跟著打點。但現在漆黑無人只有狗吠哀鳴的夜路上，就只有他們母子倆了。張彬堅持接過媽媽的大包裹，他是長子，他要做一個像樣的長子。

到了碼頭，天還是黑的，港邊空無一人，他們來得太早了，但也好，這樣才能選個好位置，他們找了一個最靠近港口的地方。十月的海風冷冽強勁，張彬緊靠著樹幹，找了好幾個石頭壓住毯子擺上棉被，一副變賣求現的落魄小鬼模樣。他一邊張羅著，一邊看到媽媽站在岸邊，茫然盯著沒有邊際的大海。

一會兒，人潮慢慢湧進，大家都是逃難來澎湖的天涯淪落人。戰爭真的是個奇怪的東西，張彬想著，他從出生以來，就在戰亂的陰影下過日子，從八年對日抗戰到剿匪，從打外邦人到打自己人，永不停歇的禍事驅使著人不停地逃亡遷徙，腳下的泥土永遠紮不住根，才種下又拔起，人像陀螺一樣被篩著，轉著……。

清晨六點，海風停了，天，也亮了，一輛吉普車疾駛過來停在堤岸邊。三位扛著步槍的士兵先下車，立正站好。張敏之在車上站直了身體，慢慢地走下來，他披頭散髮、骨瘦如柴。

張彬的心臟緊張地噗通噗通地跳著，他往碼頭靠去，想大喊「爸爸！」但是，他不能。爸爸手揹在後面，慢慢地走向碼頭，張彬趕快跑回他們擺放小攤的大樹後面生怕被爸爸發現。為什麼呢？張彬後來問了自己無數次，為什麼不撲上前去叫住爸爸？是害怕父子相見的落魄悽惶？

媽媽，依然只是站在樹下，平靜地看著爸爸遠去，沒有動作也沒有表情。半個世紀過後，回憶這個當下，王培五說，「我何嘗不想衝上前去給他一個擁抱？但是我怕，怕萬一連我也被抓去了，六個孩子怎麼辦？」

十三歲的張彬，強抑制住奪眶而出的淚水和嘶吼的衝動，時間在張彬的心裡凍結了，他疑惑著自己究竟漂浮在浩瀚宇宙的哪個點上？如此的無邊無際。他究竟在哪裡呢？他不在這裡吧？但是他在。他從樹後探出頭去，他正在澎湖馬公島市集碼頭邊，他的爸爸是個囚犯，他的媽媽獃若木雞，他自己是一隻十三歲的卑微的小老鼠。

張彬想衝上前去抱住爸爸，但這不是傳統中國家庭會做的事情，他從來沒有抱住爸爸撒嬌，印象中爸爸也沒有抱過他、親過他。這一刻，張彬好想擺脫禮教的教誨，但是他不敢，他只是一隻小老鼠。張彬一輩子都在想著：「爸爸，您當時的心情怎麼樣呢？您正惦記著我們嗎？您一定得想著我們。不然，我不會原諒您。」

爸爸在堤岸邊站定，看著遠方。張彬在心裡開始和爸爸對話。

「隆隆，你是家裡的長子，我不在，你就是一家之主了，你要扛起家裡的事情，聽媽媽的話，幫她照顧弟弟妹妹。你姊姊終究是個女孩子，有一天她要離開我們家，嫁到別人家去，你是張家的人，你要堅強。」

「是的，爸爸。您不要擔心我們，我們會乖乖的，您要好好照顧自己。我們會馬上聯絡崔老師，他一定會救您的。」

「我就知道你會是個好孩子。」

「爸爸，等您出來後，請您留在家裡不要再管學生的事了。我不喜歡有學生的地方，您只管學生不管我們。」

「隆隆，我答應你。以後我當個農夫，只做事不管人，好吧？我再也不管那麼多了。」

一艘馬達動力小艇靠近，士兵押著父親上了船，漸漸遠去。天大亮了，張彬和媽媽還瞪著波濤洶湧的大海，過了好一會兒才回過神來。攤子前面站了幾個要買毯子的人，他們說甚麼，母子倆一句都沒聽進去，也沒回話。默默地收拾好，慢慢地往回走，如同來時路上，完全的沈默。兩人都怕一旦開口，崩潰的情緒會淹沒另一個人。

張彬當時以為，這是家人團聚的開始。他萬萬沒有想到，這是他見到父親最後的一面。如果早知道，他要跳上船去跟著爸爸走。但是，如果他走了，誰來當那個張家的長子呢？

Part 3 冤○

2014 年張敏之校長長子張彬回到高雄新興教會，對改建後的教會感到很陌生，完全不是 1949 年他們一家七口落難時的模樣。直到看見這張掛在牆壁上的舊照才篤定地說，「就是這個樣子！」從這裡開始，他們在台灣過起了窮困卻不低頭的新生活。

10 燈塔的下方永遠黑暗

王培五帶著孩子們從澎湖來到高雄，她一個人進入市區找看看有沒有親朋故舊可以借住一、兩晚。張磊帶著弟弟妹妹，六個小孩像沒人要的孤兒一般坐在碼頭邊，等著媽媽回來……。

回到家，王培五的神情輕鬆一些，她相信到台灣就會有辦法，所以她積極地準備到台灣。學校的職員余先生，是位忠誠正派的好人，每天都來探望淪落天涯的校長家屬，他幫忙買了從馬公到高雄的船票。

張彬開始帶頭打包所有的家當，他是長子，責無旁貸。姊姊張磊是他最得力的助手，張磊總是盡力打點所有的家事，她是大姐，十四歲的大姐，下面五個弟弟妹妹，八歲到三歲，最小的是張彤，他根本不知道發生什麼事情，但是他好像也察覺到事情不對勁了，他很安靜，每一個小孩都很安靜，沒有人惹麻煩。一家人儘量待在一起，但是幾乎不說話。

媽媽沒有在孩子面前表現一點悲傷的情緒，她的平靜讓大家都保持在一種生活的節奏上。張磊和張彬的年紀已經足以了解媽媽深藏的憂慮，所以他們儘量攬下家裡裡外外的工作；況且，媽媽原本就不熟悉家事。從小在姥姥家，媽媽連喝水都有人幫忙將杯子捧到嘴邊。張磊帶著張彬沈默地忙碌，無助的焦慮從早到晚，每一分每一秒侵蝕著這兩個孩子的靈魂。

上船的日子到了，張彬忙著綑綁所有的家當，這是年紀大一點的男孩子才有力氣做的事情，他整理了十幾個大小包裹。張彬成了整理行李的高手，他必須如此，往後搬家遷徙不只這一次。媽媽帶著六個小孩，每個人都必須盡可能多揹一點東西，三歲的張彤和四歲的張鑫，沒有哭叫著要人家抱，安靜地邁開小步伐，一步一步跟著哥哥姊姊往前進。一家七口走在路上，沒有一個人說話，彼此迴避探看的眼神，每個人的臉色都太難看了！

從大陸到澎湖，這麼多次的遷徙，每次都有傭人或者學生幫忙，只有這一次，他們得全靠自己。張彬帶頭走到他印象深刻的碼頭，就是爸爸被帶走的碼頭，現在他們也要從這裡出發去台灣找爸爸。他負責清點行李，張磊把弟弟妹妹全都聚攏在一塊，媽媽這陣子四處奔波，已經累壞了。

終於，大家都上了船。這小船和以前逃難搭的大遊輪不同，海浪很大，船很顛簸，到高雄大約要半天的時間。張磊緊緊抓著四歲的張鑫與三歲的張彤，他們全都乖乖地沒有哭鬧。張彬看了心如刀割，他寧願弟弟妹妹像一般小孩那樣任性的哭鬧。他希望，沒有人會責備的小小孩替他哭喊出他心中的委屈和淒涼。

中午過後，小船到了高雄，除了軍隊的情報之外，這世界沒人知道張校長的家屬，王培五一個女人帶著六個小孩到了什麼地方。地處熱帶的高雄即使已經十月中旬，依舊豔陽高照，六個小孩像孤兒一樣孤單地坐在碼頭邊，媽媽忙著聯絡親朋故舊，希望可以借住一、兩晚。匆匆路過的行人好奇地盯著這群小孩，但是沒有人過來問候一聲。

張彬想起了餓死在青島路邊的乞丐，他恐懼地想著，我們也會有這麼一天嗎？他趕快把腦中的影像洗掉，想一些快樂的事情，像是爸爸還在青島當官的快樂日子。人生，對張彬這隻十三歲的小老鼠來說，太沉重。

◆

天色漸漸暗了，媽媽還沒有回來，孩子們開始害怕，媽媽會不會出事了？如果媽媽沒有回來，他們怎麼辦呢？張彬倔將地想著：媽媽一定會回來！媽媽一定會回來！

幸好，天還沒黑透時，媽媽回來了，還有一位管東屏先生。抗戰時期，管東屏在長官店擔任山東第一臨時中學的校醫。抗戰勝利之後臨中復員回青島，大家各奔前程，已經三年沒見面了！

管東屏來台後在氣象站服務，地點就是現在高雄西子灣的前英國領事館，一棟二層樓的紅磚房子，樓下是氣象站的辦公室，二樓有長長的迴廊和拱形的廊柱。管東屏和其他工作人員都住在二樓，也分給張校長的家屬們一個房間。

管東屏弄了一輛車子，把他們從碼頭邊接到這個位於小山丘上的庇護所。張磊和張彬很高興看到管東屏的小女兒管迎愛，她比張彬小幾歲，在長官店時他們三個人一起上學，飄洋過海後還能看到兒時舊識，姐弟倆的心頭有一種難以言喻的溫暖。管太太很親切地招呼著，並且煮了一頓美味的晚飯，這是久違的美好的夜晚。這天是一九四九年的十月二十四日。

第二天晚上，王培五馬上啟程到四百公里外的台北去找崔唯吾，她要搭八小時的火車才會到達，晚上就睡在火車上。崔唯吾和張敏之情誼深厚，如師如父，但是王培五和崔家並不熟稔。崔家很熱心，王培五晚上就留宿在崔家。

◆

十月三十日，在澎湖被逮捕的五十五個山東師生，從馬公被送到基隆上岸，張敏之的好朋友周紹賢也是其中之一。他們都認為自己可以被解送到台灣很幸運，認為駐紮在台灣的中央軍會比較明理有法紀。

被捕的學生男女都有，他們到基隆上岸以後，先是被送到港警大樓的地下室，接著就被銬在一起推了出來，送上美援的軍用卡車。比起當時的其他拼裝卡車，美援的卡車性能真好，一路上都不拋錨，很快地就把師生載到了台北市西寧南路三號——台灣省保安司令部情報處（今獅子林大樓）。這裡的宗旨是「寧可錯殺一百，不可縱放萬一」。許多的冤錯假案，都在這裡被嚴刑拷打燉煮出來。

澎湖的士兵粗魯野蠻，但這裡更多的是毒蛇般狡猾冷酷的人，對於問案逼供，他們更機靈更有技巧。五十幾個師生被送到保安司令部的地牢，張敏之也被關在這裡。周紹賢就在這個地牢，和張敏之有了一些談話。

九月中旬，張敏之被抓之後，周紹賢請曾經擔任青島市長，以及山東、浙江省主席的沈鴻烈，向國防部次長兼山東省流亡政府主席的秦德純求救。包括濟南第一聯中校長劉澤民等人，也都曾經面請秦德純翻案，但是秦德純說：「陳誠罵我是閻（錫山）、馮（玉祥）餘孽，韓鳳儀討取他之命令而辦此事，我不敢過問。」

周紹賢在八月二日離開澎湖到台灣，十一月九日在台中被補，罪名是和張敏之同謀。這段期間，尤其是李振清在陽明山革命實踐研究院受訓的時期，韓鳳儀在澎湖下令逮捕了許多山東籍人士，包括濟南第一聯中校長劉英澤、第四聯中校長弓英德、第五聯中校長毛儀亭、青島團管區副司令王敬為、菏澤游擊司令兼縣長張奎生、教官郭易增、煙台中學教員孫喬南（當時已失業，在馬公擺攤維生），以及當時已考入師範學院的煙台聯中畢業生孫仁山等。

周紹賢被捕前兩天，鄰長已經告知，有兩人來打聽你，周早已預料會有此一劫。他先被帶到台中刑警隊，飽受木棍和皮鞭交相淩虐的痛苦，再用水刑，犯人被灌飽生水，再用力壓腹部使其嘔吐，目的就是要他招認自己是張敏之的同夥。

過了幾天，周紹賢被押送到台北，他開始絕食抗議，軍方幫他注射葡萄糖，兩天之後，他被轉送到西寧南路三號，有一位姓董的學生告訴周紹賢，「張校長就關在隔壁。」他隔著木板低聲呼喊張敏之　張敏之說：「我已視死如歸，把您牽連在內，真對不起。」周紹賢回說：「此乃天降之災啊！焉能怪您？」

周紹賢在獄中聽到獄友被抓被關的原因，千奇百怪。有一個新聞記者因為反對女兒的交往對象，對方憤而從香港每天郵寄共匪報紙給老記者；還有一個青年和表姐戀愛，被表姐的另一位仰慕者栽贓誣陷；另外一個廈門大學學生被指參加共產黨的組織福州學生會等等，各種羅織誣陷比比皆是。

獄中的歲月每一天都是煎熬。在張敏之被囚禁之後三個多月，才被送到保安司令部的殷穎（時任澎湖三十九師軍需官），二〇〇五年在《聯合報》發表《囚籠裏的歌聲》，對獄中生活有著如下的記錄：

「我們被送到台北市青島東路，台灣保安司令部軍法處所屬的看守所羈押。五十幾個人被關進一間囚籠。當時的看守所人滿為患，連山東名將李延年也關在那裡，但他是一人住一間囚室。當時看守所只能騰出一間囚籠來容納我們這批人犯。」

「囚籠是用木柱四面圍起來，在一個大監牢中，一排排有許多這種囚籠。每一間囚籠可容納約二十人左右，但卻填進了雙倍的人犯，如沙丁魚般密集地塞進去。我們只能分成兩排對坐著，人與人肩膀緊擠在一起。晚上睡眠時，只能輪班睡；一邊人坐著，讓另一邊的人蜷著身子臥下休息。這樣睡一兩個小時後，便要被對面的人推醒，只好坐起來讓另一邊的人蜷身臥下來睡。」

「囚籠雖四面都通風，但空氣仍然惡濁。只好在中間懸掛一條毯子，下面綁上一根木條，兩面再各繫一條繩子，由兩邊相互拉動著，使惡濁的空氣可以稍稍排出。這種生活一待便是兩個多月。」

「囚籠的角落上擺了一個馬桶，供這五、六十人大小便之用。因為人多，不到一天便要滿溢出來了。每天清晨由兩人將便桶抬到外面去倒掉。按說應該大家輪班來抬，但我卻從無機會輪到；因為這種權利永遠由幾個老菸槍包辦了，他們可以在途中趁戒護人員不留神的時候，抽一個冷子，彎腰在路邊撿到一兩個菸蒂；而這一兩個菸頭，對老菸槍來說，真是如獲至寶。」

「看守所的苦獄，說起來還是比我們在澎湖陸軍第三十九師囚禁時的待遇好，因為最起碼每天會供給兩缽米飯。在澎湖關押時，後來被囚在暗無天日的防空洞中，一兩天才送來半筐冷飯，五、六十人各搶抓一把，我還多半搶不到手。而青島東路看守所，每日兩次供應一缽飯，飯上還澆一勺湯，湯都是用玻璃菜（高麗菜）煮成的，並在湯桶上面倒一點油，叫作「明油」，是給人看的。其實澆到你鉢中的，可能連一點油花也沾不上。」

◆

張敏之在獄中受盡煎熬，太太王培五心急如焚，那麼多的人需要登門拜訪請託，包括山東省政府官員，還有好幾位立法委員和國大代表。王培五和張敏之的老師崔唯吾，還去找了在國民黨裡很有地位的ＣＣ派大老陳果夫。

陳果夫當時雖然已經退出政壇，隱居在台中養病，但憑著叔父陳其美是和孫中山一起創建國民黨，並且把蔣介石引薦給孫中山的歷史地位，以及，弟弟陳立夫當時是行政院政務委員兼中央日報董事長的緣故，陳果夫還是個有力的人物，而且他是浙江人，浙江人在當時的國民黨內如同滿清正黃旗般的根紅苗正。

集結了這麼多有頭有臉的人物，但是保安司令部的司令彭孟緝將軍一點都不領情。彭孟緝在台灣現代政治史上是個備受爭議的人物，一九四七年二二八事件時，他任職高雄要塞司令，他的部隊在高雄市政府、高雄中學以及高雄火車站等地開槍掃射，又抓了許多台籍菁英，受難者家屬至今仍以「屠夫」稱之。

二二八之後，彭孟緝升官成為台灣省警備總部副總司令（總司令為陳誠），後來又升為台灣省保安司令部司令。他對於營救張敏之的陳情，沒有多少考慮的餘地。國民黨要守住台灣，軍事方面問題不大，中共的海軍太弱，但卻怕在共產黨對於學生、農民和工人的滲透力，讓國民黨的防線從裡面崩壞。

在彭孟緝掌管的這個機構裡面，有著太多黨同伐異，或者為了挾怨報復，或者為了升官發財，或者純粹就是爭鬥的動物野性，都在這裡腐臭發酵。法國大革命時，被送上斷頭台的羅蘭夫人（Madame Roland），有一句亙古名言：「自由，自由，多少罪名假汝之名以行。」一放到當時台灣的環境來看亦然，在「保密防諜，鞏固台灣」的口號之下，有多少的冤案假反共之名以行。燈塔的下方永遠是黑暗的。

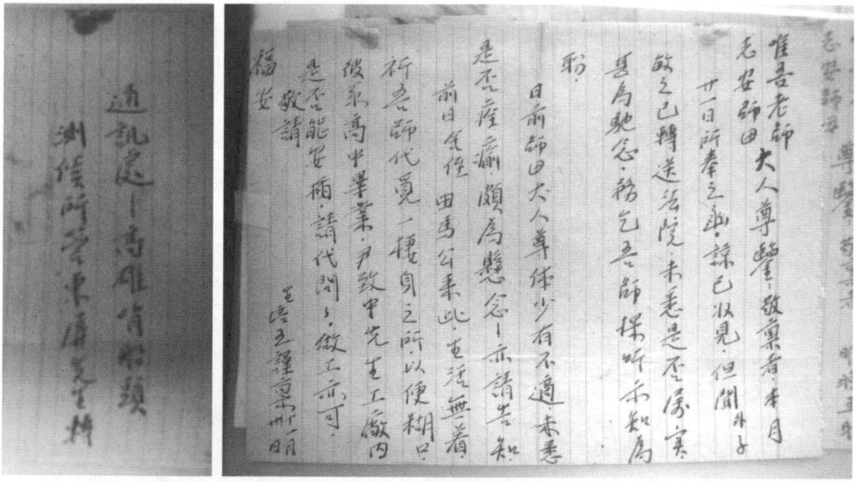
通訊處：高雄哨船頭
測候所[illegible]先生轉

唯吾老師
毛安師母 大人尊鑒：敬稟者，本月廿一日所奉之函，諒已收覽。但聞外子啟之已轉送花蓮，未悉是否屬實，甚為馳念，務乞吾師探聽示知為盼。
日前師母大人尊体少有不適，未悉是否痊癒，頗為懸念，亦請告知。
前日先侄田為公來此，生活無着，祈吾師代覓一棲身之所，以便糊口。彼系高中畢業，尹致中先生工廠內是否能安插，請代問問，做工亦可。
敬請
福安
生培五謹稟 卅一日

■王培五寫信給崔唯吾請求幫忙姪子找工作，地址就是氣象站測候所。（高丹華2013年攝於煙台二中檔案室）

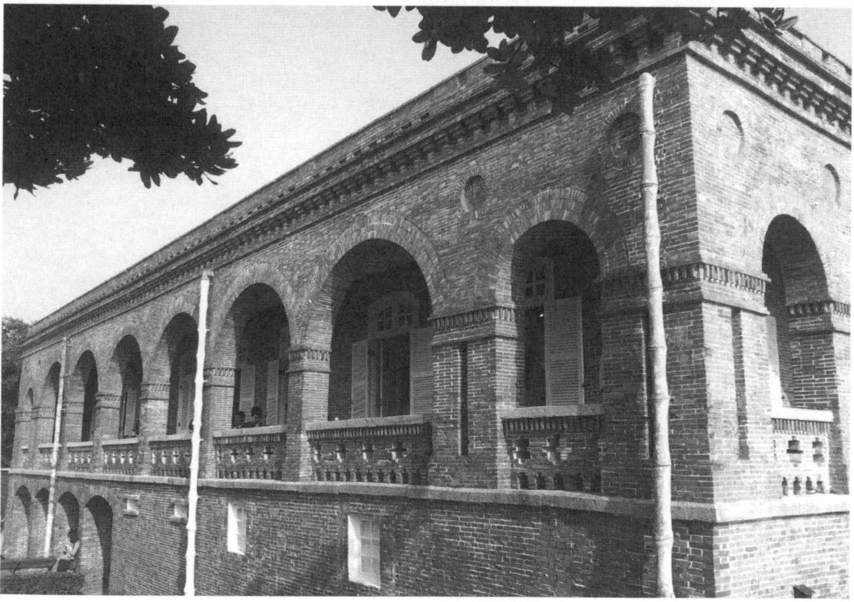

■高雄氣象站（今英國領事館園區），1949年12月，王培五帶著六個孩子從澎湖到高雄，孩子們暫住氣象站友人處，每天望著大海等待去台北營救爸爸的媽媽回來。

11 你們逃不掉的！

《台灣新生報》第四版上斗大的標題寫著：「台灣豈容奸黨潛匿，七匪諜昨伏法。」「你們逃不掉的，昨續槍決匪諜七名。」

山東籍的代表們向彭孟緝力爭：如果張敏之等人是共產黨，他為什麼要費盡千辛萬苦把學生從共產黨的地盤帶出來？同案鄒鑑校長的太太，是當時行政院副院長張厲生的表妹，連張厲生也使不上力。那麼可以允許太太們去探監吧？彭孟緝也拒絕了。王培五只能送一本《聖經》進去。

這案子就這樣定讞了嗎？作為張敏之的太太，王培五不願也不能死心，每天按著名單拜訪每一位可能使得上一點點力氣的人，這是很辛苦又屈辱的工作。王培五對於政界人士並不熟悉，竟日奔走拜訪四處懇求，後面總跟著軍方的特務，所有被她拜訪的對象，都受到特務的警告和恐嚇：濟助匪諜者與匪諜同罪。這讓王培五的工作更形困難，掩門閉戶害怕匪妻到訪的大有人在。

王培五在台灣舉目無親、四顧茫茫，但委屈和憤怒都不能表現出來，客居他人籬下，每天在精神和體力盡皆耗盡之後，還要凝心聚神力求平和，總不能叫主人感覺負擔，這是尊嚴的問題，也是現實戰略的必要。

嚴重的焦慮每天炙燒著王培五的心，救援延遲一天，牢裡面的丈夫就多受一天的罪，遠在四百公里之外的六個兒女，也就多一天的擔驚受怕。濟寧富商王家的「二能」，怎麼會有如此落魄的一天？更可怕的是，原以為到了台灣就可以情理通達，知交鄉親都可以使得上力，哪裡知道，情勢險峻遠遠超乎她的想像！

在這麼困難的時刻，上帝是王培五唯一的依靠，禱告，並且堅定地相信上帝絕不會遺棄她；唯有如此，她才能勉強度過每一天。

從十月二十五日深夜坐火車北上，王培五已經在台北待了一個多月。一件政壇變動的大消息，給張敏之的平反帶來一線曙光：上海市長吳國禎要取代陳誠的位置，接任台灣省主席兼保安司令。

吳國禎在北京清華大學預科畢業後，到美國愛荷華州（Iowa state）格林內爾學院（Grinnell College）念經濟系，之後在普林斯頓大學（Princeton University）政治系拿到碩士和博士學位，是美國人眼中可以來往溝通的人物。吳國禎上台換取美國對蔣介石的經濟援助，這是一個交換籌碼。但是不可避免地，陳誠和吳國禎之間因此有了矛盾。在美國被暗殺的作家江南遺作《吳國禎八十憶往》裡提到，吳陳雙方最後妥協的條件就是：吳國禎出任台灣省主席兼台灣省保安司令部司令，由彭孟緝擔任副司令。

聽說吳國禎要上任，王培五和山東籍的代表們都鬆了一口氣，認為這是一個好消息。吳國禎是留洋的開明派，他上台以後，彭孟緝總要尊重一下長官的意思吧？王培五因此決定趁週末回高雄看看孩子。

◆

王培五回家對孩子們來說，是個天大的喜事。住在高雄氣象站的管伯伯家，大姐張磊帶著大弟弟張彬，每天去砍樹挑柴挑水，用磚頭砌灶，儘量不給人家添麻煩。她每天煮三餐，清潔打掃，幫弟弟妹妹洗衣服。二哥張彪記得，氣象站附近有個菜市場，他走路到山下撿人家丟棄不要的菜葉，像是高麗菜外面幾層比較硬的深綠菜葉，他撿回去給姊姊煮飯。

七歲的張彪不覺得撿剩菜吃有什麼羞恥，反正能吃能用就是王道。但大哥張彬就不幹這事，他十三歲了，這種接近乞討的事情他做不到。不做事時他就在附近的樹林和海邊散步，在廣州時，爸爸說到台灣以後他就不當校長了，他要安安靜靜地去做個不管世事的農夫，張彬聽了並不樂意。

中國對職業的傳統看法，順序就是士農工商，爸爸是讀書人，是最頂端的士大夫階層，降級去做農夫有什麼意思呢？雖然姥姥舅舅家是埜底的商人，但是商人階級富裕的好處，他已經嚐到個中滋味，他也不排斥。可是農夫？似乎是出賣勞力沾滿骯髒泥土的行業，小張彬無法體會父親經過人世消磨想要隱匿平靜的心情。

每天在西子灣眺望著旗鼓山下兩條長長伸展出去的堤岸，堤岸的盡頭是一座閃閃發亮的燈塔，每當輪船進港時，遠遠地就可以看到艦橋上的大煙囪出現在地平線的那一端。他再一次地覺得，生命越走越悶。管伯伯家的小女兒管迎愛，每天都要去上學，他們卻每天只能望海。

以前在安徽長官店時，張敏之覺得鄉下小學的程度不夠，特地聘了兩個教員幫山東臨中的教職員小孩上課，每天早上八點到五點，上國文，數學，歷史和地理課程。那時候張彬的爸爸是校長，大家都聽爸爸的；現在，張彬是寄人籬下，連生活都沒有著落，爸爸還在獄中，上什麼學呢？滋味不太好受。

十三歲的少年飽受心靈苦悶的折磨，還有發育成長的身體需要大量食物的饑餓。每餐都是白米和青菜，很難滿足肌肉成長時需要蛋白質的渴望。氣象站有一對夫妻，滷了一鍋五花肉，夫妻倆每天挾兩塊佐飯，很珍貴的。有一天，張彬偷了兩塊，哇，真香！以前絕對不吃肥肉的倔強小男孩，現在發現了肉味油滋滋的美好！

張彬在七十八歲時，第一次回到這個海邊的紅磚小樓，山東小子在台灣歲月的第一站。當時的氣象站，已經正名為前英國領事館，領事館經過整修，優雅美麗，以前小張彬趴在欄杆上望海的迴廊，現在擺上細緻桌椅是無敵海景的西餐廳。張彬點了一客牛排，儘管因為回憶口述與拍照的延遲，牛排乾涸滯口，但張彬想的是六十五年前的那一鍋五花肉，那麼微不足道的兩塊肉，在鬱悶的時光中，提供了他活下去的樂趣。

在每天望海的日子中，好不容易，媽媽回來了。媽媽在十二月十日星期六傍晚才回到高雄，但十二月十一日，星期天，崔唯吾就來了一封電報：「速來台北！」電報的內容看不出好壞，應該是好事吧？因為放人了，所以要太太趕快去接人出來？王培五再一次急急忙忙地搭乘深夜的火車北上，抵達台北已經是十二日的清晨。張敏之在先志中學以及中央黨校的同學，國大代表吳鏞祥，以及崔唯吾兩人在台北車站等著，在崔家客廳，王培五聽到了噩耗。

◆

王培五到了太平間，看到分離三個月的丈夫，胸部有七個彈孔。

她沒有掉下一滴眼淚，同行的人都驚訝她的冷靜，她自己也搞不懂。顫慄的電流一遍又一遍地流竄她全身上下，其實，她潛意識裡已經知道會有這麼一天，而這一天也終於來了。她將要在陌生的天涯海角獨自一人撫養六個小孩長大，眼淚被如此真實的恐懼凍結了。

陪伴著丈夫的冰冷的軀體，王培五在心中默默禱告。她請上帝照顧他的靈魂，解除他的痛苦，接納他安息在主的懷抱，作為他的妻子，這是她必須要做的事情。

從相識結婚以來，她就仰慕他，愛戀他，心甘情願無怨無悔地跟隨他，翻山越嶺，過河渡海，儘管在烽火煙硝的渾沌中，她總是以他做導航。但現在，他在雷達中的光點消失了，她找不到他，也找不到自己了，她四顧茫然，這是哪裡？台灣？她沒有朋友，沒有家人，沒有工作，只有六個小孩，和一具先生的屍體。她面無表情地繞著停屍間，一圈又一圈。

《中央日報》與《台灣新生報》，都報導了這件匪諜案：

「煙台聯中總校長張敏之，二分校校長鄒鑑，以及聯中學生明同樂、王永祥、譚茂基、張世能，王光耀等七人，十二月十一日上午在馬場町（今台北青年公園靠新店溪一帶）被槍斃。」

這是一件很奇怪的事，星期天通常是不執行槍決的，為什麼這次例外？有什麼必須急著執行的理由嗎？吳國禎上台之後，張敏之等人的案件會翻案嗎？如果翻案，對陳誠、彭孟緝、韓鳳儀會有什麼影響？

張敏之的屍體很快地火化，並舉行了一個簡單的告別式，只有少數幾個人參加。葬禮的寒酸淒涼，預告了王培五往後的日子，這社會將疏遠她、隔離她，人家會避著她，她也只好避著人。

與張敏之情誼深厚的老師崔唯吾，商請吳鏞祥的妻子盯著王培五，寸步不離，連睡覺都守著她，怕王培五受不了打擊而自殺。王培五感激大家的好意，她說，「放心，我不會自殺，我有六個小孩，他們需要我。」

葬禮的第二天，王培五托辭要去看一個朋友，其實她是自己一個人在陌生的台北街頭徘徊，無意識地晃蕩，她需要花點力氣把自己拼裝起來，重新設定好她的心智和身體的方程式，她從此是一個未亡人了，沒有先生可以跟隨，她必須要有自己的意志，她的意志必須強大到撐住六個小孩。

王培五後來在一百歲生日前夕，對著電視攝影機說：「我是張敏之的未亡人王培五，從小每年登泰山而小天下，哈哈哈！」那個從前每年登泰山的山東女孩王培五被召喚回來了、那個為了追求人生毅然到北京唸書的王培五回來了、那個強力主張自己的愛情不願受家庭擺佈的王培五回來了！在天涯海角的台灣，那個能夠「小天下」的王培五必須回來！

她端坐在崔家的客廳，善意的友人開始給她建議，這個世道，一個女人不可能養活六個小孩，建議她把小孩送到孤兒院，並且提供了一些名單。她沈默著，沒有回應，單純地告別友人，登上開往高雄的火車。她告訴自己：「我自己的孩子自己養。」

日後她要怎麼做？她沒有任何頭緒，只是堅定地相信上帝必會幫助她。雖然上帝沒有回應她之前的禱告，帶走了她的先生，但她還是仰靠祂。

高雄西子灣海邊的二樓紅磚氣象站，面海的一個房間，打開房門右手邊靠牆放著一張床，十二月十二號上午，王培五抵達台北的同時，這個南台灣海邊的小要塞，報紙也送來了。是台灣省政府經營的《台灣新生報》，報紙就攤開放在床上，第四版上斗大的標題寫著：

「台灣豈容奸黨潛匿，七匪諜昨伏法。」

「你們逃不掉的，昨續槍決匪諜七名。」

「保安部破獲匪兵運機構，黨羽百餘人均一網打盡。」

張彬開門看到了，他站在床前低頭盯著報紙，先是無法理解報紙上斗大的鉛字，突然之間，他懂了，媽媽到台北接不到爸爸了，爸爸死了。

他嚇壞了，跑到樓下找姊姊，姊姊已經知道了。管伯伯拿著報紙去找張磊，張磊看到斗大的標題，哭了起來，她當時正要煮飯，一邊哭一邊生火，卻是怎麼樣火苗都點不著，張磊哭得更難過了，眼淚啪啪啪地滴在鍋蓋上。

管伯伯告訴張磊：「長官交代，藏匿匪諜、匪眷都會招來麻煩，所以，對不起，張磊，妳必須帶著弟弟妹妹們離開這裡！」

張磊聽了真是晴天霹靂，帶著弟弟妹妹，她可以去哪裡呢？張磊哀求管伯伯讓他們多住兩天，「我媽媽就要回來了。」

家破人亡的打擊，突然其來地壓在一個十四歲的女孩身上，她還來不及理解自己心口被利刃一刀穿刺的傷痛，就被迫扛起「大姊」的責任，為五個弟弟妹妹尋求棲身之地。弟弟張彬帶著一臉茫然走來，張磊哭著跟弟弟說：「彬哪，你是長子，以後這個家就要看你的了，要靠你了。」張彬聽了心情沈重，他想：「我才十三歲，我連自己怎麼活下去都不知道，我要怎麼擔起這個家？」

這兩天對這兩個十三、四歲的孩子是個折磨，孩子的尊嚴讓他們慚愧於自己對別人是個累贅，他們好想帶著弟弟妹妹消失不見，但是他們哪裡都去不了。就算媽媽回來，也不知道要到哪裡去吧？

爸爸在長官店的一位學生周運初，在高雄火車站工作，他看了報紙跑到氣象站來，要接張師母和弟弟妹妹們到火車站宿舍暫歇。張磊堅持等媽媽回來再走，但總算有個去處了，她緊繃的心稍稍地緩了一下。

姊弟倆各自擔著沈重的心事，張鑫、張彤年紀太小，無法理解這個大變故；八歲的張焱和七歲的張彪，卻糊裡糊塗就懂得了。恐懼不需要理性來清楚說明，它自己會滲透到人的骨髓裡去，緊緊地攫住不肯放手，刮都刮不下來。媽媽從台北打了電話到氣象站說：「別怕，我就要回來了。」

十二月十四日，媽媽回來了，和張磊相對流淚。爸爸的骨灰放在台北六張犁一個簡陋的靈骨塔裡面。海風不斷地灌進六個小孩擠了一個月的房間，媽媽坐在床上，把長子張彬叫到床前，「朋友們都叫我把你們送到孤兒院，我就是要飯也要把你們養大，你們不會到孤兒院，你們要跟著我走。」

張彬聽了安了一點心，媽媽不會丟下他們，可是他又想，媽媽一個女人能夠怎麼辦呢？一個家還是要有爸爸吧？家裡一直都是有爸爸撐著不是嗎？

媽媽講完了，沒有哭，張彬也沒有哭。他們已經懂得，哭泣無濟於事，哭泣是太奢侈的事情了。張彬不知道長子可以做甚麼？他沒有辦法替媽媽分憂解勞，他沒有辦法賺錢，他說不出他們可以去哪裡？

◆

媽媽帶著他們離開了管伯伯家到高雄火車站，暫時投靠當年山東臨中的學生周運初。王培五非常感激，但是她提醒年輕人：「我們是『匪眷』，可能會給你惹麻煩。」年輕人豪氣地允諾不會有問題，他不擔心。他帶頭領著大家往宿舍去，車站右邊有一排木造的鐵路局宿舍。

還好上帝為他們準備了這個歇腳之地。王培五花了很多時間打電話，拜託親朋故舊幫忙找個教書的工作。她有北京師範大學英語系的學歷，也曾經在濟寧的中西中學教書，當時台灣經過正式學院訓練的英語教師非常缺乏，王培五很夠格，但是她是匪眷，這點對她非常不利。

才歇下來不久，又傳來壞消息。周運初告訴他們，上級長官要求他們離開，否則他會被解聘，搞不好還要安上一個莫名其妙的資匪罪名。

王培五再度帶著孩子上路，一家七口漫無目標地走著，高雄火車站附近建國路、中山路一帶都是平房，遠遠地，王培五看見教會高聳的十字架，她帶著孩子走進教會，跪在神的面前禱告。這個教會就是後來在台灣民主政治史上頗有一席之地的台灣基督教長老教會新興教會。

一個婦人帶著六個小孩走進教會，長大後的張彬形容，落魄的模樣比乞丐還不如。如今新興教會已不是一九四九年的模樣，二〇一四年二月，七十八歲的張彬帶著狐疑走進這棟完全不復記憶的教會，最後靠著一張黑白老照片召回了遙遠的印象。

張彬記得，「牧師瘦瘦的，國語講得結結巴巴，不是很流利。」一九四九年，台灣脫離日本的統治才四年，人民正在學習新的語言，牧師能講一點北京話已經很難得。

接待他們的是鍾茂成牧師，媽媽告訴他，孩子們的爸爸幾天前被槍斃了，牧師聽了非常同情，他找人整理出一間小房間，安置母子七人。王培五帶著孩子們，在附近街上的小攤子吃了飯，還去了趟台中找人。

不幸的是，兩天後鍾牧師來了，因為教會受到當局的關切，必須請他們離開。難道連上帝的使者都膽怯了？媽媽那麼虔誠地信靠上帝，媽媽不生氣嗎？張彬說，「媽媽一點都不生氣，我也沒有，我很感激他，非常感激他，他招待我們吃飯，還給我們地方住哪！」

◆

又回到火車站，王培五冀望著能有好消息。感謝上帝，有一封指名給王培五的電報。發電報的人叫做李先良，前任青島市長，是張敏之在中央政治學校的同學。他們是黨校第一屆畢業生，同學們在官場的發展都不錯，在一些省、市政府，或者行政院內閣、金融單位都有位置。

李先良當時住在台中，他發來電報說，前山東青島保安旅高芳先將軍現在帶著部隊駐紮在彰化，高的手下有一批員警是他從家鄉帶出來的親信，他們可以照看張家母子的安全，並且負責照料每日飲食。

高芳先是標準的山東漢子，方頭大耳體格魁梧，少年拜師學習各種中國武術，抗戰時期日軍進入山東，高芳先帶著國術館的弟子組成大刀隊，後來被徵召加入正規軍，一路升到少將師長，有「嶗山之獅」的封號。他和張敏之的結緣，是在張敏之擔任青島市政府參議時，他給高芳先辦公室的人上課，增加文明教育的知識。高芳先感念這段友情，他是江湖出身，有著江湖人的義氣。

剛到台灣的王培五，沒有聽過「彰化」這個地方，好陌生的名字，去不去呢？但是在連番的遷徙流亡中，她學習到甚麼是生活最基本的需求？就是「食物」！既然還沒有找到賺錢的工作機會，哪裡有食物就往哪裡去！愧疚於無法照顧校長遺囑的周運初，幫師母和弟弟妹妹們買了火車票。

彰化，應該會是個久待之地吧？張彬感覺到長久以來沒有感受過的希望和快樂，至少，會有一個比較安穩的居所吧！他盡量扛起大部分的行李，覺得自己終於有個長子的樣子。

一家人坐上火車先到台中，李先良派人把王培五母子接到家裡，晚餐時主人家還張羅了一頓豐盛的晚餐。能夠再吃上一頓乾淨整齊的飯食，原本應該是很開心雀躍的久違的幸福，但王培五卻發現：張彬整晚抬不起頭來。

在父親這些達官貴人的朋友面前，張彬覺得自卑。媽媽為兒子覺得心痛，要重整張家旗幟的長子，不能被現實的困頓所擊倒，她要救這個孩子。她告訴李先良，請幫忙在偏遠的鄉間找一個教書的工作，她要讓孩子先舒舒坦坦地活下去。

第二天，高芳先派了一輛吉普車，把母子七人送到台中的一間小旅館，大約六個塌塌米大的一個房間，空間足夠每個人都可以躺下來睡覺，還有一張小桌子供吃飯用，每天有人送食物過來。

但在這同時，還有另一個陌生人也來了。他是個員警，他說他以後會常來，每天張家母子見了什麼人，說了什麼話全都要跟他報告。這個員警的出現，給姊姊張磊帶來極大的精神壓力。在澎湖，爸爸被抓走之後，有一天，荷槍實彈的士兵到家裡搜索逃亡的學生。好長一段時間，張磊看見穿制服的軍警，都會不由自主地顫抖。

在台中的小旅館裡面，張家母子送走了一九四九。

新的一年，一九五〇年到了，媽媽說，「大家不要擔心，事情會好轉的。」是的，張彬心想，「還能再比現在更糟嗎？再糟都不會比現在更糟了。」

◆

元旦過後不久，一家人由台中搬到彰化，農曆春節喜慶洋洋地登場了。街道上放著鞭炮，舞龍舞獅熱鬧穿梭，人們也換上新衣服互相串門子拜年，大人給小孩發紅包，晚輩也給長輩獻上紅包，大家都說：「恭喜發財！」發財是人人渴望的美好，但對已經過世張敏之來說，卻好像不屑一顧。

他求名不求利，他要做個有氣節的讀書人，但是張敏之的孩子們卻陷入了一個魔考：「財富真的不重要嗎？」張家人陷入了一籌莫展的困境，他們基本的生存受到了嚴重的考驗，還有被撕成碎片的自尊。他們就是下水道裡面的老鼠而已。

看著別人過年，滋味並不好受，兩年前在青島過年，爸爸還在青島市擔任參議，媽媽的娘家親友也都還有來往，過年時真是熱鬧啊，張彬口袋裡塞滿了親朋好友給的紅包袋，心裡甜滋滋的。今年在過年，吃的是預先囤積下來的食物，因為高將軍的士兵，也要過年放假去了。這個年過得淒涼，沒有朋友來拜年，但至少還有點好處，就是一天到晚來查戶口的員警也休息了。

好多好多年以後，張彬想起了這段往事，覺得愛因斯坦的相對論真的不錯，在時間和空間的系統中，沒有事情是絕對的，你可以自定參考座標，於是你看到的事情就截然不同。無人聞問的年雖然落寞，但也換得了心靈的清靜。正如同爸爸的悲劇，讓他們跳脫了原來安逸的軌道，被迫進入人世間幻化莫測的汪洋大海，為了求生努力泅泳的結果是，他們搬到美國這個新世界，讀書工作，也把新世界的美好帶回家鄉。長大後，張家子女捐錢給山東煙台中學蓋大樓、設獎學金、辦演講傳播新知，完成爸爸的心願。不過，這是距離台中小旅館過年很久以後的事情了。

生活安定下來以後，王培五開始緊盯孩子們的學業，他們已經很久沒有上學了。她請高將軍要來了學校的課本，每天早上吃過飯，孩子們圍著塌塌米上的小飯桌坐好，上午教數學和科學，下午教英文。王培五個人對中國文學沒有很大的興趣，所以她幾乎不教孩子們國語課程。

媽媽對孩子的學習很認真，要求也很嚴厲，一方面她急著要孩子們趕上進度，他們已經比同齡的孩子晚了一年了；另一方面，只有全心專注在一件事情上，她才不會被心底深處冷颼颼的寒風擊敗。

■張敏之的長子張彬，手指著1948年12月剛落成的高雄新興長老教會之檔案照片。1949年12月，王培五帶著六個孩子徘徊高雄街頭，好心的鍾茂成牧師，接待了他們母子暫住。不幸的是，兩天後的清晨，鍾牧師因教會受到當局的壓力，不得不請他們離開。(高丹華2014年攝)

▲1948年，青島市長李先良（中坐者）與各區長合影。前排左一為高芳先；前排右二為張敏之。一年後，李先良和高芳先在台灣俠義濟助張敏之遺屬，讓孤兒寡婦得以喘息。

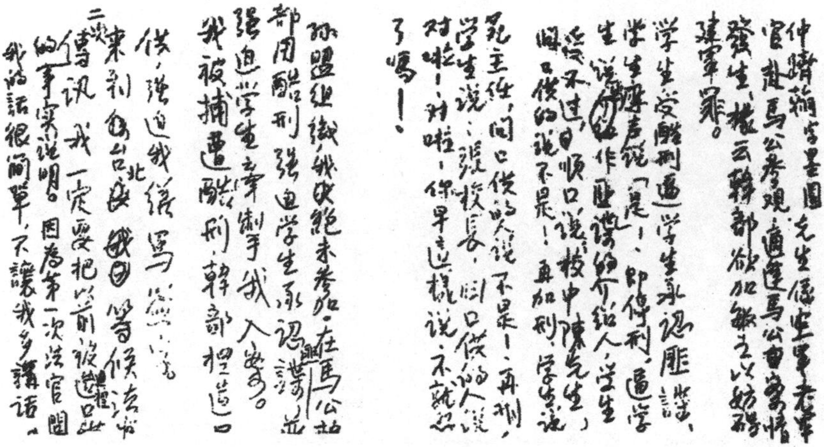

■張敏之被捕之後，在台的山東省各方人士皆鼎力相助。左圖為國大代表與立法委員聯名為張敏之伸冤，致函東南行政長官陳誠，右圖則是張敏之在獄中傳出的求救字條。

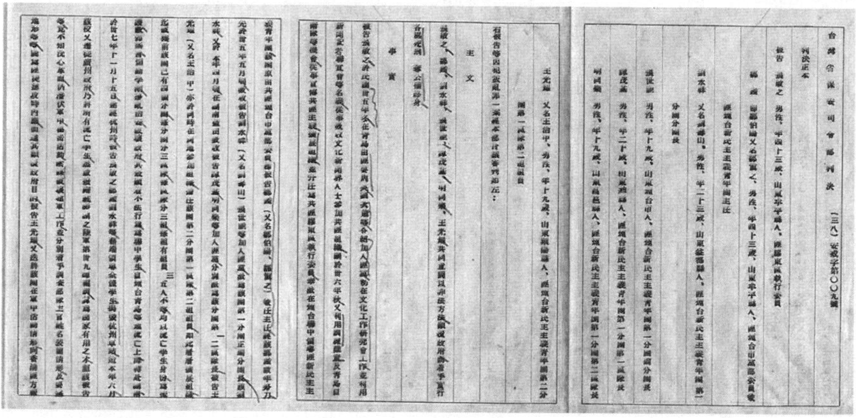

■張敏之師生7人的死刑判決書。本案從判決到執行，速度之快，是1950年代各種匪諜案件裡少有的。尤其在星期天執行槍決，更是罕見。

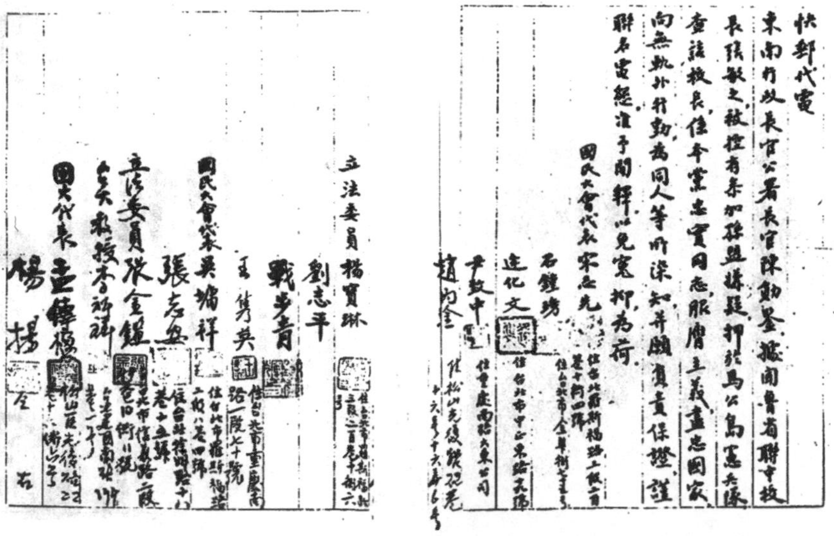

快郵代電

東南行政長官公署長官陳鈞鑒：據聞貴省聯中校長張敏之被控有參加匪諜嫌疑，押於馬公島憲兵隊。查該校長係本黨忠實同志，服膺主義，盡忠國家，向無軌外行動，為同人等所深知，并願負責保證，謹聯名電懇准予開釋，以免冤抑為荷。

國民大會代表宋志先

石鍾琇

達化文

尹致中 住重慶南路大東公司

趙內全

立法委員楊寶琳

劉志平

戰步青

王集英 住台北市重慶南路一段七十號

國民大會代表吳瑞祥

張志安

立法委員張金鑑

國大代表王鑄穆

楊揚

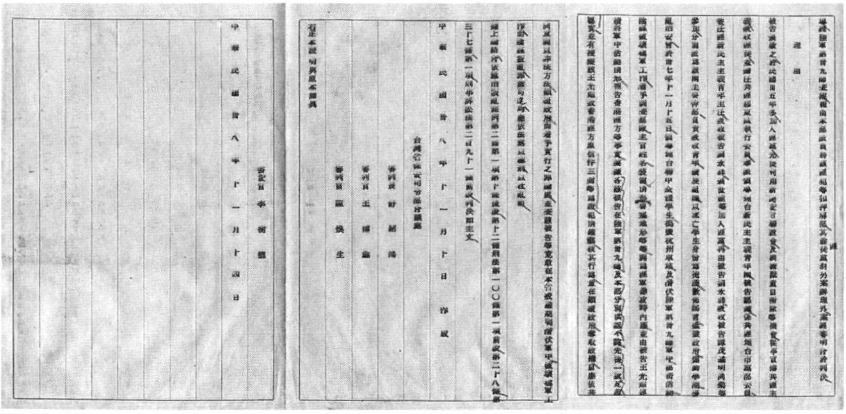

理由

中華民國卅八年十一月十日作成

右正本證明與原本無異

中華民國卅八年十一月十四日

■1949年12月12日黨營《中央日報》(左)與省營《台灣新生報》(右)，登著斗大的標題：「台灣豈容奸黨潛匿，七匪諜昨伏法。」「你們逃不掉的，昨續槍決匪諜七名。」「保安部破獲匪兵運機構，黨羽百餘人均一網打盡。」

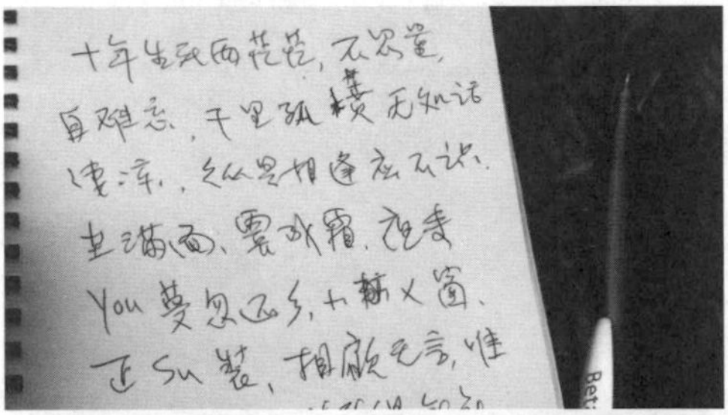

■六十多年後，張彬在高雄西子灣前英國領事館的餐廳，昔日他借住、看海的地方，吃了一客昂貴的牛排，但心裡念念不忘的是當年偷吃鄰居滷的兩塊五花肉，「哇，真香！」。感慨不已的張彬拿出筆記本寫下：「十年生死兩茫茫……」（高丹華2014年攝）

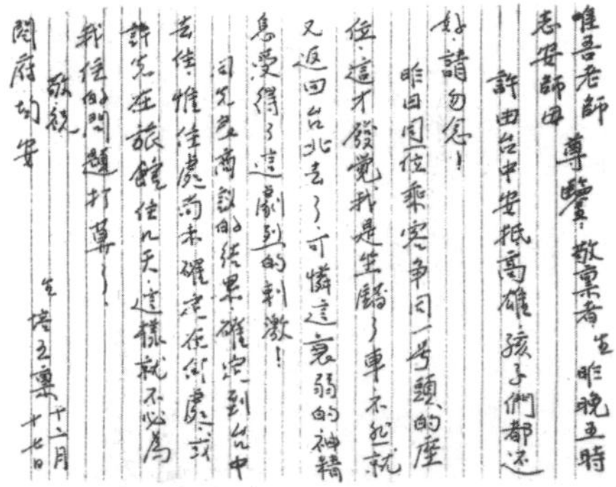

唯吾老師
志安師母 尊鑒：敬稟者 生昨晚五時
許由台中安抵高雄，孩子們都很
好，請勿念！
昨日因從乘客爭同一號頭的座
位，這才發覺我是坐錯了車，不能就
又返回台北去了，可憐這衰弱的神經
怎受得了這劇烈的刺激！
司空先生商談的結果，確定到台中
去住，惟住處尚未確定，在街處找
許先生旅館住幾天，這樣就不必為
我住的問題打算了～
敬叩
闔府均安
生 培五 稟 十二月十七日

■1949年12月17日，在張敏之被槍決後，王培五辦理好後事，親筆致函崔唯吾老師，可能要帶孩子們落腳台中。她四處奔波，身心俱疲，還坐錯了火車。

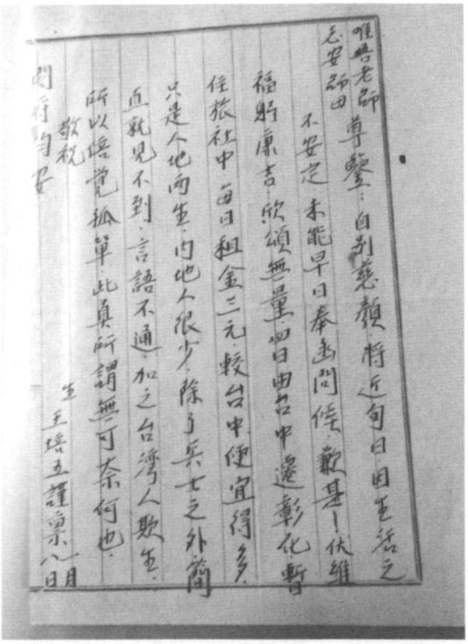

唯吾老師
志安師母 尊鑒：自別慈顏將近旬日，因生活之
不安定，未能早日奉函問候，歉甚！伏維
福躬康吉，欣頌無量。四日由台中遷彰化，暫
住旅社中，每日租金三元，較台中便宜得多。
只是人地兩生，內地人很少，除了兵士之外簡
直就見不到，言語不通，加之台灣人欺生，
所以倍覺孤單，此真所謂無可奈何也。
敬祝
闔府均安
生 王培五 謹稟 一月八日

■王培五帶著孩子到彰化落腳，她寫信給崔唯吾，報告彰化生活情形。其中還提到台灣人欺生，覺得很孤單。（高丹華2013攝於煙台二中檔案室）。

■戒嚴時期不當叛亂暨匪諜審判案件補償基金會在2000年受理並補償張敏之遺屬六百萬元，張家全數捐給煙台二中興建「張敏之教學樓」，完成爸爸教育山東子弟的心願。大樓由諾貝爾獎得主丁肇中題字，因為丁的父親是大哥張彬在台大土木系的老師、丁的母親畢業於煙台二中。（高丹華2013年攝）。

12 在那島嶼的最下方

龍捲風這場災難，使他們確確實實地感受到上帝從天上掉下來的恩典：一堆死麻雀。孩子們開開心心地把死麻雀拿去燒烤，滋味美的不得了！

每天吃飯前，王培五領著孩子們禱告，謝謝上帝所給予的一切。張彬從不違背媽媽的意思，但他不明白有什麼好感謝的？十四歲了，十四歲的張彬心裡很不以為然：「難道我們要感謝上帝所給我們的痛苦？」有時候士兵忘了送飯，大家也只能沈默地忍耐。

王培五幾乎每天都出外奔走找工作，不斷地期待然後失望。有時候，幫孩子上課上到一半突然就打住了，眼睛直愣愣地盯著天花板發呆，她的眼睛乾澀沒有一滴眼淚，卻滿滿的都是絕望，她好像突然從房間裡消失不見，軀殼還在，魂卻不知道跑哪裡去了？年紀小的幾個孩子，看到媽媽這模樣，心裡驚懼不知所措，二女兒張焱說，「媽媽常不吃不喝，一言不發地坐在床沿。」大女兒張磊見了總是安靜地掉淚，這讓張彬很難受，除了打包行李之外，他還能多做些什麼？

不過張彬發現接近上帝也的確會有好事，上帝的使者帶給人溫暖。每個星期天，媽媽王培五帶著孩子們到教會去，教會牧師是一位挪威人，他很驚訝為什麼一個受過良好教育能操流利英文的青年婦人，卻孤零零帶著六個小孩，流落在舉目無親的彰化鄉間？

牧師縱使好奇卻從不探究，王培五也從不說明，牧師和平尊敬地接待他們一家人，讓人覺得還好人間尚有上帝的國度。牧師遠渡重洋、離鄉背井來到地球的另一端，拯救世人的靈魂，無關權力無關金錢，這是偉大的情操。

沈默的日子中，有一天，父親的同學李先良帶來一個好消息，透過吳鏞祥國代，以及中央日報社長馬星野的介紹，他們和張敏之在黨校的同學陳粵人（伯尹），現在是一間中學的校長，他需要一位英文老師，只不過學校在南台灣遙遠的鄉村。

王培五聽了非常高興，首先，她終於有工作了。其次，鄉下學校可以讓孩子們不用跟人比較，自由自在地生活。果然，上帝應允了她的呼求。

◆

新教職在屏東縣的萬丹初中（今萬丹國中）。即令現在，整個萬丹鄉的人口也不過五萬人，遑論六十五年前的光景。王培五又一次帶著孩子們打包行李，張彬俐落地整理好，扛起最粗重的行李，他覺得自己是領頭的老鼠，一隻已經知道如何穿梭過街的老鼠隊長。

隊長幫助媽媽領著弟弟妹妹坐火車到高雄，轉車到屏東，再轉客運車到萬丹，足足花了大半天的時間。他們在傍晚抵達萬丹，陳校長分配給他們一間土牆茅草房子，外面一個大間有兩張床和桌椅，另外還有一個僅容一張小床加上一張書桌的小房間。廁所在室外，就是四面圍起來在地上挖一個洞。

他們的破爛宿舍不要說和校長比起來差遠了，也不如其他老師。王培五老師的茅草宿舍是個獨棟「別墅」，在學校圍牆外，遠離宿舍群，獨自站在田野間。不過無論如何，一家人長途跋涉之後感到非常欣慰，縱使房屋破舊，地上泥濘骯髒，但總算是安頓在屬於自己的家了。畢竟他們是「匪眷」啊！

作為長子，張彬獨享一桌一床的小房間，這真是天大的奢侈。正在青春叛逆期的兒子，媽媽幫助他重建已經支離破碎的自尊心，同時也是告訴他：「你是一家之主，你享受了權利，你也有應盡的義務。」張彬同時感受到了甜蜜和沈重。

房子裡面沒有廚房，張彬帶著弟弟妹妹用磚塊靠牆砌了一個灶，然後出外去撿拾生火的樹枝，再去挑水。這是他們的新家，也是他們失去爸爸以後新生活的開始，媽媽決定要親自煮飯給孩子們吃。

她淘米生火，辛苦了半天，結果卻是一鍋半生不熟的飯。她感到挫折和抱歉，不過還是帶著孩子們禱告謝飯。椅子只有簡單的幾把，有的孩子坐著椅子，有的坐在床上，在四壁蕭條的簡陋宿舍中，他們感謝上帝賜予新生活，還有這一鍋勉強嚥下的晚餐。

寒假過後新學期就要開始，沒有多少人知道這家人漂流到天涯海角的哪一個角落，但是這簡單甚至寒愴的房子，第二天就來了管區員警，還有學校人二室的安全人員。

在台灣，四、五十歲以上的人都知道「人二」是什麼。公私立學校機關都配備有人二室，這是「動員勘亂時期保密防諜辦法」第四條的規定，隸屬於情治單位，專門做思想考覈的工作。

「人二」名義上雖屬人事行政，其實是情治機關的人事查核系統。「人二」不考核人事能力，只考核人事思想；而「人二」對機關成員的思想報告檔案，也會影響人事的正規升遷，如果被「人二」寫了報告，別說升遷困難，甚至會丟掉工作。

天羅地網的監控跟著張家人好長一段時間，那是一種被赤裸裸監看的難堪、憤怒和恐懼。深陷其中的人不能掙扎，不能反擊，否則它會像蜘蛛網一樣越纏越緊，直到窒息。

王培五很平和地接受這不斷地敲鑼打鼓般的恐嚇，她清楚地認知她是「匪妻」，她的孩子們都是匪眷。他們沒有辦法對抗大環境，只有學習接受，接受聖經的教誨。她告訴孩子們：「不要有怨恨，要理解並且原諒那些在世間施暴的人，包括殺死爸爸的兇手。審判在於上帝，不在人。上帝的恩典一定會到來，或許晚一點，但一定會來。」

她的平靜與堅持救了她的孩子，沒有讓他們走上充滿仇恨的暴烈之路，讓他們的心靈還有空間感受溫暖的陽光、和煦的微風，聞得到路邊青草和野花的香味。即使長子張彬敏感糾結的心，也因此在跌跌撞撞的成長過程中，沒有迷失在茫茫大霧的荒野。

◆

開學了。萬丹中學是個小學校，只有六間教室，一個小操場，兩間簡陋的廁所，一間給男生，一間給女生。新到任的英語教師王培五每天要上五堂課，一個禮拜六天，她上課的節數比別人多，其他老師一天只上四堂課。不過王培五並不抱怨，抱怨不會帶來任何好處。

有一次，她要進城拜訪一位山東籍的大老，巴士上空蕩蕩的，但兩個陌生人卻選擇坐在她旁邊大聲談論：「聽說澎湖那邊學生出事了，還殺了一個姓張的校長。」他們想要試探王培五聽到這些談論之後的反應。

「聽說很慘啊！」

「那個校長的太太帶著小孩過得很辛苦。」

「這世道實在太不公平了。」

這顯然是要刺探張敏之的遺孀有沒有反政府的心思，試探王培五聽到有人打抱不平是否立刻附和喊冤？毫不意外地，在回萬丹的客運車上，同樣的戲碼再度上演，同樣的兩個人，同樣的劇情，但這兩個人應該是失望了吧？王培五從頭到尾不發一語，她只是閉上眼睛，好像完全不相干的人，讓這兩個探子沒有報告可寫。

◆

媽媽上課了，孩子們也得上課。張磊進入初三，張彬初二。學校裡的外省籍老師，除了校長陳粵人、教英文的王培五之外，只有一位廣東籍的數學老師，孩子們對他的印象是，在宿舍裡煮貓肉、狗肉的老師。至於張磊和張彬，是學校裡面唯二的兩個外省孩子，張彬和同學的相處並不愉快，同學衝著他喊：「阿山！阿山！」

國民政府接收台灣後，大力推行國語五年了，但是大部分的同學國語還不流利，畢竟，台語和客家話才是他們的母語，連日語都使用五十年了！同學們交談很少使用國語，而張彬也聽不懂他們的台語和客家話。

語言的隔閡讓同學覺得他不是「自己人」，青春期的孩子總有些使壞的伎倆，三不五時張彬就會被絆一腳、跌一跤。一個特別看張彬不順眼的同學，每天挑釁他，張彬儘量做到媽媽說的忍耐。

但是有一天他不想忍了，尾隨在同學身後，惡狠狠地盯著他，張彬要讓同學知道：「是嗎？來吧！我不怕你！」幸好一位老師即時發現，免了一場鬥毆，不過剩下的日子張彬徹底地被其他人孤立了。

張彬給自己訂下一種態度，「人不理我，我不理人。」他明白同學討厭他和大環境有關，「二二八事件」讓很多台灣人對外省人有敵意，但這個理解不能稍減他心中的苦澀和孤獨。十幾年後，張彬這種「置身異域」的感覺，在小弟弟張彤的身上還要重演一次。

張磊就沒有這種困擾，或許是女孩子比較沒有爭鬥的氣息，也可能是女孩子總是比較早熟，張磊已經足夠成熟知曉如何應付外在的世界。張磊的成績很好，從以前在大陸的學校唸書開始，一直都是如此。

八歲的老三張焱和七歲的老四張彪，一起讀萬丹國小二年級。張焱出生不久就和爺爺奶奶住了六年，回來和兄弟姊妹團聚總覺得有距離，常常鬧情緒，媽媽讓小一歲的張彪和姊姊一起去唸書，學校測試的結果，張彪表現很好，媽媽同意讓張彪跳級，結果張彪反而比姊姊張焱早一年畢業。

張焱在學校的適應上也有困難，但是她有策略，她說，「我比較安靜，不講話，在學校裡他們跟我講話，我才回答。但是過了一年以後，我開始講話了，我也講台語，跟他們講的一樣，他們覺得我講的非常好。」

為什麼一開始不講話呢?張焱說，「因為聽不懂。比如老師講『筆記本』，我們在大陸上說『本子』，我根本聽不懂什麼是筆記本。」張焱頭幾年的小學生涯是辛苦的，在家裡，她要適應像陌生人一樣的媽媽和兄弟姊妹；在學校，她又要適應一種完全不同的語言。

弟弟妹妹念書的萬丹小學在大街上，距離萬丹中學他們居住的茅草屋宿舍，走路要半小時，張彪和張焱姐弟倆每天早上走路上學，還要帶著五歲的張鑫。張鑫雖然不到入學的年紀，可是放在家裡沒人照顧也是個問題。只是小小年紀的張鑫，腦部發育還不能完全接收老師上課的訊息，數學考試大多抱鴨蛋，最好的一次拿到五分！但誰也想不到這個小女孩長大以後，數學成績好得嚇嚇叫。

不同於哥哥、姊姊的苦澀，張鑫對萬丹的記憶都是美好的一面。小學放學以後，她要走路回郊區萬丹中學的家，路上迎面而來的是中學生放學要回街上，他們很愛逗這個小妹妹：「今天有沒有考試啊?」小妹妹說：「有啊！」小妹妹得意洋洋拿考卷給他們看，結果上頭什麼答案都沒有，只有一個大鴨蛋。學生們很憐憫她，「哇，怎麼這個小孩老是考零分?」

五歲就去上學，課堂上學什麼、做了什麼，張鑫完全沒有印象，但是對於通往學校的那條泥巴小石子路，印象卻非常深刻，「路的兩旁有許多大樹，大樹外面都是水田，我們家裡養了一些雞鴨，就到田裡頭去抓蚯蚓，因為水田裡有水，蚯蚓幾乎浮在水面上，我只要拿一個桶去抓，就能抓到很多，回到家能餵鴨子，好高興啊！早上起來，宿舍外面草地上有很多蝸牛，我就撿起來，用腳整個一踩，把殼踩碎了，鴨子就跑來吃，鴨子吃了就長得很肥，很高興啊！」

還有一件讓全家人都印象深刻的是「與蛇共眠」。張鑫說，「印象中是我二姐，她一大早起來發現了就大叫，啊！有一隻蛇在床上！我們嚇壞了，批命往外跑，蛇就在床的中間那裡鑽。」

日復一日，大家清早起床到學校上課，放學後寫作業。四歲的張彤最可憐了，大家去上課，張彤一個人在家沒人照看，他就穿越操場去到媽媽上課的教室，坐在門口邊哭邊叫：「媽媽！媽媽！」王老師一邊上課還要一遍又一遍地去安撫這個哭哭鬧鬧的小兒子。

有一天，媽媽正哄著張彤，校長來了，糾正她：「王老師，這是學生要上課的中學，不是你兒子的托兒所，你應該把你的小孩留在家裡。」媽媽尷尬極了，當著學生的面被上級斥喝，她只好跟張彤說，「胖子，你不能再哭了，媽媽要上課，你回家去等媽媽好不好？乖乖。」

「胖子」是哥哥姊姊給張彤起的小名，其實張彤不胖，就是頭大，大頭讓身體顯得小一些，整個人看起來就是一個走路歪歪倒倒的小胖子。小胖子看著冷峻的校長，害怕地跑回家了。

從此以後，小胖子再也不敢去坐在教室門口了。他總是躡手躡腳地走到媽媽教室外面，踮著腳尖從前排窗戶偷偷看媽媽，他很機敏地保持著右腳永遠向外、向前踮起腳尖的姿勢，一看到陳校長的影子，立刻加足馬力一溜煙地跑掉。張彬一方面心疼弟弟，一方面不禁要讚嘆弟弟真是個人才，才四歲就這麼機靈！

◆

萬丹的歲月在大家各就各位的安頓中悄悄地展開。媽媽每天早上五點鐘起床，花半小時走路去大街上買菜，萬丹的市場是早市，九點過後攤販就散了，所以王老師必須趕著一大清早去買菜，大姊姊張磊也起床升火煮早餐。

一天三餐的吃食很簡單，軍公教因為有配給的緣故，糙米和油是不缺的，按照眷屬大口小口的分量給付，不寬鬆但也不缺乏。其他就大多是吃青菜，吃最多的是賤長便宜的空心菜。

在宿舍區，幾乎每戶老師家都養雞，宿舍附近空地多，圈起來就可以養，媽媽教張彬去領配給米，特別請輾米廠工人把米糠留著餵雞，養了幾個月就可以加菜。雞肉吃完了，骨頭剁一剁，加水再煮雞湯，每一隻雞的奉獻都是徹徹底底的。沒有雞吃時，媽媽就買黃豆加鹽煮給孩子們吃，黃豆是很優質的植物性蛋白質。

日子過得越來越像是一般尋常人家應該有的安寧，有食物吃、有地方住，但是日常生活雜貨還是困窘。一家七口共用一把刷到翻毛還不能丟棄的牙刷，佐以青鹽漱洗；晚上孩子讀書，宿舍區裡只有他們這一戶沒有電，媽媽從炒菜油裡面節省下來點了油燈，督促孩子做功課。這種日子是標準的計畫經濟，生活不能有意外，不然計算好的金錢就不夠支應了。

但即使人再怎麼努力，還是有天意難測的時候。他們發現，台灣原來是個多雨的地方，四月份清明節過後就開始進入梅雨季，每天大雨小雨滴滴答答或者嘩啦嘩啦，透過茅草屋頂流瀉到屋子裡。每次一下雨，全家就忙著找臉盆接水，但其實都是徒勞無功，因為屋子裡到處都漏水，晚上睡覺只能把床東搬西挪，找個清爽一點的方寸之地。

有一天，像颮颱風一般的大風大雨，屋子漏水嚴重，一家人整晚只能坐著發呆。第二天上午快八點鐘了，一宿沒睡的王老師，還忙著清理家園，校長來了：「王老師，學校七點半就上課，你看看，現在都七點四十五了！」

疲憊不堪的王老師火了，告訴校長：「我的屋子沒有一寸乾淨的地方，到處漏水，我們整晚沒有地方睡覺，也沒有地方可以煮飯，不要說早餐沒吃，我連昨天的晚餐都沒吃！」

從澎湖到萬丹，這麼久的時間這麼多的困難，張彬第一次看到媽媽發脾氣。畢竟媽媽也只是個人啊！

校長沈默了一會兒，不發一語地走開了。第二天家裡來了一些工人，沿著屋子的外牆，用泥土圍了一個八呎見方的小廚房，還有茅草覆頂。莫非上帝前一天晚上拜訪了陳校長？

無論如何，一家人開開心心地享受了廚房的啟用大典，從今以後，下雨天就不需要把煤炭爐子搬進室內，搞得屋子裏面烏煙瘴氣。不過這天的晚餐，也還是糙米加上白天媽媽去市場討價還價的便宜青菜。

新廚房落成不久，一個星期天的中午，張彬正在廚房煮飯，聽到九歲的妹妹張焱大喊著：「大哥，大哥，你快出來看！」小張焱看到遠處的天空黑了一大片，一個奇怪的漩渦挾帶著樹枝、茅草、麻雀小鳥，一起在天上轉來轉去，張焱太驚駭了！她從沒有看過這種奇異的景象！

張彬聞聲出來，剛踏出廚房沒多久，龍捲風蜿蜒掠過他們不堪一擊的小小廚房，也把正屋的茅草屋頂都掀了，然後，砰地一聲！廚房的土牆和鍋碗瓢盆摔落到不遠處！張彬和張焱目瞪口獃，要是張焱沒叫張彬出來，這個哥哥大概也和那些家當一起飛上天了。

這時，媽媽慌慌張張地從屋子後頭衝出來，歇斯底里地哭泣尖叫：「我的孩子！我的孩子！」張彬第一次看到媽媽如此驚慌脆弱，他一輩子都記得當時媽媽狂亂的眼神，他紅了眼眶，不為自己的死裡逃生，為的是媽媽對孩子的愛，那麼強烈熾熱。他謝謝上帝把媽媽賜給他們。當一個人感受到滿滿的愛，張彬覺得靈魂裡的仇恨似乎是可以消融的。

其實這場災難也帶給他們一點好處，起碼確確實實地感受到上帝從天上掉下來的恩典：一堆死麻雀。孩子們開開心心地把麻雀拿去烤「鳥仔巴」，滋味美的不得了！

關於龍捲風和颱風，小妹妹張鑫有個印象，就是後來每次颳大風了，大家就躲到防空洞。二戰後期，台灣到處都有這些水泥蓋的防空洞；戰爭結束以後，倒成了躲避天災的好地方。

■1950年，王培五在台灣屏東萬丹中學謀得教職。她帶著六個孩子一大早從彰化坐火車到高雄，轉車到屏東，再轉客運車到萬丹，足足花了大半天的時間，才在傍晚抵達萬丹，開始孤兒寡母一家七口在台灣自立更生的新生活。(李國壽2014年攝)

■張彬大學長六十多年後，回到初到台灣時就讀的萬丹中學，小學弟們特別送他書包當作紀念。張彬說，台灣孩子真有禮貌，看到人都會打招呼。（高丹華2014攝）

13 苦澀的青春

面對叛逆的長子張彬，媽媽沒有責罵，也沒給他臉色看。不知道為什麼，媽媽就是對這個兒子有信心，她知道張彬一定能成為恢復家業的長子。

一九五〇年代的生活，對現代年輕人來說是不可思議的簡約，不需要NIKE的鞋子也能四處奔跑，沒有UNIGLO、A&F，上學放學都穿學校制服也無所謂。穿制服有個好處，一定程度上讓每個學生處於平等地位，不需要每天為了裝扮花心思，也不需要因為裝扮不如人而覺得自卑。

那個年代，很多學生外出訪友，或者和父母去相館照相都穿制服，不管到哪裡去，穿制服都算合宜不出錯。在物資缺乏的時代，制服讓很多手頭拮据的父母省了不少錢。不過內衣褲又是一筆要傷腦筋的花費。

媽媽一個月的薪水是二百五十元，雖然她教的課最多，而且還是老師群裡學歷最好的，是真正師範大學英語系培養出來的，而且還是名聲卓著的北京師大，但她的薪水是所有老師裡面最低的，她必須精打細算地配置每一分錢，她用裝米的布袋幫張彬裁製內褲。

以前在大陸家裡還過得去，媽媽總說內衣褲要柔軟才能穿得舒適，但現在這種粗布做的內褲，真是刺得張彬屁股發癢，遇到體育課操場跑一圈，那就不是奇癢而已，有時還會紅腫破皮，疼痛不已。

◆

星期天，大家最喜歡的日子，媽媽不用整天上課，她在家煮飯批改作業，孩子們就在附近的空地玩耍。十四歲的張彬有發洩不完的精力，他喜歡沿著家裡旁邊的鐵軌跑步，他已經是個青少年了。不幸的是，鐵軌旁邊甘蔗園的主人討厭他。

張彬看過這人好幾次。他個子小小的，但是看起來很霸氣，總是拿著一把鐮刀，指揮一群女工砍下甘蔗，然後把甘蔗送上火車。每次看到他，張彬就想著，「為什麼這群女工要為這個兇巴巴的人工作呢？她們沒有別的選擇嗎？她們的牙齒看起來都不太好，是甘蔗吃太多的緣故？」

張彬在北方長大，北方沒有甘蔗，爸爸媽媽不喜歡小孩吃甜食，總說甜食會壞牙齒。但是在南方常常看到人家拿著長長的一根甘蔗嚼啊嚼的，張彬好奇地從女工收割的甘蔗堆裡抽出一根，好死不死就被主人看到了，「阿山仔！好膽嘜走！你這個賊仔！」姓陳的地主一邊喊著，一邊追著張彬跑，可怕的是他手裡還揮著一把鐮刀。

地主的甘蔗常常被偷是事實，一如南台灣大部分的百姓，地主討厭外省人也是事實。但現在，他把這些帳都算到張彬頭上了。張彬丟下甘蔗拔腿就跑，但是主人還是不放過他。這個姓陳的地主個子雖小，跑起來卻是飛快，一下子就把距離拉近，張彬趕快跑回家請求媽媽的保護。

張彬一邊跑進院子一邊大聲求救，媽媽出來看到嚇了一大跳，她拜託主人放過他的兒子，「陳先生，隆隆只是一個十四歲的孩子，他還不懂事，我會處罰他。他是我的大兒子，你應該知道長子對一個做媽的來說，有多重要。」但是地主並不願就此放過，「他偷我的甘蔗，我要砍了他！」

這陣騷動引來宿舍區老師圍觀，一位男老師出面幫忙說情，「我們這位王老師不容易啊！一個寡婦帶著六個小孩，張彬是他的大兒子，你要原諒他啦，他以後不敢了。」姓陳的地主見狀只好算了，不過掠下狠話：「下次不要讓我遇到！」

過了好幾個禮拜，又是一個星期天的下午，張彬謹慎地在家附近慢跑，他看見姓陳的地主眼露凶光，就在一百碼的距離之外，手上依舊拿著鐮刀，慢慢地朝張彬靠近。張彬嚇傻了，嚇的不能動彈，他可能跑不過這個小個子。突然，天色陡地變暗，四周野風颳起，張彬抬頭望向天際，只見一道強光劃開雲層往地面撞擊，等他回過神來，姓陳的地主已經倒在地上，他竟被雷劈了！

張彬定一定神，跑到地主身邊一看，地主的身體黑的像焦炭一般。漸漸有人聚集過來，張彬跑回家，媽媽就站在門口，她看到了，「聖經說，神在祂的聖所做孤兒的父，作寡婦的申冤者。神不會虧待孤兒寡婦的。」

「阿門！」張彬回應媽媽的禱告謝詞。第一次，張彬感到有神做倚靠是如此的安寧，長期以來他有一千個一萬個問題要質問上帝，但現在，他毫無疑問了。

◆

王培五雖是富家千金出身，卻不喜歡穿金戴銀，但是她也很懂這些寶貝的價值。性格耿介的張敏之，幸好有這位務實而意志堅強的妻子，在他們顛沛流離的家庭生活中，作為一個穩固的中流砥柱。

張敏之因為辦學的關係，常常在外面長途旅行，每次王培五都要他隨身帶著粗重的黃金戒指，以為應急之用。從抗戰前通貨膨脹的法幣，到王雲五擔任行政部長實施的金圓券，幣值的不安定，更加彰顯黃金是永恆的財富代表。

離開青島時，王培五就有一條特製的腰帶，把黃金隨身藏著。到了萬丹，這些黃金不能每天帶去上課，放在家裡也不安全。於是找了一天，在張彬的護送下，母子兩個把黃金送到屏東市區的台灣銀行。

需要送到屏東市的，不只是黃金，還有對王培五來說，這個比黃金還貴重的人——長子張彬，將來要扛起這個家的人。在萬丹，張彬和同學非常疏離，做媽媽的看了心裡很難過，她決定要把張彬送到屏東市區的台灣省立屏東中學，這間學校是屏東縣最好的男子中學，學校裡面的外省小孩比例也高些，張彬應該比較容易找到同伴。

不過，屏中離萬丹大約二十公里，媽媽決定幫張彬買一輛腳踏車，而且要買從香港進口的英國品牌——飛利浦腳踏車，價錢是台灣製的五倍。

要幫張彬買腳踏車，就必須賣掉黃金。媽媽叫張彬去屏東的台灣銀行領出黃金，然後拿到附近的銀樓去換現金。張彬覺得很惶恐，他知道媽媽是怎麼樣辛苦保護這些黃金，即使之前生活困頓，都還不願意拿出來，這是救命的錢，萬一……。

但是媽媽很堅持，她要她的孩子在別人面前抬得起頭來，幾個月前，在台中李先良家吃飯那一晚，張彬自慚形穢的樣子，讓她心如刀割。在媽媽的堅持之下，張彬跳上客運車往城裡去。

他到銀行取了黃金，小心翼翼地放進書包裡，走到附近一家珠寶店，店主人是個在地講閩南話的，他從後頭出來，打量了一下張彬，秤了黃金之後，告訴張彬價錢。媽媽已經先打聽好了黃金市價，張彬聽了店主報價覺得可以接受。他緊張的直冒汗，這一輩子還沒碰過這麼多錢，更何況這錢對他們家來說是多麼不容易。

店主人數好一卷卷捆緊的十元鈔票，幫張彬放進書包裡，書包就放在櫃檯上。這對夫婦很友善地和張彬聊天，張彬第一次感覺到，原來也有不帶敵意的本省人，他覺得很溫暖很自在。他高高興興地背起書包走出店外。

走了一小段路，路邊一個賣山東饅頭的老鄉，張彬把手伸進書包掏錢，糟糕，書包裡面沒有錢！他趕快跑回珠寶店。老闆不在，只有老闆娘坐鎮店裡。

「太太，請問你先生去哪裡了？」

「哪個先生？」

「剛剛在這裡給我錢的那位。」

「什麼錢？」

張彬明白了，他的錢要不回來了。他低著頭安靜地走出去，老闆娘立刻在他背後關上門。他在外面四處遊蕩，不敢回家。踏進家門時已經過了晚飯時間，媽媽等著，「還好吧，隆隆。」

「我……」兒子說不出話來，想放聲大哭，哭了媽媽就知道了，根本不用言語解釋。

「隆隆，別難過了，不過就是錢嘛！快點來吃飯，我給你留了飯菜。」媽媽說。

張彬坐在飯桌旁，食不下嚥，他想，我的媽媽真不是普通人。這麼多錢莫名其妙就丟了，她竟然可以不吭氣。

腳踏車事件之後，王培五帶著張彬去屏東參加轉學考試，考試要考兩個整天，張彬通過了，他初三這一年就在省立屏東中學渡過。這也很奇怪，先去買車子再考試，彷彿做媽媽的一定知道兒子考得過。但是王培五就是有這樣的信心，她這種令人匪夷所思的信心，在往後的日子中，一再證明她的判斷是對的。

快開學了，張彬想，或許以後要坐火車通勤了。然後有一天，有人送來一輛嶄新的飛利浦腳踏車，還有一塊瑞士錶。張彬說不出話來，看看媽媽，然後默默地回到他的一床一桌的小房間掉眼淚。

·◆·

張彬轉學是一件大事情，更大的一件事情是，大姊張磊要到台北去了。他們這一家從來沒有分離過，逃難的時候如此，爸爸被帶走以後也如此，張磊在這家裡，簡直就是媽媽的分身，做家事，照顧弟弟妹妹，都有她的份。

張磊從萬丹中學的初中部畢業了，接著，她應該升學嗎？還是就業？媽媽決定她應該升學，但是讀什麼呢？讀高中，意味著將來還要考大學，媽媽認為負擔不起。雖然王培五是一個對自己的學業與愛情這麼有主張的新女性，但在重男輕女這個觀念上，她還是中國傳統五千年禮教下的舊女性。

張磊應該念什麼學校呢？有兩個選擇，省立台北高級醫事職業學校（後改為台北護校、現在的台北護理健康大學），以及省立台北女子師範學校（台北市立大學博愛校區）對女孩子來講都很適合，最重要的是，都是公費，不必繳學雜費。

張磊一個人坐火車到台北，借住在爸爸一位黨校的同學家裡。這位伯伯是國大代表，在青島時常和爸爸有來往。他家裡有一個女兒，還有一個弟弟跟張彬一樣年紀。

到台北醫校考試，張磊打算從借住的羅斯福路走過去，她在街上向人問路，好心的先生驚訝地看著她說：「什麼？妳要走到內江街？那是在西門町，要走很久的啊！」接著他問：「小妹妹，妳是不是沒有錢買車票啊？」張磊聽了覺得很不好意思，口袋裡的錢要買來回車票是足夠的，但對於陌生人的好意總有點被看輕的羞憤，雖然她同時也非常感謝陌生人的好意。陌生人幫她買了車票，催她趕快上車，並再三叮囑在哪裡下車。

考試午休時間，張磊給自己準備了便當，裡面除米飯之外就只有鹹菜、醃黃瓜，張磊覺得有點丟臉，不想讓別人看到，躲得遠遠地。過了半個世紀，台灣走懷舊風，鹹菜黃瓜成了便當菜的新寵，讓張磊覺得真不可思議。

張磊一個人孤單地吃著便當，心裡覺得很瘦澀，但她轉念一想，起碼自己還可以大老遠跑來參加考試，比起其他同學，她還算是幸運的。十五歲的女孩就這樣東想想，西想想，各種複雜的情緒交織著，可是回到借住的伯伯家裡，她又有了比較。伯伯家裡有一個和張磊同齡的女孩，卻是要考高中、唸大學的。張磊幾十年後想起來，還是掩不住一點點心酸。

台北女孩穿的衣服，比澎湖、屏東的女孩講究些，不像張磊整天穿的就是制服，白上衣黑裙子，白上衣還是放在裙子外面那種，一看就是土土的鄉下人。考試考完了，張磊沒有感覺到輕鬆，她竟然開始焦慮，「我要是考不取，真的是……讓他們家笑我，還白花一大筆錢來台北。」家道中落讓張磊格外敏感。

讀書是張磊最驕傲的事了，一直以來她都是個好學生，從在大陸唸書開始，到了現在萬丹中學畢業，都是名列前茅。張磊的一個表哥王長智，和張磊年紀相仿，現在天津當醫生，就說，「小時候在安徽長官店讀書時，考試都偷看張磊的，因為張磊考卷上的答案都不會錯。」

寄人籬下，張磊每天幫忙打掃和煮飯。她是一個自尊心很強的女孩，不想讓人家覺得她是個來白吃白住的落難飄零人，她要證明自己值得被這樣的招待，她付出勞力來讓自己覺得心裡舒服點。很多年後，主人家碰到張磊的媽媽王培五，忍不住問道：「張磊怨我嗎？」王培五聰明地回答：「我從來沒聽過她說甚麼。」

考試的結果，護校和師範學校都考上了，台北女師是很難考的，分數要求很高，證明了自己的實力，張磊這下心情舒爽了。不過媽媽建議她去唸護校。媽媽告訴張磊，「妳不能再做老師了，我跟妳爸爸已經做了一輩子的教員，窮教員。」

張磊知道爸爸走後，只留下一點點錢給媽媽。以前在大陸老家，爸爸的錢都交給祖父祖母，後來戰亂遷徙，爸爸又常常把錢拿去資助學生。爸爸因為學生而死，媽媽希望孩子們能為自己過日子。媽媽說，「做護士好啊！總是一個職業，不要做老師了。」張磊聽了媽媽的話，乖乖去唸護校了。

後來的發展證明媽媽好像有透視未來的能力，張磊有了醫護的專長，申請到美國是很有利的。到美國當護士很容易，但是到美國去教書很難。

◆

張磊到台北去以後，媽媽更忙了，每天起大早走路去萬丹街上買菜，大概都是討價還價買來的便宜青菜，回來以後趕著張羅小孩吃早餐，還要給張彬帶便當，便當一律是蛋炒飯。雞蛋很珍貴的，張彬每天中午吃便當，心裡都是感激的。

比起萬丹，屏東中學有比較多的外省孩子。張彬班上有一個是段祺瑞的孫子、有一個是羅友倫將軍的兒子，另外還有好幾個高官的小孩。校內像張彬這樣的外省籍孩子，父親大多是陸軍系統的軍職，雖然軍階高低各有不同，不過那代表一種團體勢力和文化。

張彬和這群孩子混在一起，覺得自己還是住在暗溝裡的老鼠，和那些梅花、星星高官將領的後代不一樣。尤其是吃午餐時，雖然媽媽已經盡最大努力給他最好的便當了，但是當同學們互相交換便當菜，有魚有肉，張彬自覺小老鼠一隻的酸澀，又躡手躡腳地爬上心頭。他只好拎著便當袋，獨自一人到校園樹下吃飯。

即使只是一隻小老鼠，漸漸地，張彬找到伸展手腳的機會。他參加自行車慢速比賽，誰用最「長」的時間騎完三十公尺，誰就是冠軍。這種玩法需要很好的平衡感和體力，才能讓車子原地不動地「釘住」，或是一釐米一釐米地極慢速前進。這種「比慢」的競賽，可以根據場地大小和時間來調整，張彬最好的記錄是三十分鐘騎五公尺，他在屏東市玩車的學生群裡打響了名號。即使是老鼠，也有發光發亮的時候。

很會玩車的轉學生張彬，引起大家的注意，權貴後代的小集團覺得這小子很酷，邀他入夥，當然也就問起：「你爸爸是做甚麼的？」每次被問到這問題，張彬總是說爸爸過世了，沈默地看著同學，然後走開。於是大家都知道這個問題問不得，但大家也就知道怎麼回事了。

外省孩子們回家一問爸爸爺爺，就知道山東人在澎湖出了什麼事情，大家一清二楚。同學們都知道原來張彬爸爸被當成是匪諜，被槍斃了，他們家被列管要查戶口。但同學們也都不會在他面前提起，這是年少青春的可貴，還算天真無邪的靈魂，不管人世間的標記，於是張彬得以安然地在同學善意的隙縫中過日子。

和張彬混在一起的同學每個人都有一輛飛利浦，他們把座墊拉得高高的，如此一來屁股也會高高地翹在半空中，上半身低俯趴在手把上，這樣騎車帥極了，這叫做「時尚」。每天傍晚放學後，車隊就在市區炫耀式地繞行一周，通常終點站就是有大片草坪的屏東公園，在這裡常常會有另一群外省小孩，他們是屏東空軍基地的眷屬學校——至公中學的孩子。

至公和屏中的孩子，彼此看不順眼。為什麼看不順眼，其實也說不出什麼道理，純粹就是動物性的領域感受，還有青少年騷動不安的賀爾蒙作祟，一個眼神不對，一句話不合，兩邊就打起來。

張彬自認為是兩邊孩子裡最猛的一個，也是少數幾個打完架能夠從容自在騎車離去，身上不帶傷痕完美退場的佼佼者。他以前是不跟人打架的，畢竟是校長的兒子，也不好意思打架。但現在打架對他來說，是一件「感覺不壞」的事情，它多少釋放了張彬潛藏的憤怒。

·◆·

兩造人馬這樣小打小鬧，總有沸騰爆發的一天。有一天，至公的孩子找了一大票同學圍堵屏中的孩子，張彬機敏，立刻心生緩兵之計，雖然對方有個個頭一米八的大個兒，他們這邊不過一米六、一米七，張彬還是硬著頭皮上前：

「你們就這麼沒用？還要找幫手！」

「你們也可以找人啊，就怕你們找不到！」

「這樣吧，下個禮拜天，中午。你帶你的人，我帶我的人。敢不敢？」

「敢！下禮拜天中午。我們走著瞧！」

張彬一夥人刻意囂張地上車呼嘯離去，開始招兵買馬。有一個姓孫的同學，父親是屏東糖廠的廠長，人緣好，負責「落」人入夥，他還找了一群本省籍的同學。本省同學聽說要打至公的，立刻有人表態願意參加。因為空軍待遇好、氣焰高，平常就看不慣外省小孩囂張樣的本省小孩，樂得去扁人，姓孫的輕輕鬆鬆就替屏中陣營整好三十幾個人。

星期天到了，張彬睡了個飽，穿上制服，腰間繫了一條寬皮帶，上面釘滿了銅扣頗有重量，這皮帶揮一下就能把人打昏！然後在皮帶上插了一把小刀。這些裝備都是屏東基地的傘兵給的，因為傘兵裡的山東人多嘛。其實在台灣不管到哪裡山東人都很多，一九四九來台灣的山東人，約有十二萬人，略少於江蘇、浙江、四川和湖南。

張彬照平日那樣，一口氣騎車衝上陡斜的萬丹路橋，一路上都是碎小石子路，那時的柏油路不多，還鋪不到偏遠的萬丹，張彬騎了半小時來到屏東，同學們總共帶了一、二十把的小刀和軍用皮帶，這些都是美援物資，對眷村小孩來說不難拿到。

屏中這一群從西邊進入位於屏東市區的屏東公園，至公的小夥子從東邊進入，通常他們的勢力範圍是這樣劃分的。大家都把腳踏車停到樹下，張彬看了一下他寶貝的瑞士錶，差五分就十二點了，他背後有三十幾個人，對方人數不到二十個，他比較有自信一些，不過不管怎樣，打下去就對了。

「張彬，你帶頭。」孫這樣告訴他。再一次，張彬覺得自己是十二生肖中領頭的老鼠，他必須帶著所有動物跨過黃道天際，一次又一次，他的生命總是出現他必須咬牙向前的際遇，以前帶著弟弟妹妹往前走，現在竟然領著一群胡鬧的同伴，還帶刀帶劍的！到底為的是什麼？這實在太荒謬了，他感到胃部收縮緊張，但沒有退路了。

他一邊走向對方姓劉的頭兒，一邊解開腰帶，亮出小刀。對方也帶了美援的腰帶，但是沒有帶刀。張彬耍了這一手，兩邊高下立判，對方知道麻煩大了，姓劉的在幾碼遠的地方停下來，把腰帶解下丟到地上，喊道，「我們都是千里迢迢從大陸過來的，我們是自己人啊！別打了，我們應該做朋友，不要當敵人。」說著，劉伸出右手要和張彬握手言和。

「你這個懦夫，知道打不過啊？你上個禮拜怎麼不向我們磕頭啊？」孫在背後大叫著。

「別這樣，人家要和我們當朋友，我們就交朋友嘛！」張彬迅速握住劉的手，兩個人都用雙手使勁地握著。

「好朋友！好朋友！」然後張彬趕快和其他至公的同學們握手。好了，不打了。兩邊的孩子開始靠攏互相握手，這讓埋伏已久的員警們看了全都傻眼。現在是怎麼啦？他們早就聽到線報，公園裡面有兩派學生要械鬥，所以派了一些人在那裡看著。員警關注的目的還不是治安，而是要觀察有沒有結黨成派的，那不是「治安」，是「保安」。

在高度戒嚴時期，所有的團體組織都受到高度關注，怕組織起來有力量造反，歷史證明義和團、大刀會、小刀會，都是「起義」的根底。國民黨自己搞革命的底子，也很受到幫派的協助，像是青幫、洪門。所以員警看著等著，原以為會搞出什麼麻煩。如果真的械鬥起來，他們也麻煩，這些學生裡面，還有幾個大人物的小孩，抓也麻煩，不抓也麻煩。

搞完了這一齣鬧劇，張彬著實鬆了一口氣。其實他自己心裡怕得很，他們並沒有真的動過刀子，這些只是拿來嚇唬別人，表演用的。真的要使刀子，恐怕還是沒把握，萬幸的是，對方也都是孩子而已！但張彬已經漸漸不是孩子了，沒有父親的孩子，總得提早長大，學習生存之道來補位家中欠缺的父親角色，他沒有天真的權利。

「但這個怕不能表在臉上，要裝得很鎮靜。」張彬說，「這一點我是真的很鎮靜，怕在心裡也不會露在表面，我是永遠很鎮靜的人，他們說我是火燒屁股也不會怎樣的。」這種可以欺敵的鎮靜功夫，張彬一輩子受用無窮。

那晚騎車回家，張彬有一種「男人做大事」的滿足感，屏東中學的朋友佩服他，至公的同學也被他收攏了，這些人很快地變他的好朋友。長期以來，總是因為年紀小，或者省籍語言的不同而倍感孤單的張彬，終於有了「朋友」。不過，這也讓他付出了代價。

不戰而屈人之兵，降服了死對頭至公中學的孩子，張彬和其他四個同學，因為革命情感而使得友情易發堅固。他們天天騎車遶行他們打下的新王國——屏東市區，一開始是放學後晃蕩到深夜，後來乾脆連課也不上了，一早七點鐘進了校門，會齊了就騎車出來晃，中午回去吃便當，睡過覺又出來玩耍。快意地享受年少輕狂的滋味。

夜路走多了，鬼魅一定會等在路上的，終於，這五個小孩因為曠課過多，被學校勒令退學。其他四個人有爸爸當靠山，出示重病證明等等，張彬可沒臉去求媽媽給他弄一張證明。

屏東中學的副校長，是媽媽王培五在北京師大的同學，副校長為他說情：「孩子長大不容易啊！」但是訓導會議裡其他老師卻堅持要開除。最後決議是學校同意不開除張彬等五個人，可是這五個人也不能再升上屏中的高中部，學校不同意他們來報考。王培五認為這個條件還不壞，只得叮嚀張彬乖乖待到初中畢業。

面對叛逆的長子張彬，媽媽沒有責罵，也沒給他臉色看，她知道兒子心裡不好受，所以也沒打算懲罰小孩。她只是很實際地考慮各種情況，然後讓日子繼續過下去。不知道為什麼，媽媽就是對這個兒子有信心，她知道兒子長大以後一定會是她理想中的兒子，只要她做出正確的選擇，給他指出了方向，張彬一定能擔起張家的重擔，做一個恢復家業的長子。

媽媽對這件事情的平和處置，讓張彬覺得很難受。他自知對不起媽媽，從此乖乖地等待畢業的日子。不過做為一隻老鼠，命運總是不會平安美好。在學校裡，張彬每次數學考試都考一百分，數學老師認為，這孩子真是惡行重大，連上課都不來，怎麼可能都考一百分？一定是考試作弊。最後一次段考，數學老師給了他五十九分，叫他來補考。

老師叫張彬來補考數學，張彬還是拿了一百分。老師更火了，補考是給你改過自新的機會，你還做弊！老師怒斥張彬：「到我辦公室來考！」辦公室裡就張彬一個學生，沒得偷看，老師就在旁邊坐鎮盯著，結果，「嘿，這小子真的有實力考一百分。」老師這才知道，其他同學能過關，原來還是托張彬之福。

◆

不能考屏東中學，那怎麼辦？當然只有報考高雄中學了。高雄港從日治時代就是台灣重要的商港和軍港，比屏東市熱鬧許多，屏東地區很多成績優秀的學生，也會到高雄報考，所以要考取雄中，比屏東中學難度增加許多。

那時全台灣的大專院校，除了台灣大學之外，只有位在台北的師範學院（今師範大學）、台中的台中農學院（今中興大學），還有在台南的台南工學院（今成功大學）。僧多粥少，大學入學考試競爭非常激烈。

如果張彬考上雄中，每天從萬丹到高雄，單程要花將近兩個小時的時間，相當遠。

不過也有另外一個選擇，若是報考潮州中學，從萬丹到潮州，大概只要四十分鐘的通勤時間。

雄中考試前一個禮拜，張彬住到在高雄火車站任職的陶運初的宿舍，剛到台灣的時候，張敏之被槍斃的消息傳出來，陶先生是第一個主動對他們一家伸出援手的人。他聽到張彬要考試，這位感念校長治學熱情，也替校長抱不平的的學生，不但讓校長的長公子住到宿舍來，每天帶他出門吃飯，還幫他買了參考書，叮囑他每天在宿舍好好溫書，不要出去亂跑。

另外還有一個「督學」，是王培五的外甥，那位剛從澎湖李振清的軍隊開小差，投靠海軍的表哥王長義。他從澎湖脫困，順利地在海軍生存下來，駐紮在高雄。表哥和陶運初抗戰時都是山東一臨中的學生，一起在安徽的長官店讀書的同學。他也天天來盯著小表弟，這是姑姑一家小孩的領頭羊，將來要負責把弟弟妹妹一個個拉拔向前。

這一仗非常重要，表哥聽說張彬之前天天翹課，實在不太相信表弟會通過考試，他常常露出擔心的眼神，卻又打起精神說些鼓勵的話。其實張彬信心十足，他自己讀書補足了初三翹課的荒疏，尤其對數學很有把握。他喜歡把事情研究清楚，除了好奇心之外，也算是有天分。

雄中的入學考試在溽暑盛夏，考兩天，從早上八點考到下午六點。大部分的家長都會在外面陪考，除了伺候考生中午吃便當以外，每節休息時間都會趕快遞上扇子、開水與點心水果，總之就是希望考生使盡全力順利上榜。

張彬家裡有四個年紀幼小的弟弟妹妹，媽媽不放心把他們單獨放在萬丹家裡兩天，所以不能到高雄陪考，表哥就成了當然的陪考人。張彬不覺得自己需要人陪，畢竟他們一路從澎湖過來，他已經是個「小當家」了，但是表哥總想盡點心力。

兩天考完以後，表哥和陶先生關切地詢問，「考得怎麼樣？」張彬打包票說絕對沒問題，可是兩個大人的眼神裡盡是疑惑。

一個月後，放榜的日子到了，榜單都會刊登在報紙上，不管家裡有沒有小孩參加考試，中學和大學的入學考試，都是社會上的大事。但張彬考的是高雄中學，只有高雄的報紙會都刊登，所以表哥一早買了報紙，就坐火車跑到萬丹來，張彬不但考上了，而且成績很好，名次還排得很前面。兩位表哥都很驚訝，就憑張彬那個吊兒郎當的樣子，也能考出這種成績？從此，他們覺得這個表弟是個小天才。

不過媽媽從不認為張彬考不上，她非常有信心，她認為她的長子絕對不會讓她失望的。做兒子的一方面認為得到媽媽的絕對信任，是一件高興又值得驕傲的事情，但同時也感到很大的壓力：他不能失敗。

Part 4
孀

1951 年到 1958 年間，王培五在屏東的潮州中學任教。六個小孩對台灣印象最深的地方，也就是這個南台灣的小鎮，潮州。

14 向上挪移的第一步

他們不斷點頭稱是，表示服從與敬意，就可以打發這些意在威嚇的員警。伶牙俐齒的反駁不但無濟於事，而且還會招罪。

張彬從此每天要花三、四個小時通車到高雄讀書？還是和姊姊張磊一樣離開家住到高雄去？但這些問題都不在媽媽王培五的考慮之中。

有一天，王培五到距離萬丹半個小時車程的潮州鎮，潮州中學（後改制為國立潮州高中）的劉沭先校長，是王培五在北京師大的同學。她向劉校長詢問，有沒有可能在潮州中學謀得教職。

一九五一年朝鮮半島的戰情，是全世界關心的大事。英文底子好的青年人都跑到韓國賺美金，幫美軍翻譯中國戰情，或者為戰俘做通譯，這個世界大局給了王培五一個調職的空間：許多學校都缺英文教員。

潮州中學當時在南台灣，並不是考大學的明星學校，所以資歷好的英文老師，大多不願意到這麼遙遠的鄉下。王培五擁有北京師大英語系的正統好學歷，安全資料上雖然是「匪妻」，不過在萬丹一年半顯示，這個「匪妻」安靜不鬧事，可以放心。

她平日相當安靜，不會到處串門子，每天只是工作，並且照顧孩子。管區員警去查戶口，她也從不多嘴頂撞或是喊冤。《聖經》上說：「如果有人打你的左臉，你就把右臉也呈上。」這是上帝的道，也是王培五遵行的道。這個道，保住了她一家人的平安。

潮州中學教務處主任艾弘毅曾經跟太太說，王培五老師是個勇者，也是個智者。艾主任也是北師大畢業，他和劉校長一起向教育部打包票，保證王培五沒問題的，還一再強調：「她們這一家七口，你不讓她教書，你想讓她怎麼樣？」半個世紀以後，艾主任已經過世，艾主任的太太和明藝老師（和王培五是潮中宿舍的鄰居，張彪在光華國小五年級的導師）轉述艾主任生前對王培五的佩服：「這個人可以說是勇者，不是殺人鬥狠那個勇，也不是有勇無謀的那個勇。她的先生這麼樣地去世，被冤枉，照一般的婦女來講，受過高素質教育的女人，就算沒自殺，也搞到差不多要崩潰了。」

多年後和明藝才不諱言直說，其實擔保王培五到潮中任教，她先生心裡是有負擔的。政治環境的顧忌不說，當時誤傳王培五在大陸時沒有教書的經驗，十幾年來一直在家帶孩子，如今家裡遇到這樣的變故，才不得不出來謀生。教不教得來？艾主任自己也不是很有把握，「結果我先生聽了她幾堂課，非常佩服。備課精細得不得了，看學生作業也仔細得不得了，而且每天一定都把作業批改完畢。」

艾主任對王培五的佩服，不僅只在教書專業的評價，他告訴太太，張敏之還在馬公獄中的時候，王老師到處求救，「看她寫給部長、國大代表的信，中文程度非常好。她寫得非常好。中英文都好。」和明藝表示，多年以後看到這些信件，很詫異內文有情有理、條理分明，連她自己都佩服。

艾主任還告訴太太：「王老師這個人有智慧，卻一點都不顯露。並不是到處表現，唉啊，這個我會，那個我會，從來沒有。讓她做什麼，她就做什麼。讓她教初一，她就教初一；讓她教高三，她就教高三。無論做什麼，她都能夠做得很好，真是一個了不起的女人。」

和老師觀察，王培五不顯擺但有志氣，不哭窮，不要人家的同情，從來不占人家一點點便宜或者訴苦，「我先生說別人要給她一些衣服或日用品，她都不要，而且她還轉手給了別人。」

◆

媽媽做了兩個重要的決定，一是要轉到潮洲中學任教，二是要張彬放棄雄中，到潮洲中學來讀高中。張彬當然不願意。但媽媽告訴他：「你在屏東中學出的亂子，實在叫人不放心，我必須盯著你。萬一你到高雄亂搞又被退學，那將會失去考大學的機會。」況且，王培五堅定地認為，只要願意努力，不管念哪一所高中都能考大學，她對張彬的資質有信心。

很多人勸她，考上雄中不去唸，太可惜。連潮中劉校長都說：「這樣兒子心理上會不平衡吧？」但王培五就是有信心：「沒事，我兒子一定能念大學。」

她特地找了有高中部的潮州中學任教，就是希望可以就近看著兒子。另外，孩子都大了，花費也多了，潮州畢竟是個鎮，比萬丹鄉熱鬧，人口也多。轉到潮州任教，在晚上也會有比較多的機會兼家教賺錢。張彬很快地就不再和媽媽爭辯，即使當時的潮州中學，從來沒有畢業生考上過大學。但他已經學會，媽媽永遠是對的。

不過，張彬還是用他自己的方法抗議。潮州中學招生時，他故意交了白卷。寫個名字，就把考試卷繳了。大家都知道他是個可以上雄中的學生，程度好，也都知道他在鬧脾氣，因此在第二次招生時，學校給了張彬補考的機會。這次他雖然故意亂寫，但也不敢考砸了。就這樣張彬就和媽媽搬到潮州，唸了潮州中學。

屏東中學的同學們，姓孫的同學考上雄中，後來到美國去了。姓羅的同學後來唸了陸軍官校，也做到將軍。

· ◆ ·

這一次搬家，對王培五一家人來說是件快樂的事情。在大陸，每次搬家都是為了逃難；在台灣，每次搬家都參雜著前途未卜的恐懼。但這次從萬丹搬到潮州，是充滿了希望與向上提升的快樂之旅。十五歲的張彬已經是個打包能手了，這次他打包得很愉快。

潮州中學提供了比萬丹初中優厚的薪資，而且也給這位新來的英文老師，提供正常的宿舍。一棟有三間房的日式木造宿舍，王培五一家分配到兩間房間，剩下一間房給另一位老師。這棟木造宿舍的房間都鋪著榻榻米，有紙糊的木框拉門。最棒的地方是：它有室內的廚房和廁所。

在潮州度過整個小學生涯的張鑫記得，「雖然住的地方很小，可是蠻舒服的，日式的房子有榻榻米，榻榻米會墊得比較高，底下就有一些空間，我在下面玩躲貓貓，狗啊、雞啊的也都很喜歡躲到裡面去。後院有很多果樹，有芒果、柚子等，在房子前頭還有一顆很高的椰子樹，所以夏天水果收成時都很高興，用竹竿去打芒果下來，或是秋天摘柚子。唯一摘不到的就是椰子樹，爬不上去，太高怕掉下來。房子旁邊有一道圍牆，圍牆外頭就是學校。有一棵樟樹下面有乒乓球桌，整天就看到學生在那裡打乒乓球。」

住在這個宿舍，有件開心的事情，那就是媽媽每天可以多睡半個小時。菜市場離學校不遠，所以媽媽可以睡到五點半，比起在萬丹，這簡直是一種奢侈，相當程度減少了生活的緊迫感。

更好的是，宿舍區就有一個打水幫浦，正好就在他們家前面，這麼一來，孩子們不用像在萬丹一樣，提著很重的水桶走遠路。一樣住在宿舍區的王緒文老師記得，「張家兄弟姊妹一早起來，圍著抽水幫浦刷牙洗臉，那時候已經有牙膏了，但是為了省錢，他們小孩還是用青鹽漱洗。」

很快地，他們在潮州的新居就有了訪客，當然還是管區員警以及警總的情治人員。潮州比萬丹熱鬧，人口多，警總對這裡的管制和監督也比較嚴格，他們叮囑張家人是匪妻與匪眷，最好多注意自己的言行，以免給自己惹麻煩。

張家人對於應付這些令人深惡痛極卻又不能得罪的爪牙，已經很有經驗了。他們不斷點頭稱是，表示服從與敬意，打發掉這些意在威嚇的員警。伶牙俐齒的反駁不但無濟於事，而且還會招罪。

其實情治人員上門的目的，也只是在保障他們自己的工作和薪水的安全。你安靜不惹事，他們也樂得輕鬆過日子，大家都別互找麻煩。一旦被惹惱了，這些人身上都有尚方寶劍，在寧可錯殺一百的保密防諜大時代裡，隨時都可以再給你扣上匪諜的大帽子。

■1951年起，王培五任教於屏東潮州中學七年，這裡提供了比萬丹中學優厚的薪資，而且也給這位新來的英文老師正常的宿舍。這是1958年2月王培五(中坐右二)離開潮中前的紀念照。

■和明藝是前潮州中學教務主任艾宏毅的太太，曾任潮州光華國小老師。她說，「我先生說過，王培五老師真是個勇者。」（高丹華2014年攝於美國）

■潮州中學校景。王培五的長子張彬，是潮中畢業生裡第一個考上台大的學生，放榜的時候，連校長都不敢相信。校長認為，如果連張彬這種不讀書的學生都考得上，那潮中應該有更多學生考上台大才對。(李國壽2014年攝)

15 小老鼠的觀察

出於一種當家男人的責任感，以及家遭變故的不安全感，張彬養成了偵查的習慣，他想藉由了解他的環境來判斷安全與否。

開學了，張彬沒有帶著多大的熱情升上高中，遇見兩位曾在屏東公園對峙過，如今已化敵為友的兩位朋友，一位叫劉家齊，一位叫關永華。他們兩個都來自屏東空軍基地的眷村，是至公中學的畢業生。他們都沒考上屏東中學，所以才到潮中。他們聽說張彬考上雄中，卻沒想到在這裡遇見他。

「聽說你考上雄中了，這世界這麼大，你躲到這鳥地方來做甚麼？」劉家齊問張彬，張彬不知該怎麼回答，只說，「這世界這麼大，甚麼不好說，還來談這個，別問了。」他們從此沒談過這個話題。

但就像爸爸冤死的祕密一樣，張彬從來不說，但小道消息總會像綿綿春雨一樣，悄悄地滲透進這花花世界的每一吋泥土裡，旁人總是會知道的。

張彬上了高中，弟弟妹妹也轉到光華國小就讀。張彪讀五年級，張焱讀四年級，張鑫讀一年級。張彤不到入學的年紀，五歲半了，單獨在家會亂跑也叫人不放心，於是跟著二姐張焱上學。

能夠這樣「姊姊帶弟弟」上學的狀況，還是潮州中學教務主任的太太和明藝老師幫的忙，她在在光華國小教書，又是二哥張彪的導師，就跟光華國小的校長說個情，張彤五歲半了，讓他去一年級旁聽好了。

不過張彤年紀實在太小，自己一個人進教室就哭，校長覺得不是辦法，又體念到張彤的媽媽要上課養小孩，後來一段時間，校方特准張焱除了國語、數學等正課一定要來，其他體育、童軍等副科可以不上。

第二年，張彤也正式入學了，開學的第一天，媽媽讓二哥張彪把弟弟帶去學校。中午大家都回到宿舍吃午飯，小弟弟張彤在家裡哭著，不肯回學校。

媽媽告訴張彬：「你表現一下當大哥的本領吧！」於是吃過中飯，張彬把張彤放上飛利浦腳踏車的後座，推著他走過潮州中學的圍牆，穿越一條短短的小巷就進入隔壁的光華國小。

路上，做大哥的張彬跟小弟弟張彤說：「念書很重要，大家都應該去學校讀書。」大哥一邊講著，一邊想，「這話應該是說給我自己聽的吧？我也很討厭學校啊！我根本就不想去上學啊！」張彬這話說服不了自己，但張彤卻認真聽進去了，他此後從不逃學，而且還是認真上課的好學生。

到了學校，張彬跟級任女老師說：「我弟弟在班上年紀比較小，可能有些不適應的地方，麻煩妳多照顧他。」老師認真聽著，答應了。張彬記得那位女老師長得清純可愛，年紀也大他沒幾歲。這個差事並不討厭，看到漂亮女生，同時也有完成長子責任的榮譽感。

◆

到潮州以後，媽媽精神上覺得比較輕鬆愉快。劉校長對待王培五和對待其他老師一樣尊敬。不過因為是「匪妻」的關係，王培五不能擔任級任老師，所以不能每天早上教導學生讀總統訓示。

人事單位裡有一位姓陳的辦事員，也是山東人，對於學校裡面教職員的「思想安全」把得很嚴，對於同樣是山東人的王老師，不但沒有特別的同情，還特別盯住王培五，讓她不能有接近學生的機會，老是提醒她「有案在身」。

王培五對別人的惡意並沒有表現出反抗，她接受學校的任何安排。她不想讓孩子們對於這位陳姓辦事員表現出反感和厭惡，雖然這位陳先生在校園裡看到張彬就給一個衛生眼。但情緒反應只會給一家人帶來麻煩，況且，成長中的孩子也不應有這樣仇恨的心理，這是不健康的。

學校裡另外還有一位山東人，和姓陳的比起來，這位山東老鄉可愛多了，他姓楚，之前在煙台聯中兼管財務，煙台和濟南等幾個聯中被整併為澎防部子弟學校後，很多教職員都失去了工作，楚老師也是其中之一。他找了機會跑到台灣，在屏東擺攤賣山東饅頭，後來謀得潮中的教職。

楚老師是個有街頭智慧的生存者，他和人事室的陳先生關係打得不錯，同時也對前校長的家眷表現得很友善。

他每一星期都會到張家坐坐，問問張彬有沒有需要他出力的地方。他有時候扮演一種潤滑劑的角色，減緩人事先生對王老師一家的嚴厲。

這些永無休止的糾纏，讓王培五體認到一件事情，那就是她的小孩在台灣生活是沒前途的，她想移民到美國去。於是她寫了一封信給美國駐台大使館，希望有機會移民到美國，結果很失望地發現，美國每年准許華裔移民的配額只有一〇五個名額。

雖然很多人勸她別傻了，等待移民批准，將會耗掉漫長的歲月，或許一輩子都等不到。但是王培五還是要試一試，她送了申請文件，並且祈求上帝的幫忙，希望大海另一邊的美國官員，會讓她的孩子離開台灣，到美國這個新天地去。

王培五寫信時是一九五一年，距離美國在一九四三年以《馬格努森法案》（Magnuson Act，又稱排華法案廢除案）有限度開放華人移民，還不到十年。原本一八八二年制訂的《排華法案》（Chinese Exclusion Act，美國歷史上唯一針對某一族裔社群的移民排斥法案）禁止華人移民美國。

《排華法案》的遠因是因為一八四八年持續到一八五五年美國西部加州的淘金熱，吸引許多華人湧入美國。然而隨著金子逐漸被淘空，淘金越來越困難，排華的情緒開始蔓延。

一八六四年到一八六九年，美國建造「太平洋鐵路」（Pacific Railroad），完成橫跨東西兩岸的鐵路運輸，大約一萬兩千多位華工參與鐵路建設，尤其是穿越內華達山脈（Sierra Nevada）最為險峻的路段。鐵路完工之後，失業的華工轉進城市，威脅到城市白人勞工的工作機會，新一波排華浪潮再起。

《排華法案》一直到一九六五年，因為《入境移民與國籍服務法案》（Immigration and Nationality Services Act）通過才真的廢止。政治面的背景是因為愛爾蘭裔的約翰甘迺迪（John F. Kennedy）當選總統後，愛爾蘭裔要求開放移民配額。社會面的原因，則是包括一九六〇年代強調愛與和平，反對族群之間的歧視和排斥；另外還有一個很大的原因，就是美國和蘇聯的軍備競爭，使得美國需要大量的「聰明的頭腦」，所以對於學者專家相當歡迎。

不過，王培五申請當時還只是一九五一年，距離美國大規模地開放華人移民，還早了十四年，被拒絕也是必然。

王培五的美國夢，在當時看起來幾乎是「不可能的任務」，很多人告訴她「事不可為」，但她從來沒有放棄，甚至還向她的學生宣揚。

吳振和是潮州中學畢業生，美國「ＬＥＤ大王」，他創辦的光林電子，佔有北美ＬＥＤ路燈、交通號誌極大的市場，二〇一二年併入光寶科技集團。

吳振和是農家子弟，從小就要和爸爸一起下田，爸爸說：「種田很辛苦，你去考師專，將來可以當老師。」老師是農村裡面最高尚穩當的行業，但是吳振和鼓起勇氣跟爸爸說，「不，我要念高中，上大學！」

吳振和為什麼會有這個想法呢？在國史館編纂的《戰後台灣出類拔萃人物口述歷史訪談錄》裡面，吳振和是這麼說的：「記得唸初二時，教我們英語的王培五老師，有一次在課堂上跟我們說，你們要認真唸書，以後可以去唸大學，唸完大學就可以去美國留學，這在當時對我們來說完全就是一個夢。」一個鄉下農村小孩的天空從此被打開，他開始嚮往一個新世界，他的夢跟老師一樣遙遠但是美麗動人，「到美國念書要多少錢啊？我們根本沒有辦法負擔那筆費用。但是王老師講的那些話，我卻印象深刻，一直都記得。」

吳振和高中畢業考上台大電機系，一九六五年拿到豐厚的獎學金去美國念書，還有餘力把錢寄回台灣，《台灣新聞報》特別報導：農家子弟揚名新大陸！

近半世紀後在吳家豪宅，吳振和說，「如果沒有遇到王老師，有可能我就去教書教一輩子了。」三月的舊金山，春寒料峭，屋外一片漆黑，吳家客廳的水晶燈映在窗玻璃上，閃閃發光。

◆

張彬住在潮中教職員宿舍區，回家不過兩分鐘，這實在太悶了。每天放學，他都陪著在至公中學認識的死黨，走路到潮州火車站，死黨們要坐半個小時的火車才能回到屏東市區。

每天放學等死黨們上了火車，張彬才慢慢踱回家，看看籃球場上有沒有人在，只要有人在，不管是誰，他們就玩起來。漸漸地，張彬的球技越來越好，他被選入屏東地區的籃球代表隊，也在籃球場交上了幾個情誼終身的狐群狗黨。

學校的課程越來越無聊，都是一堆洗腦的課程。當時整個氣氛是很壓抑的，不鼓勵學生思考與行動，連常常問問題的學生，也被視為麻煩人物。每天早上七點半到八點，班導師帶領學生讀蔣公訓詞。至於蔣公訓詞究竟是誰寫的，還真是個大問號，但肯定不是出自蔣介石本人之手。

這是鞏固領導的方法之一，把領袖偉人化，神格化。全國的高中每年還要舉辦蔣公訓詞比賽，得獎的同學就會被學校表揚為模範學生。張彬得到屏東地區的冠軍，這讓人事室那位姓陳的辦事員很不高興，但卻讓張彬很痛快，他心裡暗暗地想：「就算要視我為下水道的老鼠，你也必須知道，我是最厲害的那一隻。」

只不過這種痛快也維持不了多久。張彬班上教歷史的是一位姓胡的老師，這胡老師就是有本事讓學生在課堂上呼呼大睡。有一天，胡老師講到夏朝的大禹治水，這是西元前二千三百年的事，距離現在四、五千年了，這段歷史原本就是神話傳說的性質非常濃厚。

課本說因為黃河氾濫，大禹在現今的三峽巫山一帶治水，在這十三年的治水時間，大禹「三過家門而不入」。

張彬覺得這太誇張了，違反人性，於是舉手發問了。

「老師，大禹家是不是有甚麼問題啊？哪有人十三年間三過家門而不入的？」

「因為他是個偉人，偉人總是犧牲小我完成大我的。」胡老師說。

「但我認為可能有別的原因。」小我與大我的問題，已經困擾張彬好幾年了。

「甚麼情況，說來聽聽。」

「我想是大禹的老婆太醜了。」張彬說得理直氣壯。

胡老師愣住了，張彬的死黨們爆笑，其他同學則是聰明地保持面無表情。胡老師的嘴唇微微地顫抖，氣得說不出話來，於是直奔訓導處，要求開除這個忤逆的學生。

訓導處的何主任是個滿州人，他到教室把張彬帶出來。

「張彬，你今天的行為太不可取了。你太不尊敬老師了。」張彬覺得何主任是講給他自己聽的，這個滿洲人對漢文化那套迂腐，應該也不欣賞吧！

「是的，老師。」張彬立正站好，這是當學生跟師長講話時，都會被要求的姿勢。

「你為什麼要這樣做？」

「報告老師，就是一時衝動。」

「你必須學習克制自己的衝動。」

「報告老師，我知道。」

「你回班上去，按照校規我要召開導師會議決定怎麼處置你。」何主任說道。

走出何主任的辦公室，張彬知道這下麻煩大了。如果他被潮州中學開除了，其它學校不會收留他的。他完蛋了。他躲在訓導處外面偷聽。

大力主張開除的是人事室的陳先生，「這個學生一定要開除，學校不能容忍這種學生。」有些導師附和這個意見。

「這個學生根本就是個壞蛋，他在街上看到我不鞠躬的，一點都不尊敬老師。」說話的是個矮個子的老師。

張彬覺得很冤，他看到任何老師都鞠躬的，但這老師從來不正眼看他一下。張彬在高中時，身高已經超過一百七十公分，他統計結果認為，個子矮的老師對他都很有敵意，總是找他麻煩。

「我不覺得張彬是個壞學生，他就是想像力豐富，精力也太旺盛了點，我們只要導正他的行為就可以了。」何主任幫張彬說話。

教務處的艾主任也幫張彬說話，「這孩子的媽媽也是我們學校的老師，我們應該對這孩子寬大一些，如果他需要被導正，那我們就教導他。」艾主任是滿清皇室的後裔，個子高大張彬覺得，比起漢人，滿人好像心胸比較寬大些。

「張彬考高雄中學成績很好，我想他是不願留在潮州，我給雄中校長打個電話，把他送回去好了。」最後，劉校長決定了。校務會議並且決定給張彬記兩個大過。

劉校長找張彬的媽媽王培五老師商量，要把孩子送到高雄。王老師懇求校長讓張彬留在潮中，她保證一定會注意張彬的言行。校長妥協了。

張彬回到家，媽媽只是要他從今以後要小心，沒有責備兒子。她很了解兒子的心性，她也知道為什麼兒子會對歷史上的偉人出言不遜。

張彬就是對犧牲小我完成大我這樣的所謂聖人教條，感到非常厭惡。他的爸爸張敏之不就是這樣嗎？永遠把學生的事情擺在前頭，結果呢？結果是置他的小我，他的家人，於痛苦的深淵。

·◆·

這事情發生後，張彬出名了，他成了學校同學矚目的焦點。張彬心裡是得意的，他知道年輕學生大家都想要自由，只是沒膽子。現在有一個人敢於打破現狀，他覺得同學們是羨慕又崇拜他的。

學校裡面有些老師對張彬也頗為同情，訓導處一位老師常給張彬一些戴罪立功的機會。每當十月十日的國慶日、二十五日的光復節、三十一日的蔣公誕辰等重大節日，他就要張彬去學校附近街上貼標語，像是「三民主義萬歲」、「蔣總統萬歲」等等。每次他貼完標語，老師就給他記一次小功，三個小功可折抵一個大過。籃球比賽贏了也可以記大功。所以總結下來，張彬從潮州中學畢業時，功竟然還大於過，如果以訓導處的成績來看，他算是個模範好學生吧！

出於一種當家男人的責任感，以及家遭變故的不安全感，張彬養成了偵查的習慣。他必須瞭解環境來判斷安全與否，尤其他本來就是一個敏感的孩子。

住在學校的教職員宿舍，他比別人有更多的機會和時間，來窺探校園裡面的活動，他發現每個禮拜一放學後，人事室的陳姓職員都會主持一場會議，參加者包括學生，也包括老師。

他們通常先研讀蔣介石的訓示，輪流報告心得，然後開始交換情報，陳要求學生注意校園裡有沒有反政府的活動或傳言，張彬和死黨的名字被提起好幾次，不過並沒有人提出不利於他們的報告。

張彬學會躲在牆壁外面偷聽，他注意到他班上好幾個同學也參加聚會。雖然不喜歡這些同學，但是他開始對這些同學保持友善的往來，他覺得自己必須更加小心。他是一隻老鼠，同學們是陳派出來抓老鼠的爪牙，他要搞定這些爪牙才行。

■1951年，王培五到潮州中學任教。人事室有位職員老是提醒她「有案在身」，生活中又常常有「抓耙仔」出沒，王培五感到鬱悶，想帶著孩子移民美國，她寫了信給美國大使館，希望美國人可以同情她的處境，給她自由呼吸的新天地。她對「美國夢」追求的熱情，也影響了她的學生，嚮往更廣闊的天地。

■被稱為美國LED大王的光林電子創辦人吳振和，他是王培五在潮中的學生。王老師鼓勵學生唸大學、去美國留學，給農村小孩描繪了一個遙遠又美麗的夢想，「老師講的那些話，我印象深刻，一直都記得。」吳振和鼓起勇氣告訴爸爸，他不要念師專當老師，他要讀大學。吳振和後來考上台大電機系，還到美國拿了博士，他創辦的光林電子，是美加地區LED領域數一數二的大公司。(高丹華2014年攝)。

16 尋覓能停靠的港灣

家裡出事以後她就沒有快樂過，她也沒有想到自己是不快樂的，
當命運來時她就咬牙接受了，她不知道她可以是快樂的。

大姊張磊離家北上後，家事的重擔落在小學四年級的二姊張焱身上，和明藝老師印象中，總是看到這個小姊姊，蹲在抽水幫浦旁邊洗衣服、洗碗。張鑫記得，每天吃過晚飯，「二姊每次剛把功課拿出來就打瞌睡，她累了。」

張焱在六個兄弟姊妹中，扮演了一個非常特殊的角色，一歲到七歲這段時間，張焱和爺爺奶奶住在煙台老家，過得像公主一般的日子，連穿衣服扣釦子都是奶奶服侍。七歲以後回到爸媽兄弟姊妹身邊，張焱老覺得有距離，可是幾次或大或小的災難，都是她拉了大家一把。

就像在萬丹那次龍捲風，要不是她喊大哥出來看天空異象，大哥已經被龍捲風捲

走了；還有一次她一早起來看見床上有一尾百步蛇，慌忙喊大家起床。她是媽媽在南台灣艱苦歲月中，陪伴媽媽最久的小幫手，從小學四年級大姊北上後開始接掌家事，一直到高中畢業負笈台北唸書。離家前夕，媽媽跟張焱說：「我失去了一個最得力的助手。」

張家六個兄弟姊妹，張磊、張彬對爸爸的印象都是忙碌嚴肅，在家不苟言笑，父子、父女之間沒有親暱玩笑的記憶，而張彪、張鑫和張彤，對爸爸幾乎沒有印象。然而張焱對爸爸的印象，卻是非常溫暖深刻，「我好像跟我的父親比較親近，我哭鬧時都是他抱著。但是他要去上班，不常在家。我到了台灣，父親就遇難了，也不可能抱我了，所以我就很不愉快。」

◆

張彪和張鑫在潮州的日子，過得和哥哥姊姊不同，他們很享受四周的自然田野。張彪有時帶著張鑫、張彤去抓青蛙，青蛙跳起來，張鑫用裙子一撈，青蛙就跑不掉了。不過，很奇怪的，像這樣一起玩耍的次數很少，兄弟姊妹雖多，卻幾乎是各玩各的。

「潮州有個原始森林，我經常一個人進去。森林面積不大，但是外面像這樣的大樹沒有幾棵。進去以後，裡面長的東西跟外面完全是不一樣的，都是顏色很鮮豔、很鮮豔的東西。」張彪說的原始森林，就是現在的八大森林遊樂園，在一九八〇年代被開發為遊樂區，也是現在屏東一帶舉辦婚宴的熱門場地。

張彪回憶，「那時候還很小，不敢常進去，進去看一看就要原路出來。有人告訴我裡面有野獸，但是我沒有碰到過，只碰到過很漂亮的鳥，像鸚鵡一樣很多顏色的鳥，裡面的花也是長得非常鮮豔。」

小妹妹張鑫對這個森林也是印象深刻，「原始森林裡頭真是原始，樹好高唷！各式各樣的植物，我自己一個人進去，進去以後就東張西望。森林的面積很大，有時還真的需要一段時間才走得出來，但是我不怕，也不覺得有害怕的印象。」

張鑫從小就是個情緒平靜，沒有特別高低起伏的人。在她二十五歲時，一個初到紐約的年輕女生，誤闖治安不好的哈林區（District of Harlem），也是下定決心就獨自一人穿越了。

在潮州中學旁邊有一條小溪，就是現在潮州鎮的民治溪。張彪小時候很愛玩水，這條溪源遠流長，上游可追溯至大武山下來義鄉的二峰圳，這是日治時代工程師鳥居信平設計的地下水集水廊道。

大潮州地區地下水源非常豐沛，張彪記得小時候在潮州，甚至往地下插個管子，地下水就噴湧而出。一九五〇年代的民治溪，溪水從大武山源源流出，冷冽純淨，溪水還被引導至附近農田灌溉。

農人引進溪水到田裡，然後搭一個簡單的攔水壩，壩體是用竹子搭的架子，架子裡面塞甘蔗葉、香蕉葉，把水堵起來，就有了一個天然的池塘，張彪就在裡面游泳，「要去游泳時，就是慢慢游，游到對面，腳都不站起來的，因為站起來也不曉得底下是什麼東西。游的時候是沒有速度的，累了就翻過來，翻過來休息一下。」

張彪常常一個人去游泳，現代的爸媽鐵定是要大驚小怪的，或許天佑遺孤，張彪這樣玩了好幾年，也沒遇過什麼抽筋、嗆水等驚險的事情。

張鑫最喜歡放學時路邊的水溝，「水溝旁邊有很多青蛙，水溝裡也有魚，有時候回家的路上，就在那裡釣起青蛙或釣魚。我自己做了一些釣具，拿個樹枝，上頭拿一根草，拿隻蚯蚓綁在上頭，這樣把樹枝動啊動啊，青蛙一下就咬住，這時動作要很快，馬上一個抓起來，就這個裙子一蓋，它跑不掉了。釣魚也是一樣，不用魚鉤的，一咬，馬上拉起來。」

潮州的田野生活對張鑫和張彪的影響深刻，張鑫長大以後的消遣娛樂還是喜歡到戶外去爬山、露營、海邊釣魚，但是她的先生在台南市區長大，對這些髒兮兮的活動敬謝不敏，是個晚上沒熱水洗澡就沒辦法睡覺的人。

張彪退休以後，住在美國拉斯維加斯一個環境很好的退休社區，庭院裡常會有野兔和蛇的到訪，他的朋友看到蛇就大呼小叫，好像天大的事，他看到蛇卻一定是讓路的，也不打死蛇，他說，「蛇是個好東西，沒有蛇的話，到處都是老鼠。」他喜歡親近大自然，年輕時一度還想和老婆養雞養鴨過日子。

張彪和妹妹張鑫的生活樂趣，很受潮州田野生活的影響，但其他兄弟姊妹就沒有這些喜好。或許是他們兄妹兩個天性中的基因符碼，讓他們喜歡親近大自然。所以，究竟是環境塑造人，還是人的天性中有強力無可轉換的本質，還真的是雞生蛋、蛋生雞的謎團。

在兄弟姊妹中，這兩人和周遭不同語言族群的融合程度也最大，閩南語說得很流利，幾乎沒有腔調。張鑫有一陣子甚至能講一些客語。後來張鑫在台大醫院實習，用閩南語、客語和病人溝通順暢，她不講，沒人知道她原來是個「外省囝仔」。

◆

媽媽單靠一份薪水，要養六個小孩並不容易，所以她在課餘時也兼家教，或者到軍營上課，張鑫記得，「那時潮州有一個軍營，媽媽去幫他們補習英文，但也不曉得為什麼他們要學英文就是了。他們派車子來接媽媽去，我記得那個軍營有時候還開同樂晚會，張彤跟我都被請去表演。」

相較於姊姊張鑫的安靜內向，張彤從小就是個願意站在眾人面前的小孩，張鑫說，「張彤小時候聲音就很宏亮，很喜歡唱歌，有一他次特別緊張，快輪到他了，他去廁所去了五、六次，哈哈，其實他唱得很好，但他就是愛緊張。」

小張彤要唱什麼勞軍呢？《哥哥爸爸真偉大》？還是《兩隻老虎》？「不，他都唱一些像《滿江紅》那種比較熱情的，在軍隊裡頭唱愛國歌曲就是，不是現在的流行歌曲。他唱歌到臉紅脖子粗，非常努力在唱。」那麼小姊姊張鑫唱什麼呢？「我到底唱什麼，我都不記得了，可能我只是去觀賞的吧！」

張鑫和張彤因為年齡相近，在六個兄弟姊妹中自成一組玩樂的同伴，一起玩樂的還有宿舍區其他老師的孩子毛弟、毛毛，還有毛球。他們玩伴家家酒，張彤就會給大家分派工作，誰回家拿一個桶子，誰去壓水幫浦弄一點水等等，「張彤好像從小就有組織領導的天份。」張鑫下了這樣的結論。

後來爸爸張敏之的的冤案，在二〇〇〇年獲得平反，都是張彤四處奔波聯繫、寫書、辦紀念會的結果。二〇一〇年，內政部在澎湖海邊立了一個紀念碑，永誌一九四九年山東流亡師生的悲劇。

王培五老師家的小孩，除了張彬比較有個性之外，另外幾個小孩都乖巧懂事，看在其他教職員眼裡，雖然「政治正確」的會保持一點距離，但是出於對於王老師這樣一個女人家單身奮鬥的佩服，也出於對張鑫、張彤這麼小就沒有爸爸的同情，總是會有人願意付出溫情。

張鑫記得，「學校裡有一個護士，其實她是本省人，對我們很好。每次我們小學要去旅遊，像是要去三地門，她都一早就來，給我們帶了一顆大蘋果！那時候蘋果很貴也不容易買到的。或者拿來幾顆糖，我們就帶著去旅行，覺得好高興喔！她就是這麼一個好人，每次媽媽有什麼事情，她都會來幫忙一下。過年過節，也都會帶一些東西來給我們吃，叫我們解饞一下。」

還有一位門房老吳，他是山東籍的退役軍人，他常跟王老師說：「王老師，您太辛苦了，若需要錢，先從我這裡拿，慢慢還我就是了。」

◆

一九五二年的某一天，在台北讀護校二年級的大姊張磊突然回家。原來張磊生病了，她得了肺結核，只好休學回家。

張磊一直都是個好女兒，好姊姊，她悶不吭聲，媽媽叫她去唸職業學校，她就乖乖地去了。但她心裡一直都不平靜，她夠大了，大到可以感受家裡的悲劇，爸爸的冤死，媽媽的辛苦，做為家中六個孩子的老大，她選擇學習像媽媽一樣，默默忍受等待苦日子過去。可是在她年輕的心裡，藏了太多委屈和憤怒，這些都侵蝕著她身心的健康。

在台北唸書時住在宿舍，一個大房間上下鋪住了十幾個學生，一位同樣是從屏東來的外省女孩陶國華，注意到了總是悶悶不樂的張磊。就說：「唉呀，張磊，禮拜天和我去教會吧！」

張磊不是很想去，但不去教會又能去哪裡呢？她沒地方可去啊。所以就跟著到了

YMCA（台灣基督教青年協會）。剛開始張磊心裡是很排斥的，雖然在家裡媽媽一直是信靠神的，但是張磊認為：「如果真的有神，祂為什麼讓這樣不公義的事情發生在我們家？」

陶國華有個阿姨住在台北，週末放假時，就去阿姨家吃飯，回來時總不忘給張磊帶點好吃的。張磊放假也不是真的沒地方可去，之前寄宿的伯伯家裡，也邀請張磊週末休息就過去吃飯，張磊去了幾次，但總覺得是客氣有距離的。

陶國華這樣同齡女孩自然的熱情，讓張磊感覺到溫暖，她漸漸地打開心扉。一天，張磊來到教會，那是一次大型的佈道會，主題是關於十字架上的救贖。張磊坐在下面，聽著聽著，淚流滿面。她想：「我一直是個好女孩啊！我很孝順母親，也一直是個好學生，長輩都說我是個好孩子，可是，為什麼我這麼辛苦？在教會大家講，人人都犯了罪，我們虧欠了神的榮耀，那，我是一個罪人嗎？」

張磊想起小時候犯的一些過錯，原來人的一生裡，點點滴滴有這麼多對不起人，對不起神的事情。張磊哭了，在那一天，她接受了基督，她流淚滿面地承認，的確我這人是有罪的，我願意接受主耶穌做我的主。很奇妙地，張磊接受了主受洗以後，就像聖經裡說的，是一個新生的人了。

張磊的生活開始重新有了喜樂，家裡出事以後她就沒有快樂過，她也沒有想到自己是不快樂的，當命運來時她就咬牙接受了，她以為生活就是這樣的，就是要受苦的，她不知道她可以是快樂的。她說：「信了主以後，我覺得上帝也很恩待我。因為我信了宗教，就我信好這個神，很多的事情我都覺得，我交付給祂，我比較平安。」

■在大哥大姊的印象中，爸爸總是嚴肅而忙碌，父子間少有親暱的時刻，但是二女兒張焱(左圖)記憶中的爸爸是溫暖親近的，「我哭鬧的時候都是爸爸抱著我。」張焱從小和爺爺奶奶住在一起，七歲才回到爸媽家。在潮州一次遇到龍捲風、一次發現百步蛇跑到被窩裡，都是張焱及早警覺，救了大家。（李國壽2014年攝於美國）。

么女張鑫(右圖)，長得最像爸爸張敏之。她的童年完全在潮州鄉下渡過，撿蝸牛抓青蛙，從小就跟大自然很親近。張鑫數學成績很好，唸台南女中時最大的娛樂，就是半夜伴著蟲聲唧唧解數學習題。她後來考上台大醫學系，在美國執業小兒科醫生，顧客中有好萊塢的大明星。（高丹華2014年攝於美國）。

17 一條命五千圓

媽媽在客廳哭了。五千元，張敏之的命就值這麼不清不楚的五千元！連一句「抱歉」、「遺憾」都沒有。

其實最讓張磊過不去的，就是爸爸的冤案。有一段時間張磊幾乎每天晚自習的時間都偷偷溜出去，找山東籍的長輩討論要怎麼翻案，「開始的時候，很恨，心裡覺得這個世界沒有公理，沒有真理，非常的恨，都想怎麼樣能夠復仇，為我爸爸能夠洗盡冤屈，我就是那個氣出不來，因為從小看到爸爸是這樣照顧學生，怎麼會有這樣的冤屈？很想自殺，讓我死都可以，讓我吃大便也可以，讓我幹什麼都可以！」

從一九五二年開始，一直到一九五四年六月十一日台灣省保安司令部軍事合議庭判決三十九師政治部祕書陳福生無罪為止，這兩年是澎湖案平反的高峰期，層級直到老蔣，不過最後還是功虧一簣。

張磊一九五〇年九月到台北唸書，九月一日，三十九師代師長韓鳳儀真除師長，情勢並不站在張家這一邊。

了解這一段耗時多年的平反過程，就能理解為什麼一九五四年陳誠選副總統之前，派人送了五千圓到潮州張敏之的遺孀家。

一九四九年十二月，張敏之師生等七人被槍決之前，本來還有一線生機。當時包括煙台聯中總校長張敏之、二分校校長鄒鑑、三分校校長徐承烈、濟南第一聯中總校長劉澤民、濟南第四聯中總校長弓英德等教職員多人都在獄中，這其中張、鄒二人被保安司令部定調為叛亂案，山東省議長兼國民黨山東省黨部主委裴鳴宇要求復審，並請兩位山東籍立法委員出席軍事法庭。

這次的開庭訂在十二月十日，星期六，原本是要給張等人翻案，可惜兩位立委因故沒有出席，軍事法庭以沒有新事證為由取消開庭。第二天，十二月十一號，星期天，就把張敏之等七人槍斃了。

人死了之後，這件事情沉寂了一陣子。同案一百多人，有的在內湖新生隊（原址為今台北市內湖國小）羈押，有的轉送火燒島（綠島）。

王培五在潮州中學教書時，隔臨光華國小一位姓董的音樂老師，她的先生也被關在火燒島監獄，根據光華國小老師和明藝的記憶：「別人也不敢和她接觸。」由此可對照得知王培五當時的處境。

澎湖案到了一九五二年突然又喧騰起來，起因是國大代表談明華。談明華是江蘇吳錫人，抗戰時在青島設電台給遊擊隊報訊，被日軍抓走後關在青島李村監獄，根據周紹賢在《澎湖冤案始末》所述，談明華是「剛氣凜冽」之人。

抗戰結束後，談明華和周紹賢同為青島市議員，又當選青島市國大代表，對張敏之並不陌生。

周紹賢一九四九年十一月因張敏之案被抓，一九五〇年十二月獲釋，出來後落魄街頭，甚至夜宿台北車站板凳，偶爾有俠義好友收容，沒兩日員警就來盤查，周四顧茫然、走投無路。

這時周紹賢異想天開，竟然還寫信給羈押他的新生隊總隊長姚盛齊，請他再收留入獄。所幸後來台南縣北門中學聘他教國文，生活才逐漸安定。

周紹賢因為自己的際遇，對於山東師生的際遇相當義憤，出來後常在山東大老之間走動，懇請救人。他到碧潭芊蓁路拜訪國大代表談明華，詳述澎湖冤案經過。

談明華到「革命實踐研究院」受訓的時候，蔣介石給每一個人五分鐘的談話時間，談明華利用這個機會報告了澎湖案，蔣指示上個書面報告。談明華上書表示，張、鄒一案「……魯青同人，至今耿耿……」，駁斥保安司令部所謂的張、鄒是共產黨員，並且吸收同案劉永祥、王光耀等幾個學生入黨的說法。

保安司令部的判決書（一九四九年十一月十四日）關於張敏之有罪的部分有兩個重

點：

一、張敏之在一九四六年冬天在青島透過共產黨員周英、劉次蕭等介紹加入共產黨。

二、一九四七年秋天，升任共產黨膠東區執行委員。

談明華的書面報告（一九五二年六月二十四日）則反駁：

一、張敏之擔任山東臨時第一中學在安徽臨泉縣的長官店，一直到一九四七年底才回到青島。

二、共產黨組織向無「膠東區」、「執行委員」之名稱。根據一九五二年七月三十日內政部調查局提供總統府，統一出版社一九四七年九月出版的奮鬥叢書第四十二種《共匪膠東黨政軍現況》，組織及人員部分，並無張敏之、鄒鑑等人。

談明華並且指出，「韓鳳儀之師，有官無兵，亟待補充，竟強迫十六歲以下之學生當兵，演成流血慘劇。張、鄒等為息事寧人，力主履行當日會同決定之辦法（十七歲以上者，受軍訓完成高中學業，十六歲以下者另立學校。），示信於青年，致遭韓等忌恨，加以該師幹部，多係行伍出身，訓練學生慣施打罵教育，更惹全體師生之反感，張、鄒等為防止肇起事端，有時提出善意勸告，更遭韓等之仇視，遂致韓等不擇手段，竟誣陷張、鄒等，置之於死。」

談明華上書第二天，蔣介石親批：「……派張參軍家銓辦理」，張、鄒案之平反出現曙光。

一九五二年九月二十九日，張家銓中將交給參軍長（參軍長是總統的軍政幕僚長，上將職。一九九六年在李登輝總統任內廢除。）桂永清一份報告，報告裡面包含訪談山東省前主席秦德純、山東省議長裴鳴宇、立委崔唯吾（一九五一年補為立委）、立委牟尚齊、國大代表張敬塘等多人，並附上內政部調查局資料、中央改造委員會資料、以及前教育部長朱家驊、前上海市黨部主委方治、前青島市長李先良等證明總共有二十六份附件。並且附上李振清的說詞，這時李振清已是陸軍副總司令。

張家銓的調查報告裡面，有他自己對這件案子的結論，他和李振清多次談話，又派員分訪多人，「咸認為冤枉」；他蒐集有關本案之資料，「亦多為有利張、鄒等之證明」。而為什麼會有這個冤案呢？

張家銓認為，山東到澎湖這批教職員，「……此時教職員多為過去大陸上隨便發言、語多牢騷，尤以張校長敏之、鄒校長鑑最甚，因此引起情報人員之注意…更因三十九師政治部秘書陳福生邀功心切，遂有本案之發生。」而本案發生之後，「對於張案，確曾採用刑訊。」

一九五二年十一月四日，桂永清交了一份報告給蔣介石，以張家銓的報告做基礎，指出：

第一部分：

甲、本案發生原因：

……

（三）接收該批入伍學生之三十九師，當時有官無兵，急待補充……校長張敏之、鄒鑑等人因維護學生，發言不慎，引起情報人員注意……更因三十九師政治部秘書陳福生邀功心切，遂有本案之發生。

乙、李（振清）副總司令對於本案之意見：

（一）張敏之、鄒鑑等人……語多牢騷，則屬事實；枉以匪諜，似乎冤枉；處以死刑，已屬過分。

（二）……陳福生……貪功好利，則可斷言。

（三）偵辦此案，確曾採用刑訊……此案由陳福生一手造成錯誤，衡之法理，陳應槍斃，方平人心。

（四）韓鳳儀受陳矇蔽，不明是非……前為本案所得之勛章，應予撤銷。張敏之、鄒鑑等家屬尚在台，應優予撫卹。

丙、蒐集資料及調查結果：

（一）分訪李副總司令振清等……就原判決書所列張敏之等犯罪事實，詳為詢問，並多方調查，咸認冤枉。

（二）並向中央改造委員會、保密局、內調局，及朱家驊……等處蒐集予本案有關之資料，暨證明書共計二十六件，其內容亦多屬有利於張敏之等之證明。

第二部分：

……依法，犯罪之自白（即自供）須調查與事實是否相符，始得採為判決基礎。本案除依據張等自供外，並未調查任何其他事項，即予判處死刑，依法實有未合。

第三部分：

……等證明檔，均足以証明該張敏之三十五年（一九四六）冬，尚在皖境任山東臨中校長，任內並未在青島。劉次蕭為本黨忠貞老同志，三十五年冬尚在南京任中央研究院文書主任。鄒鑑三十七年率學生撤抵上海時，曾應滬市黨部邀請，向各中校講述共匪暴行，並廣播對共匪之認識。核與原判所謂張敏之於三十五年冬，經劉次蕭介紹加入匪黨，暨鄒鑑為匪工作情形，完全相反。是此項新證據之發現，實足以影響原判決之基礎。

第四部分：

……本案係由三十八年十一月間，由台省保安司令部，報經前東南行政長官公署核准執行，魯青人士，知者稱冤。今既奉 鈞批查詢，如仍任其冤抑，似非所宜。但驟加平反，又多顧慮。謹斟酌擬辦二項如次：

（一）……交周總長（參謀總長周至柔）另派具有偵審能力之委員，（因現軍法局長，即本案原判台省保安司令部軍法處長）暫以秘密方式進行復審，如原判偵審各員，暨陳福生、韓鳳儀等，有故意枉法情事時，並應先行交保，或予以扣押。

（二）張劉等家屬，飭由政治部暫以另一方式，先行派員慰問。所有應否議撫，暨核閱本案各級主管、簽辦人員，有無責任等問題，均限兩月內，連同復審情形，一併詳為報核。

第五部分：

……擬辦二項，是否有當，敬乞 核示。謹呈 總統。

對桂永清來說，碰到這個大案子，真是一件頭大的事情，所以他很謹慎的說：「但驟加平反，又多顧慮。」這個顧慮主要是顧慮到批准死刑的前東南行政長官、時任行政院長的陳誠。難道要說，陳誠簽字殺錯人了嗎？如果要陳誠負責，要怎樣負責？辭官？還是以命償命？所以桂永清把球踢給參謀總長周至柔和總統：「敬乞 核示。謹呈 總統。」

周至柔和陳誠是保定陸軍軍官學校的同學，同為浙江人，在政壇上屬於陳誠的「土木系」（陳誠起家的「十一軍」是土，「十八師」是木，故戲稱土木系），桂永清讓他們自己人自己解決。

一九五三年一月二十一日，周至柔上了一份報告給蔣介石，摘錄大意如下：

一、從談明華、張家銓那裡一路上來的資料，已經請原來的審查機關，台灣省保安司令部核議。保安司令部遂提出一九四九年冬天緝獲的張敏之案共同被告的筆錄以及自白書。

二、保安司令部認為張敏之案不合復審規定。

三、但是既然那麼多山東人都喊冤，為顯示政府的大公，已經告訴保安司令部要復審。另外李振清說陳福生對張敏之等人刑訊取供，這件事情也要調查一下。

四、總統，你說這樣辦好不好？

張敏之案的平反，從這裡開始急轉直下。不過，一九五三年五月七日，二十位煙台聯中的學生還是聯名上書給參軍長桂永清，信一開頭就說：「強制著眼淚，撫摸著傷痕……希望參軍長為我們伸張正義，昭雪冤屈。」桂永清把這信轉給周至柔。

一九五三年五月十八日，保安司令部公文呈給周至柔說，「各方調查均未能積極證明陳福生對張敏之有非刑逼供……劉廷功等三人曾受陳福生刑訊確實，但陳已脫離軍職，是否移交司法究辦敬乞核示，本案無復審必要。」

這件平反案到此定調了，沒指望了，周至柔和桂永清先後同意「免復審」，但為了平息山東人的怒氣，陳福生還是得辦一下，有個交代。於是建議，陳福生「交由軍法嚴究」。

一九五四年七月二十四日，這時桂永清已升任參謀總長，他上了一個簽呈給總統府。總統府秘書長張群以及新任的參軍長孫立人都同意：「保安司令部兩次審判陳福生……無積極事證，所判諭知無罪之處，似可照准。」八月十二日，蔣介石親批：「如擬。」

澎湖冤案的平反，從一九五二年譚明華面報蔣介石開始，到一九五四年陳福生再判無罪，整整兩年的熱血沸騰，最終卻仍像澆了冰水的熱炭爐子，只剩下傷心的縷縷青煙。

◆

一九五四年五月十八日，一輛吉普車開到了潮州中學王培五老師宿舍門口，車上走下來的是國防部中將次長楊業孔，以及國大代表高登海，兩位都是山東人。

吉普車的到來，對張家來說是個可怕的記憶，張磊和張彬馬上想到了四年前爸爸在澎湖被帶走的那一幕。

因病在家休養的張磊，大叫著跑進屋內，喊著：「媽！媽！不好了，不好了，有軍人來了。」張磊驚惶地喊著，全身止不住地顫抖，自從目睹爸爸被帶走以後，張磊看到穿制服的軍警都會顫慄不已。

王培五鎮定地走出來，還能有甚麼事？再也沒有任何事可以撼動她了。數過丈夫身上的槍孔，經歷過流浪街頭的絕望，人生還可以怎麼樣？

「各位先生好啊！你們……是不是走錯門了？」遺孀講話的態度，聽不出是不是有嘲諷的味道。

「張太太，我們是特地來跟您致意的。」來客伸出手想和王培五握手緩和一下，她冷淡地沒有反應。

「為什麼呢？」

「我們能不能進去坐坐，再跟您說明。」

兩位客人進了客廳，後面跟著一位上校。張彬和張磊看著將軍肩上閃爍的星星，心裡充滿了恐懼。

「孩子們走開，讓我們大人說話。」姊弟倆聽了媽媽的話，躲到廚房去，張彬想，如果家裡再發生甚麼事，如果他們敢對媽媽不利，他一定會殺了他們。第一次，張彬覺得自己可以殺人。這世界不能欺人太甚。

他異常冷靜又極度緊繃地傾聽著大人們的對話，他覺得自己的命不算甚麼，生命對他也沒有意義，自己就是不堪的老鼠而已。但是，媽媽不一樣。他請求上帝幫助他，不要讓媽媽受到傷害，他聽到來客和媽媽的對話。

「張太太，我們是從國防部來的，陳誠將軍要我們來向您致意。陳將軍一定要我們來看看您，確定您們生活都好嗎？他很關心啊！」

「要怎麼說呢？不過謝謝您二位專程來一趟。」王培五說。

「將軍要我們帶這些錢來，五千圓。希望對您家人的生活有點幫助。」來客說著遞過一個信封袋。

「這錢我不能收。你們的心意，我收到了，謝謝！」

她不要陳誠的錢，她不解為什麼不能放了張敏之？為什麼要趕在從不行刑的星期天執行？為什麼那麼多山東賢達聯名救人都被糟蹋？為什麼江蘇籍的立委談明華，嘔心瀝血寫了調查報告給蔣介石，卻不能還張敏之一個清白？

太多個為什麼，讓王培五不願接受這樣的「安撫」。

「張太太，陳將軍一定要我親自將這些錢交給您。如果您不收下，他會說我辦事不力。請您務必收下，您體諒體諒我，我謝謝您了。」

二兒子張彪印象中，講話的將軍很溫和，態度看起來很低調。

「您能不能解釋一下，這是為什麼？給這錢是怎麼回事？」

「這我也不好說，將軍就是要我們轉達他的敬意，還有轉交這筆錢，請您收下。如果您有任何事情，要我們轉達將軍的，我很樂意去做這差事。」來客說完就站起來，對張敏之的遺孀王培五鞠了個躬。

「您可以把錢留在這裡。」王培五不為難來客，讓人回去好交差。

但是她要想想，「我過幾天再做決定。謝謝你們大老遠跑這一趟。」張彬在廚房全程盯著，心裡暗想，兔崽子好狗運，老子饒了你。

客人走後，媽媽在客廳哭了。五千圓，張敏之的命就值這麼不清不楚的五千圓！吉普車的到訪，很快就在潮中宿舍區引起一陣騷動，大家都來看看究竟甚麼事。人事室特別關心，登記有案的匪眷是不是出了甚麼亂子？

王培五發了一個電報給崔唯吾先生，崔先生回電說請王老師到台北來一趟，因為電報中很難解釋清楚。

原來，這錢和總統、副總統選舉有關。一九四八年選出的副總統李宗仁，一直沒到台灣，他在一九四九年十二月五日，離開廣州到美國，在那裡一住十六年，後來回大陸，直到去世。

所以到了一九五四年，面臨第二屆總統、副總統選舉的時候，副總統一職懸缺多年，蔣介石屬意愛將陳誠接任副總統，不過形式上仍必須通過國民大會這一關。

陳誠要當選沒問題，不過也不能在選票數字上太難看，山東籍以及東北籍（很多東北人都是來自山東）的代表，有人對澎湖事件株連多人憤怒已久。也有其他省籍的代表，對於一九四八年二月陳誠在東北兵敗如山倒的指揮早就不滿，要藉這次總統選舉給他好看。

陳誠知道要選得漂亮，必須低下頭來，尤其國民大會代表的組成比例是按照一九四八年在中國大陸各省市的人口數，山東省人口四千五百萬，僅次於四川省的四千七百萬，所以山東籍國代在國民大會中頗有份量。

談明華要求承辦張、周案的兇手、慰問被害人家屬、解除株連人之歧視（被監視）、准許被補充兵役之學生復學，並與秦德純、裴鳴宇、張敬塘、張志安等人提請在國民大會討論。陳誠於是邀請談等五人到他信義路官邸，陳誠希望代表們不要提案，恐怕影響美援。他答應這四項他會一一照辦，並且當場打電話給國防部，請國防部派員前往慰問張、鄒兩校長家屬。

就在這樣的背景之下，陳誠派人送了五千元到潮州給王培五。一九五四年五月二十日，蔣介石、陳誠當選中華民國第二任總統、副總統。

談明華提出的四項要求，慰問被害人家屬，以及解除株連人之歧視待遇，都有實現。嚴懲兇手，則是不了了之。至於被補充兵役的學生復學這件事，一九五五年四月十九日，包括濟南與煙台聯中的一群學生，為了要求恢復學籍，在台中火車站前靜坐抗議。四月二十八日，三十八名學生被捕入獄。

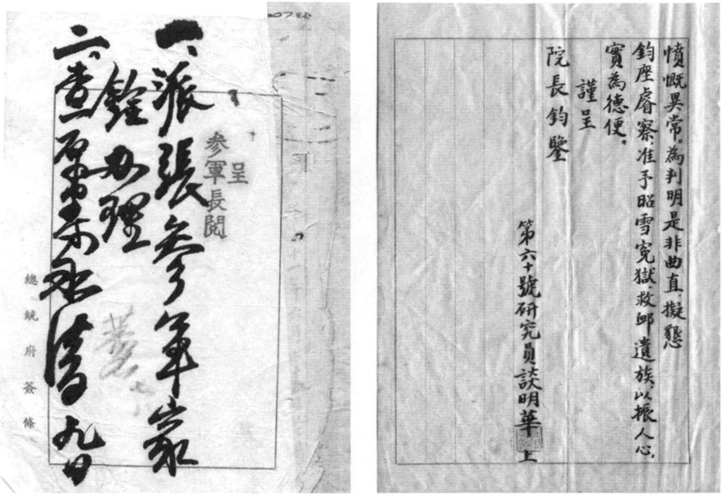

■談明華以國大代表的身分，進入「革命實踐研究院」，蔣介石個別接見受訓學員，每一個人都有五分鐘的時間。談明華利用這個機會報告了澎湖案，蔣指示談明華上書面報告。在談的報告上，蔣介石批了「……派張參軍家銓辦理」。

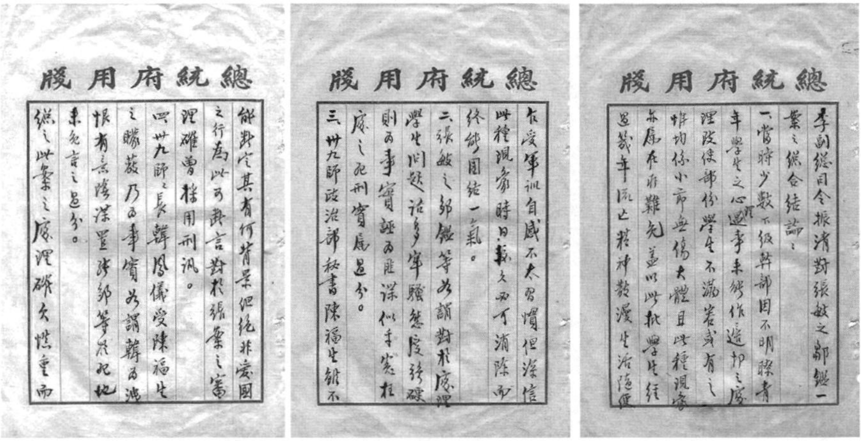

■1952年，在參軍長張家銓對張敏之等人冤案的報告書裡，已經升任陸軍副總司令的李振清認為：「張敏之、鄒鑑等人……語多牢騷，則屬事實；枉以匪諜，似乎冤枉；處以死刑，已屬過分。……陳福生……貪功好利……偵辦此案，確曾採用刑訊…此案由陳福生一手造成錯誤，衡之法理，陳應槍斃，方平人心。」

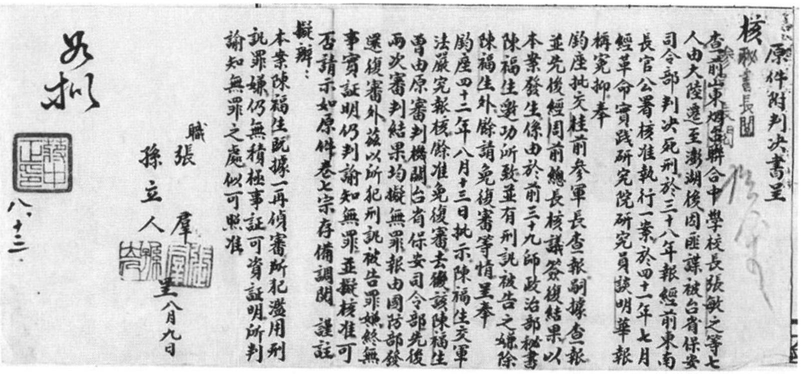
核
參 秘書長 閱
原件附判決書呈
查前山東煙台聯合中學校長張敏之等七人由大陸遷至澎湖後因匪諜被台省保安司令部判決死刑於三十八年報經前東南長官公署核准執行一案於四十一年七月經革命實踐研究院研究員談明華報稱冤抑奉
鈞座批交桂前參軍長查報嗣據查報並先後經周前總長核議簽復結果以本案發生係由於前三十九師政治部秘書陳福生邀功所致並有刑訊被告之嫌除陳福生外餘請免復審等情呈奉
鈞座四十二年八月十三日批示陳福生交軍法嚴究報核餘准免復審去後據該陳福生曾由原審判機關台省保安司令部先後兩次審判結果均擬無罪報由國防部發還復審外茲以所犯刑訊被告罪嫌終無事實証明仍判諭知無罪並擬核准可否請示如原件卷七宗存備調閱 謹註
擬辦：
本案陳福生既據一再偵審所犯濫用刑訊罪嫌仍無積極事証可資証明所判諭知無罪之處似可照准
職 張羣 孫立人 呈 八月九日
如擬
八.十三.

■平反案在周至柔和桂永清先後同意「免復審」後，為了平息山東人的怒氣，還是建議將陳福生交由「軍法嚴究」。1954年桂永清升任參謀總長，上了簽呈給總統府，秘書長張群以及新任參軍長孫立人都同意：「保安司令部兩次審判陳福生⋯ ⋯無積極事證，所判諭知無罪之處，似可照准。」8月13日，蔣介石親批：「如擬。」平反就此宣告終結無望。

總統府用牋
陳福生貪功牟利意非愛國以致有此結果衡之法理陳應於死方平人心而韓鳳儀受陳賄蔽亦應負其責也。
六、又陳福生於處理張敏之案之後偽造證件利用學生陳英權長梁鴻飛等二十餘人為匪諜於子經李副總司令親自審訊始發覺陳福

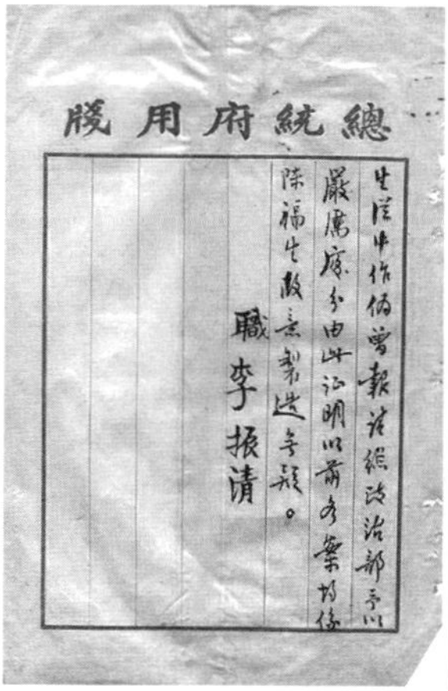
總統府用牋
生從中作偽曾報請組政治部予以嚴厲處分由此證明以前各案均係陳福生敲詐製造者殺。
職 李振清

18 被關在高塔裡的公主

童話故事裡被關在高塔的公主，盼望著王子早日來拯救她。張磊得了肺病被隔離在樓上的教室，她孤獨地讀著《聖經》，咀嚼神的每一句話……。

張磊如果是個溫婉順從的女孩，或許這一切就不過是命運的哀嘆而已，湖面上的一點點漣漪，瞬間消逝無踪。但張磊是有脾氣、有個性的，或許受到爸爸張敏之的遺傳，她和弟弟張彬都是性格強烈的類型。

如果繼續在青島過好日子，或許她的脾性會比較順暢，沒有壓抑地發展，但是上帝給她很多修剪的機會。

有一天晚自修，護校的全主任把張磊叫去，他說：「你到我辦公室一下。」張磊想：「我也沒有做錯什麼事，為什麼叫我去？但我什麼大難沒有見過，去就去。」

到了全主任辦公室，「妳先坐下來，我要講一件事，我希望妳能夠心裡先有點準備。」

張磊心想，「家破人亡的事都經歷過了，還怕甚麼嗎？」

於是她說，「你放心吧！全主任，你講好了。」

「妳知道嗎？這一次幾個檢查，發現妳有肺病。」

張磊看著主任，還沒反應過來。肺病，然後呢？

「妳知道嗎？有肺病就不能在這裡繼續上學，特別是住宿的。」

張磊愣在那裡。

「嗯，……妳想想吧！通知你家人一下，可能妳得休學。」

回家？喔！張磊回了句，「好，知道了。」一出辦公室她就放聲大哭，一邊哭著一邊跑回宿舍裡去。

從張磊被主任叫出去，陶國華就覺得不對勁，一定有甚麼事。她跟著張磊跑回宿舍，問她，「什麼事啊？」張磊只是哭，陶國華只好再問，「到底什麼事啊？妳跟我說一下吧！」

「妳不要管我。」張磊哭喊著，「妳離我遠一點！」

陶國華也覺得受傷了，我們兩個不是好朋友嗎？她說，「妳不要這樣子，妳不要這樣，有什麼事情，我們就一起跪下來禱告。」

好友的溫暖讓張磊願意坦承，「妳知道嗎？我是一個肺病的病人，肺病會傳染給人的，妳最好也離我遠一點。」張磊說著說著又絕望地哭了。

她們都是護校的學生，她們比一般人更清楚肺病傳染的可怕，還有人願意跟她在一起嗎？張磊覺得這世界就要遺棄她了。

「我不怕！」陶國華是個好姐妹，她沒有受到驚嚇，更不會從受難的朋友身邊逃開，「跪下來！」她帶頭做了一個禱告，然後跟張磊說，「上帝會帶領妳的。」

這場病對張磊的信仰是再一次的考驗。

她不敢把生病的事情告訴媽媽，因此不能回家，也怕回家休養會把肺病傳染給弟弟妹妹。學校通知了她在台北的聯絡人，爸爸的同學，張磊之前寄宿的伯伯。伯伯來了，還帶來一瓶很珍貴的進口魚肝油，他告訴張磊：「好好養病，不過以後就暫時先不要到我們家吃飯吧。」

張磊自己也知道生病以後不該再去伯伯家了，她不會去，但是被人家告知，她還是感到難堪，她覺得自己應該從這個世界滾蛋。上帝看到了這個年輕女孩的難處。祂要校長提供張磊一個解套的方法：「我了解妳家裡的情形，我問妳，妳會不會車衣衣服？」

車衣服？車衣服當然會了。

「妳會車，那我給妳一個工作，幫婦幼中心車尿布。」校長接著說，「妳就住在學校，我給妳提供營養。」

校長安排張磊住在一個被隔離的樓上房間，一天三餐由同學送來，她自己一個人天天車尿布，自己給自己打針。每次，上課鐘響時，張磊的神經都會被揪緊一下，外面傳來同學的笑聲、打罵聲，還有同學在樓梯上上下下奔跑的聲音，都讓張磊覺得孤獨。「一個女孩子也就十幾歲，心裡當然很難過。」張磊八十歲了講到這一段，還是紅了眼眶。

西洋童話裡有個公主被關在高塔的故事，童話故事裡的公主，被騎著駿馬帶著寶劍的王子解救了。可惜張磊當時沒看過這個故事，她不知道要冀望總有一天，總有一天王子會來的。她排遣寂寞孤獨的方法就是讀《聖經》，咀嚼神的每一句話。

還好年輕女孩們有純真的友情，她們表達對張磊同情的方式就是剝大蒜送給張磊。「同學說，妳們山東人可以吃的，大蒜可以治肺病的。」張磊說，「有時候同學回家，就帶一些營養的東西送來給我吃，她們都很同情我喔！」

高塔公主的生涯過了半年，張磊檢查確定肺部的病灶鈣化了、纖維化了，不會再傳染了，張磊可以回去上課了，但是，「可是，我再回去上課，我就要降一班，這在我生命也是一個打擊，我一向讀書都很好強的。」

但是張磊還是忍住了受創的自尊，照學校安排降了一班。不料，這一班有個同學家裡的背景是很讓她尷尬的，不，是很憤怒的。

這位同學也是山東人，她是一起到澎湖的某位校長的女兒。在山東師生的冤案裡，傳言這位校長給軍隊提供消息。如今這家的女兒就坐在隔壁，張磊每天面對這位同學，心裡有很多的疙瘩。

張磊心裡很痛苦，可是她有信仰，她有上帝為她作主，她盡量表現友好。同學中有人知道張磊家的事情，因為張磊以前晚自習偷溜，教官天天跟監，同學就從教官那裡打聽到是怎麼一回事。

有同學問她：「妳怎麼有辦法跟她坐在一起？」張磊說：「那是上一代的事情。」張磊自詡要做到平和大方。

過沒多久，張磊又生病了，肺病復發！這一次，她一定要回家了。不過這一次張磊不再驚慌害怕，她十七歲了，已經是個大女孩，而且也有經驗了。更重要的是她有教會的陪伴，教友們盡量給她資源，每天陪她唱歌，禱告，張磊覺得很喜樂，她回家的時候，行囊裡面有教會朋友募集的錢、藥品和營養品。

◆

潮州中學給王培五老師分配的宿舍，是一間木造的日式建築，有三個房間，王老師家孩子多，分配到兩間房，一間是八個榻榻米大，另外一間小一些，六個榻榻米。兩個房間中間，有一道紙門隔開，這樣侷促的生活環境很可能會造成傳染。更危險的是，張磊的痰裡還是驗的出結核菌，這是有傳染力的。

不過張磊決定要回家時，她跟主耶穌基督禱告說，「我要讓我的媽媽更認識祢，求祢給我一個機會回家，希望祢保守我們，我的病絕對不要傳染給她們。」結果，媽媽和弟弟妹妹大家真的都平安無事。

青春年華的女兒生病休學回家，看在媽媽的眼裡心疼極了。媽媽不要女兒蕭索度日，特地給女兒買了碎花布料，要女兒看起來有朝氣一點，不要老穿著藍布或者黑布的旗袍。

張磊知道媽媽的心意，也希望給弟弟妹妹大家都快樂一點，不要被她生病的事情影響心情。她用花布做了一件裙子，也給妹妹做裙子，然後，「我就一直穿一直穿。」張磊的青春總是沒有那麼任性快意。

回到潮州最不習慣的是：潮州沒有教會。信仰帶著張磊度過許多生命中難以承受的痛苦，她對她的信仰有著熱烈的情感。媽媽對上帝也有堅定的信仰，但是媽媽不參加教會，張磊決定要讓媽媽更加地領略到上帝的愛，上帝的愛會透過教會傳遞人世間的溫暖。

張磊向屏東市區的教會請求，潮州也需要上帝的恩典，於是教會每個禮拜三和禮拜天，都派人來潮州，他們在潮州火車站附近找了一個房子做聚會的地點，這是潮州第一個基督教團體。

每個禮拜天，張磊鼓動媽媽帶著最小的張鑫，張彤，四個人一起走路半小時去參加聚會。

◆

張磊的好朋友陶國華，她的爸爸是個牧師，幫助外國傳教士在屏東建立一個診所。診所裡面有美國人、英國人，還有芬蘭人，陶國華就跟張磊說，「妳不能一直待在家裡，妳可以到那個診所去應徵，也許妳就學到了兩年護士的經驗，他們一定會讓妳在那裡幫忙的。」

張磊懷疑地說，「妳忘了我有肺病，外國人第一個就是會要我照X光的。」

「哎呀，妳就試試嘛！妳不怕的，我們禁食禱告。」

兩個年輕女孩做了一天的禁食禱告，然後就去照X光。照X光的時候陶國華又說了，「哎呀，我代妳照吧！」

「妳怎麼這樣？妳是在欺騙神啊？還是欺騙人啊？」張磊不同意。

陶國華趕快跟神說，「抱歉抱歉啊，才剛剛禁食禱告，就說了這種不應該的話。」張磊很誠實地照了X光，然後去見了白信德醫生（Dr. Signe Berg）。

這個一九五三年就在現今屏東市中正路開辦的診所，十一年後改制為屏東基督教醫院。白信德是「基督教行道會美國差會」的宣教士，她和她的先生，愛沙尼亞（

Estonia，波羅的海三小國之一）籍的柏格醫師（Alexis Berg）原本在中國宣教，但柏格在中國遭搶劫遇害。

之後，白信德到了台灣，募款成立「基督教畢士大診所」，並於一九五六年轉贈給「挪威協力差會」的畢嘉士、傅德蘭醫師，改名為「基督教診所」，一九六四年改為「屏東基督教醫院」。

白信德醫師會講台語、客家話，台語尤其說得好，她面試張磊時說，「哦，妳真的患了不輕的肺病喔！」

張磊應了聲，「是」，心想大概沒指望了。

「不過現在纖維化了。」白醫師說。

「都是感謝神。」張磊的經歷引起白醫師的興趣，她要這個年輕的姑娘多講一點，見證神的奇蹟。最後她跟張磊說，「來來來，妳就來上班好了，妳可以幫忙發藥，也可以幫忙打針。」

張磊上班當護士了。她每天從潮州坐半個小時的火車到屏東市上班。畢嘉士診所裡面有三個護士，其中一個護士是美國女孩　長得很年輕漂亮　才二十幾歲。醫生有三個，除了白信德之外，還有一位挪威人，一位英國人。每天早上護士幫住院的重症病人擦身體，然後開始門診，張磊回憶說，「每天都大排長龍，因為看病不花錢嘛！」

這幾位醫師都會講國語、台語和客家話，張磊被他們感動了，覺得他們離開自

■張磊唸書的成績很好，但為了讓大弟張彬升學，張磊初中畢業就去唸公費的護校。她在台北唸書的時候，心心念念就是要為父報仇，「讓我死都可以，讓我吃大便也可以。」講到激動處，八十歲的張磊紅了眼眶，流下淚來。（高丹華2014年攝於美國）。

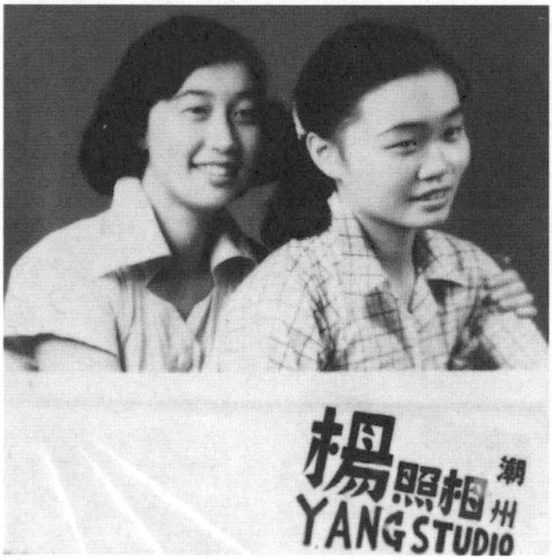

■張磊(右一)和台北護校摯友陶國華合影。她陪伴張磊度過了想要為父報仇的憤怒青春，也帶領張磊重回教會，獲得心靈的平靜。

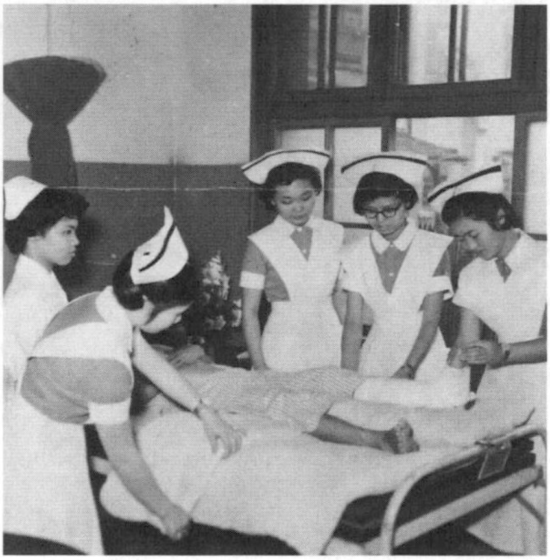

■好女孩張磊在台北護校讀書期間，因為肺病休學兩次，比同學晚了三年畢業。好強的張磊因此更發憤讀書，拿到好成績。

己的故鄉和親人，到台灣看病人，不但不收錢，還花很多時間學習當地的語言和病人溝通。張磊期許自己也要做個有愛心的人。她志願輪大夜班，照顧診所內五、六床病人；白天的門診時間主要就是打針、包藥。

診所裡的外國醫生護士會彈鋼琴、吹小喇叭或口風琴，假日她們去屏東公園表演，張磊也一起去唱聖詩。

一九五二年到一九五四年這兩年，山東姑娘張磊十七、八歲的青春歲月，在南台灣的屏東過得很快活，身體也養好了。

但是，媽媽說話了，「妳現在病好啦，回去上課，完成妳的學業。」但張磊不想回學校，她在這裡她很快樂，「媽，我現在做事不是很好嗎？我還可以幫忙賺點錢給妳喔！」

媽媽不同意，堅持要女兒回台北唸書，她說，「我不需要這些錢，我需要的是妳回去完成妳的學業。妳這張文憑在將來會用得到的。現在人家用妳，但如果妳沒有文憑，有天妳不在這做事了，有的地方會用妳，但也有些地方不會用妳。」

張磊心裡雖有一百個不願意，但她一直是個聽話的女兒，她總覺得媽媽很偉大的，看事情有遠見也很精準。

可是張磊休學兩次，總共休了三年，已超過准許休學年限，張磊認為自己不可能再去上學了。

但張磊的媽媽可不是被現實綑綁手腳的人，「妳怎麼忘記妳的禱告了？」媽媽要張磊禱告，媽媽自己也向上帝禱告，希望學校給張磊機會復學。張磊回到台北見校長，雖然隔了兩年校長還認得出她。

「啊？妳要復學？妳休學幾年了？」校長說。

「差不多三年了。」

「妳知不知道學校的規定？休學兩年就不能再回來上學的。」

「校長，我真的很想回來完成我的學業，而且特別是我的母親，她真希望我能完成學業。」張磊講了半天，校長還是說，「妳回去吧！我想是……不行的，妳回去吧！如果可以，再給妳通知。」

校長的回覆雖讓張磊失望，但上帝是不誤事的。三天之後，張磊奇蹟似的接到復學通知，張磊再回到學校，已經是個老學生。原來一起考進台北護校的同學，都已經在實習了，讓這個要強的姑娘心裡很不是滋味。可是就因為要強的個性，也就咬緊牙根努力讀書、實習到畢業。

她在護校有很多「同班同學」，有一起考進去的、也有第一次復學的，還有第二次復學的。一九五五年張磊畢業時，她比同學都多個兩、三歲。但她仍感恩，因為她知道這一切都是上帝的恩典。

Part 5
勵◯

2014 年張彪（左）與張彤（右）兄弟受訪時回憶，老媽表面上不管小孩，其實私底下還是會擔心，要「派人盯梢」。她的策略是，派二兒子盯大兒子、派小兒子盯二兒子。但老媽的計謀完全失效，二兒子張彪聰明地只撿小事呼嚨一下、小兒子張彤則完全不肯幹這偷偷摸摸的事。

19 偷雞摸鴨的歲月

他做事情的樂趣在於享受「謀略得到的結果」，證明「我是對的」。他比同齡的小孩多了「深思熟慮」，這種性格對於日後闖蕩江湖是有用的。

從一九五一年到一九五七年，王培五帶著子女在潮州生活了六年，遠離台北的政治風暴。這六年，對長子張彬來說是最狂飆的青春歲月。

人生裡所有遇到的人，都可能是小人，也可能是貴人，然而無論是小人或貴人，都會影響生命的軌跡。小人可能磨得你頭破血流，甚至喪命；貴人不需多貴，但就是能保你一程、再一程，接力賽式的交棒，就能把你送上飛快車的軌道。

張彬高二時，潮州中學來了一位新校長，這位校長對張彬的高中生活頗為包容和鼓勵。原本媽媽在北京師大的同學劉迹先校長，已調到高雄的岡山中學，劉校長走的時候，也把她之前在東北長白師範任教的那一批滿州老師幾乎都帶走了。

潮中的新校長熊惠民，江西人，就任時還很年輕，才三十七歲。他是東北大學政治系畢業，和當時擔任中國青年反共救國團主任的蔣經國頗有淵源，書法造詣深厚，後來擔任高雄中學校長、中山大學教授。潮州中學校長室迄今仍掛著一幅老校長的行書作品，文天祥的《過零丁洋》：「……惶恐灘頭說惶恐，零丁洋裡嘆零丁……」。時代的動亂在這輩人的心裡蝕刻下無法磨滅的淒涼。

年輕的熊校長來了，帶來一批和他一樣江西籍的老師，其中擔任教務處主任的李昇，宿舍就分配在王培五老師隔壁。李主任來時很年輕，後來生了兩個兒子，一個叫做李安，一個叫做李崗。

李主任的太太和住隔壁的王培五老師很有話聊，也有很多女人心事可說。李主任對王培五老師很信任，一直到王老師離職前，入學考試英文科都請王培五出試題。出試題可以是一種外快，如果在考試前把題目賣給考生，那麼收入往往比老師的月薪還高。但王培五是個守分際可信任的老師，再怎麼窮也不會動這種腦筋，所以李主任對她很放心。

◆

張彬有個同班同學叫做楊蔭梧，有一天中午，張彬發現他兩眼無神地發呆，同學問他怎麼不吃飯？他說他不餓。第二天也是如此。

其他同學信以為真，但張彬認出了那種眼神，他知道那種眼神代表的茫然。楊蔭梧住在屏東，但是張彬那群通車屏東的同學卻說，沒有在火車上看到他，於是張彬把楊蔭梧叫出教室，告訴他無論發生甚麼事，同學都會想辦法幫忙。楊蔭梧哭了。

楊蔭梧是河南人，與哥哥一起來台。哥哥官階不高，薪水少，又已成家，有孩子要養，楊蔭梧不想拖累哥哥，放學後索性不回家，張彬問：「你就睡在火車站吧？」楊蔭梧說不出口的辛酸，有人幫他說了，他不斷地點頭，痛快地哭了起來。

張彬說，「別擔心，我有辦法。」他經歷過四處慌張的日子，很了解那種痛苦。楊蔭梧狐疑地望著他，他們兩個不過都是孩子，能有甚麼辦法？套句姊姊張磊的話：「他居然還能養一個同學！」

首先，張彬昭告同學，楊蔭梧需要幫忙。於是，十七歲少年們的兄弟義氣，讓楊蔭梧的午餐連續好幾天不致匱乏。張彬也告訴了熊校長，校長答應將張彬家附近，工友燒開水的棚子，給楊蔭梧當作睡覺的地方。張彬回家拿了毯子和一袋米，兩個男孩用木板搭床，佈置了一個簡陋的窩。

不過，張彬知道靠同學們一時的熱情，並不能維持長久，一天三餐還是必需有著落。但學校裡面甚麼地方會有食物呢？他想了想，答案只有一個：福利社。

張彬趁著黑夜偷偷潛入福利社，摸黑抱了一大包東西就跑。他的想法很簡單，偷包米，這是起碼的基本糧食。他和楊蔭梧在破棚子的泥地裡挖了個洞，把偷來的東西埋起來，任誰也想不到。只是，生平第一次做賊，烏漆麻黑裡看到白色隱隱發亮的東西就抱著跑，結果發現，抱來的不是米，是糖。

第二天一早，張彬還在家裡吃早餐，就聽到福利社老闆娘尖叫高喊，「夭壽喔！福利社被搶了啦！」老闆娘沒有報警，那個年代員警不抓小偷的，小事一樁。但同學們似乎都知道怎麼一回事，平常走得近的死黨關永華，帶著奇怪的笑容看張彬，「是你吧？一定是你吧？」看張彬一臉漠然的表情，關永華也不多問，賊笑著說，「下次要帶我一起去啊！」

無論死黨們如何連番逼問，張彬打定主意絕不透露。他心裡很明白，「這哪能承認呢？你偷偷跟他講，他再偷偷跟誰說，最後全校誰不知道啊？這種事打死都不能承認。」六十年後，張彬很得意自己堅決的憂患意識，防患未然，聰明得很。

偷來的白糖後來煮成很奇怪的東西：白糖煮豆腐。白糖比白米貴，可是大米能吃飽，甜甜的糖再怎麼珍貴，怎麼能當飯吃呢？街上豆腐店老闆不錯，學生去跟他要一些豆渣他都給，吃的這麼營養，白糖煮豆腐，楊藝梧說，「我就變成個胖子了。」

這幾個孩子後來偷的東西可多了，訓導處的雞蛋也敢偷。中秋節到了，學校要求每個學生至少帶一粒雞蛋來勞軍，全校繳來的雞蛋好幾百個都放在訓導處。晚上吃過飯，張彬從窗子爬進去，把蛋偷出來交給在外接應的楊藝梧，兩個人偷了一百多顆，都藏在楊蔭梧床下的「保險箱」，就是那個地底下挖的大洞。每天每個人都吃兩顆蛋，那陣子他們覺得日子過得和有錢人差不多，更何況偶爾還有雞肉、鴨肉打打牙祭。

◆

除了雞蛋，別人養在田裡面的鴨子，也難逃張彬之手。「潮州中學的院子裡，有一大堆香蕉樹，只要把鴨子趕到香蕉樹裡面，別人就看不見了。就在樹叢裡一隻隻的抓，抓到以後再用個刀片，一下子就把喉嚨割斷。我把殺好的幾隻鴨子帶到張金源那裡去，他懂得怎麼處理，先燒開水把鴨毛燙掉，然後開膛破肚，把內臟清理完之後就掛起來醃，放鹽來醃。」

張金源是籃球隊的同學，年紀比張彬大兩歲，因為少年加入軍隊，到台灣後重新入學，因此比張彬低一班。他爸爸的部隊改派嘉義以後，張金源就一個人在潮州唸書，也是哪裡有地方哪裡窩。他總是笑咪咪的，可能在軍中歷練過，見過世面。因此不管是新建的老師宿舍，還是學校對面潮州分局的員警宿舍，他都有辦法住上一陣子。

偷了鴨之後膽子大了，這一幫狐群狗黨連分局長養的來亨雞也偷，因此揹上「潮州四大金剛」的惡名。其實張彬他們組的不是幫派，也不會耍流氓。張金源感嘆地說，「生活，就是為了生活吧！」

一方面是發育中的男孩子，容易感到飢餓特別需要食物；一方面也是叛逆使壞的賀爾蒙作祟，總想搞點事情，發洩一下精力。他們不但偷了分局長的雞，還當著分局長的面吃雞，那麼偷訓導主任的番鴨，不過是小意思罷了。

「我們訓導主任何伯超是一個很高大的滿州人，他太太住在我們家隔壁隔兩個房子吧！」張彬回憶說，「她養了一隻番鴨好肥，看來肉很多。我們幾個就抓來吃掉了，他太太跟我媽媽講：『哎呀，我那鴨子那麼肥，好幾天不見了，一定是被人家偷走了！』我聽了笑也笑不得，哭也哭不出來。」

這些偷雞摸鴨的事情，媽媽心裡都有數吧？張彬說，「媽媽不知道，她不可能知道我幹了這些事。」但媽媽怎麼可能不知道？只是「不硬要管」而已。這些小勾當算是青少年發洩精力的管道，媽媽聰明得很，硬要管才會出問題。五十年後，張金源到了王老師家，王老師一看他就說，「你這個張彬的狐朋狗友！」

有一天，大家相約週日到學校來打球，鬥牛完畢，楊藝梧「辦了一桌」要感謝大家對他的友情。大家來吃飯也不是空手來，劉家齊書包裡藏著一支鵝，鵝聒聒叫，經過走廊遇到訓導主任。

「哎啊，你來學校還帶隻鵝呀？」

「是呀，禮拜天我們大家來這裡聚一聚，燒個鵝吃。」

「噢。」主任噢一聲就走了，心知肚明。鵝當然是偷來的，不然還能從哪裡來？

大家快快樂樂吃起「豐盛的大餐」，有雞蛋、有香腸、有燒鵝烤雞，真香啊！沒多久，校長聞到味道，來了。

「你們還真有辦法啊！還有雞吃。」

「報告校長，這個鵝是劉家齊拿來的，那個雞是關永華拿來的……。」

校長說，「我知道，我知道，下回你們再聚會，記得要請我來喔！」

校長也是心知肚明，但能怎麼辦呢？發育中的孩子需要食物，他們當賊也只是偷食物，偷自己吃的份而已。起碼沒有亮刀子拿槍，教育在這個時候要和現實妥協一下。

◆

夏天勞動服務回來，傍晚，一群人想吃西瓜。吃西瓜當然不會用買的，還是用偷的。五、六個同學當自己是義勇軍，浩浩蕩蕩往潮州市場出發，走到一半，張彬回頭一看，其他三個都落跑了，只剩他和張金源兩個傻子。

到了市場，燈亮亮的，場子上睡了四、五個大漢，他們也只是打盹，不是真的睡，張金源看了西瓜就要往前跑，張彬把他攔了下來。他說，「我們先定下來，要先有個計畫才行。你拿了西瓜要往這邊跑，如果萬一有人醒來了，你就往那邊跑。看守的不會兩個人一起跑，最多就一個人跑。我等看西瓜的人追來了，就踩他一腳，給他摔一跤，再打他一拳，然後我們就跑。不然人家塊頭都比我們大。好了，想好了，是吧！這就是計畫。」

但計畫雖好，張金源一進到場子裡，看到一個個大西瓜後，像進大觀園的劉姥姥一樣傻了，哈哈大笑起來，張彬說，「他沒見過這麼大的西瓜啊，抱了一下，幾乎抱不起來，於是就笑起來了。噓！我噓他，他還是繼續笑。那些大漢都沒醒，他真抱著西瓜走來了，一邊抱還一邊笑，我打他一拳！」

一個大西瓜幾十斤重，兩個人就輪流抱著，各跑二十步之後換手，就這麼跑到學校裡了，十幾個同學都在那兒等著，「我們啪的一下子，把西瓜摔了，大家吃。」

對張彬來說，偷西瓜的樂趣在於「安全的把西瓜運走」，而不是「歷險的過程」。這說明了他要的是成果，是成就感，不是冒險好玩的過程，不是受青少年荷爾蒙的生物刺激而已；他做事情的樂趣在於享受「謀略得到的結果」，證明「我是對的」。他比同齡的小孩多了「深思熟慮」，這種性格對於日後闖蕩江湖是有用的。

當然，這群孩子偷東西，也不是純潔到單純只為了生理成長的需要，有些壞事就做得毫無道理。例如他們偷學校的播音喇叭，但這次張彬失算了，結局不甚理想，畢竟他那時還是個涉世未深的小孩。

一個星期天的早上，光天化日，張彬和楊藝梧把教室和走廊裡面的喇叭一個一個拆下來，拆了十個，兩個人大辣辣拎著十個喇叭走到火車站，坐火車到屏東去兜售。賣喇叭的商人一看，就知道這些是偷來的贓貨，就只給他們十塊錢，一分也不多給。這根本就是黑吃黑，一個喇叭最起碼值也要七、八十塊，新的還要一百多塊，但張彬他們拿著這些喇叭又不能不賣，不然喇叭留著幹什麼呢？兩個人辛苦做賊的「勞動成果」，只有十塊錢。這筆生意太不划算。

第二天早上，訓導主任要廣播時發現，學校裡的喇叭不見了。他知道是張彬這群人幹的，可是又沒證據，畢竟那年代還沒有監視器錄影這回事。

張彬做的「壞事」實在太多，即使媽媽理解這孩子需要發洩的心理，但總得注意著，不要玩過了頭。她想出了個辦法，派弟弟張彪跟著。

張彪是個小滑頭，撿些小奸小惡的講一講，其餘的就不出賣哥哥，偶爾也跟著吃喝一頓；更何況跟大哥年紀差了六歲，也常常跟不上。不過跟不上有跟不上的好處。

學校附近的田野，有一些農人自己做的小水壩，有的用土、有的用水泥砌。下雨蓄水，接上管子就可以引水到田裡灌溉；乾旱時水壩就是個玩樂的地方。有一天，張彪無意中發現水壩裡丟了幾本百科全書，上面蓋了章，是學校圖書館的書，好學生張彪就把書交回學校去了。

學校要表揚學生「愛護公物」、「拾金不昧」的精神，就給張彪記了功。很久以後，哥哥張彬才招了，那書是他偷走藏在水壩裡的！

等到張彪大一點以後，也開始有了狐群狗黨，媽媽只好再派小弟弟張彤去跟張彪，但張彪說，「我弟弟就不肯跟，他從不做這些壞事。」為什麼？張彪哈哈大笑，「他人格高尚吧！」或許小弟與媽媽、大姊一樣，受她們虔誠信仰的上帝管束著。

■張彬在潮州中學唸書時，常在周末下午和死黨到高雄火車站晃蕩。他們沒錢買車票，逃票搭霸王車，晚上也不回家，就和死黨睡在停駛的車廂裡面，半夜還要躲鐵路局查緝。（高丹華 2014年攝）

■張彪與張彤受訪時回憶，當年王培五要老么張彤去盯著老二張彪，或許是因張彤有信仰，不肯幹這些偷偷摸摸的事情。（高丹華2014年攝於美國）

■張彬(右二)與潮州中學好友張金源(左一)、楊蔭梧(左二)，以及弟弟張彪潮中同學徐衍騰合影。

20 從激昂到冷靜

政治犯本人或許是最幸福的，一顆或者好幾顆子彈就結束了，但是政治犯的家屬，卻必須被政治原子彈爆炸的震波糾纏一輩子。

通常放學後，張彬會陪著要搭火車回屏東市區的死黨，走路到火車站，再一個人慢慢地踱回家。

年少青春有很多需要發洩的體力和心情，如果沒有練習武術，張彬就會在晚飯後到附近的田野散步。這是他享受孤獨與豐盛的時間，一個人很自由地思考，或者放任情緒流瀉。這樣經過左腦與右腦，理性與感性混和萃取出來的產物，是張彬的詩作。

他投稿到台北的《學生雜誌》，這是一本教育部為了高中生而出版的文學性雜誌，喜歡藝文的年輕人，無不熱切希望自己的作品能夠被刊登出來，張彬的詩就被刊出了好幾次，不過他用了一個無人能分辨的筆名——無名氏。這是他難以言喻的心理，既想證明自己的風采，卻又不想被人認出，這或許就是老鼠的心態，他的心理狀態還停留在下水道，對這世界很不信任，不知道暴露在陽光下的後果會是甚麼？就像爸爸，在澎湖時躲起來不好嗎？爸爸當年要是躲起來，現在還活著，不是很好嗎？

不過班上一位熱愛文學的同學發現了，他問張彬，「你就是那個無名氏吧！」張彬斷然否認了，同學給他一個神祕的微笑，兩人就此擱過這一話題，沒再提起過。

很多年後，張彬自美回台時，遇到一位當年在學生雜誌工作的編輯，他說，「你就是那位無名氏吧？我猜你就是那位住在潮州的張彬。」他對當年印著潮州郵戳的稿件印象深刻，那些詩作不像是高中學生青澀的熱情或憂鬱，有一種沉重的老成。這次張彬承認了。

◆

政治的箝制與壓迫，並不因當權者在政治上的目標敵人已經被槍斃而結束，在這樣的拖磨裡，政治犯本人或許是最幸福的，一顆或者好幾顆子彈就結束了，從此安享上帝的國度或者到西方極樂世界去快活。但是政治犯的家屬，卻必須被政治原子彈爆炸的震波糾纏一輩子。

張敏之的大女兒張磊，為自己家人的命運感到委屈與憤怒，這麼多壓抑在心中的不快樂，終於讓她生病了，肺結核讓她兩度休學，差點連護校文憑都拿不到。當同學晚上自修時，她偷偷跑出去為爸爸的平反大業而血脈賁張，最後卻只落到再一次的失望與忿恨。

做為長子的張彬，對自己的鞭笞就更嚴厲了，他揚言要到台北殺了陳誠。和明藝老師還記得，「我的先生怕張彬鬧出事情，勸了他好幾次，他說：『張彬，你還沒從潮州出發，人家台北那邊就知道了。別說上總統府了，你下了火車，就能逮住你了！』我先生就是這樣勸他。」

張彬若真上台北幹了這事，潮中一票老師都要倒楣，所以和老師的先生艾主任，找到了一個他聽得下去的理由去勸他，「張彬，你可以不管自己，但你總要顧到你媽媽吧！」

老師們不只擔心張彬，也擔心弟弟張彪。和明藝老師是張彪在光華國小五年級時的導師，她先生一再提醒要注意一下張彪的情緒，不要受他大哥影響。和老師就讓班上一個同學幫忙，注意張彪的動態。這位同學很機敏，張家兄弟也沒真的鬧出甚麼事，老師們放心了。

◆

不管外面的環境怎麼變化，只要活著，每天就要吃飯、穿衣，這是每個人睜開眼都要對付的事。

一天三餐裡主食的白米，軍公教因為有配給，比一般小老百姓還是寬裕些。配給是按照年齡有大、小口的差異。老大張彬還住在萬丹、潮州時，每個月要拿著糧票去米廠打米，持票人只要把糧票交給米廠，他們就按重量碾出多少米，米糠也交給持票人。張彬把米糠拿回來，交給媽媽養雞。

除了拿米糠養雞、養鴨之外，孩子們也都會去撿蝸牛來當飼料。張彪每天早上都會拿著提水的鐵罐，二十分鐘就可以撿滿一罐的蝸牛。蝸牛殼敲碎了來餵鴨子，這樣鴨子會長得更快。

張彪和張彬在南台灣，都養成了一套殺雞宰鴨的好本領，張彪說，「鴨子的翅膀跟雞一樣，抓的時候你要把翅膀反折起來，拉開脖子來把毛去掉一些，割一刀，血滴下來必須用碗接著，而碗裡事先要放三分之一的鹽水，這樣鴨血一滴進了鹽水就凝結起來，鴨血、雞血也都可以吃的。」他想起了一次很驚駭的經驗，「有一次宰鴨子，鴨脖子都切斷了，鴨子還可以飛走！」

雞鴨殺了之後，「燒好開水，用熱水燙了，很容易就能拔毛。雞毛處理起來還容易，鴨毛就很費功夫。因為鴨生活在水裡，毛是不沾水的，熱水燙不到鴨毛的根，所以很不容易處理。」張彪這一身絕技離開台灣以後全派不上用場，在他美國漂亮又現代化的客廳中，聽他講當年窮苦孩子的本領，覺得老天爺還是在的，祂垂聽人世間的苦難，給努力的人獎賞。

在物資匱乏的時代，不管是吃雞吃鴨，都是「全吃」。雞鴨活著時，每天撿鴨蛋、雞蛋；雞鴨殺了吃完全部的肉，連剩下的骨架子也不能丟掉，還要拿來熬湯加青菜，一直熬到吃不出味道了為止。

◆

潮州不靠海，一九五〇年代冰箱是稀罕的東西，因此在潮州一般百姓幾乎不可能吃到海鮮。有一次學生家裡辦桌（吃酒席），特別請王老師帶小孩一起來「鬥鬧熱」（湊熱鬧），張鑫看到黑黑黏黏的海參，嘖嘖稱奇，「媽媽，這是什麼東西啊？」幾個小孩竟然不敢吃。因為從來沒見過。

不過話說回來，物質缺乏的年代吃東西反而比較健康，沒有加工的零食，也沒有冷凍食品，青菜吃的多。此外，平常沒錢買豬肉，雞、鴨也不是天天都能宰來吃，平常蛋白質的補充就靠黃豆。張鑫說，「媽媽受的是西式現代化的教育，有基本的營養衛生的常識，所以用黃豆取代肉類的蛋白質。」

那麼黃豆該怎麼吃呢？王培五就像變魔術那樣，常在黃豆裡放一點花椒、醬油，就像滷肉似的這樣紅燒。張鑫想起童年常吃的食物，「滷黃豆的滋味很好，鹹鹹粉粉的口感，很下飯。」

除了滷黃豆以外，張鑫記得媽媽的菜單裡還有滷西瓜皮，「有時候媽媽叫我們到合作社，拿一些他們切過的西瓜皮回來。她就把皮上白色的地方拿起來切了，跟豆子一起紅燒。很好吃，就像吃冬瓜似的。」

這個滷西瓜皮的點子，也不知道是怎麼來的。但潮州有不少客家人，南台灣客家菜裡有一個名菜叫做「冬瓜封」，講究一點的用高湯加醬油去滷；或者香菇、蝦米爆香以後炒豬絞肉再用冬瓜封住，加醬油再滷。王老師這道滷黃豆加西瓜皮，或許是受到客家菜的啟發，拿到現代來看，應該會廣受素食者的歡迎。

另外一種也是富含蛋白質與油脂營養的食物就是花生。花生很容易長，價錢便宜，有的花生田收成以後，也會開放讓大家去撿。張鑫笑著說，「我印象最深的就是炒花生，炒完以後大家爭吃一盤，大哥動作最快，三兩下就被他吃光了。我心裡想說，你怎麼不用手抓一把就好了？」小學二、三年級的張鑫要和念高中的大哥搶花生吃，註定落敗。

大哥張彬有一道他個人獨創的私房料理，把美軍用的牛油，挖一杓直接放在熱飯上頭，再澆點醬油攪拌。六十年後想起這道奶油澆飯，張彬直說，「唉啊，好吃！好吃！」但牛油怎麼來的呢？這關乎張彬的「心機」。原來他一到潮州，就去找哪裡有天主教會，因為他知道教會有東西可拿。

以前在山東時，媽媽王培五的娘家在濟寧捐錢給天主教會辦了「中西中學」，所以張彬對天主教會的運作很熟悉，知道教會常會發放物資，只不過以前他們是給予者，現在是接受者。

張彬每星期天早上去天主堂望彌撒，教會裡有位西班牙神父穿著黑色長袍，胖胖的，抽著煙斗，領頭用台語唱頌：「聖母瑪莉亞，可憐我……，阿們！」張彬一邊笑地樂不可支，一邊說，「我也跟著唱，聖母瑪莉亞，可憐我，用台語喔，然後，阿們！牛油就這樣拿回來了！」

◆

隱藏的憤怒讓張彬的青少年生活很不平靜，就像地表下流動的瓦斯，表面上看不出異狀，但是不安的味道總是飄忽逸出。學校裡的老師都知道張彬的情緒，但無人能開導。

晚飯後，張彬喜歡在學校附近的田野散步。有一天，張彬散步遇到熊校長，校長說，「張彬，你有一個非常寂寞的靈魂。」學校裡最年輕，總愛和學生打籃球的王緒文老師，也常說，「張彬，把你的眉頭鬆開！」

流動的瓦斯遇到一點點火花，就怕星火燎原。有一天，張彬狠狠揍了一個一百八十公分的高個兒同學，因為他一口咬定張彬做賊，不然怎麼會有有兩本英文課本？張彬一聽火大了，媽媽是學校裡教英文的老師，要幾本課本還不簡單？哪裡還需要偷？張彬很難忍受人家給他莫須有的罪名，因為爸爸就是被莫須有的罪名給害死的。

張彬拿了棍子，狠狠地猛打高個兒同學的屁股，在心理學上來講，是一種補償作用，就是：「我爸爸被壞蛋給害死了，今天我也要從這壞蛋身上討回一點公道。」了解張彬心理背景的老師同學們，其實是同情他的。惹惱他的不是同學的誣陷，是爸爸的冤案積壓下來的憤怒。

「我要報告校長！」被打的同學忿恨地大喊。

「你去，我送你去！」張彬拽拉著同學到校長室門口，開了門，把同學摔進去，自己還踢上門，在外面等著校長發落。

過了幾分鐘，同學叫張彬去校長室報到。熊校長親自關上了門，叫這個令人頭痛的學生坐下。

「張彬，你今天的行為是要被開除的，你知不知道？」

「我知道，校長。」

「我說過你是個寂寞的靈魂，我了解你的，也知道你所做所為背後的原因。你的父親是個教育家，很了不起。我也是個教育家，我不會開除你，我要教育你，這是我的責任。」

張彬大哭了起來。像是找回失落已久的父愛，被包容，被承擔的感覺，實在太棒了。媽媽一直要兒子掌握自己，用理智的頭腦控制情緒，她知道這個兒子心思細膩、情感豐富，又有一股衝動的執拗，放任情緒領航，對他的人生絕對是災難。但是，對一個十六歲的男孩子來說，人生實在太難了，他需要一個出口。

過了一陣子，熊校長調整學校老師的宿舍分配，把王老師隔壁的那位老師挪了出去，這麼一來，王老師和她的家眷就可以完整地擁有三間房，一個客廳和廚房廁所。這對於有好幾個青少年的家庭來說，可以住得寬敞舒服一點，擁有多一點的隱私自我，是件很重要的事。熊校長是個熱情而且細緻的人。

學校裡也有些讓張彬很看不順眼的老師，像是他的級任導師。他和人事室的陳先生走得近，張彬因為討厭陳先生，也就討厭級任老師。每次姓陳的要張彬去他的人事室報到，他就先衝回家吃大蒜，吃得滿口腥臭，故意去嗆那姓陳的，看到人家因此皺起了眉頭、撇頭捏鼻子，張彬心理就一陣得意：「怎麼樣，沒錯，我怕你，因為你掐住了我們一家，我動不了你，但整你一下我也開心。」這實在是小孩子的把戲，不過也算是個出口。

比起他的弟弟妹妹，還有他的死黨，張彬多了一種江湖智慧。不管是偷福利社，偷西瓜等等，他都有謀略。包括整老師也是。級任老師要對張彬說教，被張彬的大蒜臭味嗆了幾次之後就改變方法，總約張彬去空曠有風的地方。這下整不到老師了吧？

但張彬就是有辦法，他觀察風向，老師開始說教，他就東挪挪西挪挪，挪到老師的上風處，然後熱情地回應老師的教誨。幾次以後，老師也不找他說教了。

◆

一九五四年，張彬高三了，死黨們的未來都有了計畫。關永華夢想當飛官，他的爸爸是空軍；劉家齊想當記者，走的也是他爸爸的路，他爸爸在軍方媒體幹記者。眷村的小孩大多如此，就是跟著爸爸走。但張彬沒有爸爸的路可以跟隨。

他是匪眷，不管他想做甚麼，都不太可能稱心如意，匪眷的紀錄會跟著他一輩子。未來對他是個模糊的東西。但是他很清楚知道，他不想從軍，不想在蔣介石這個混蛋底下討生活；但在這個島上，也沒人能脫離這混蛋的掌控。

一天晚上，張彬練完武術後去散步，這是他靈魂滋養的時間，又遇到了熊校長。校長開口就跟他說，「張彬，這是你在學校的最後一個學期了，再過幾個月，你就要畢業了，你對未來有甚麼打算？」

張彬沒有說話。

「我知道你心中的顧慮。但是你總得有個計畫，你現在這個樣子是在浪費時間。知道嗎？」

還是沉默。

「我想你應該要上大學，可是依你現在的成績，我不確定你能不能考得上，在台灣考大學比大陸難的。我想你可以去考海軍官校，這個學校不錯。雖然你現在的程度可能考不上，不過我可以打電話找個將軍幫忙，先把你弄進去。我跟他很熟，這位將軍你媽媽也認識的。」

更加的沉默。

「想一想。趕快做個決定，真的不要再浪費時間了。」

「謝謝校長。」

熊校長是對的，張彬就是在浪費時間。因為對未來的茫然，讓張彬不願也不敢使力，怕嘔心瀝血之後換來的是再一次的打擊。老鼠，不就只配在下水道裡嗎？

他若不唸軍校，就必須考上大學，然而他已經晃蕩太久了。依他現在的成績，他考不上的。看起來，好像只剩下當兵一條路。

台灣的徵兵制從一九四九年底開始實施，目的在於確保反攻大陸的兵源。台灣徵兵制的完善，和「白團」有很大的關係。白團是蔣介石的日籍軍事顧問團，一九四九年由岡村寧次募集日本軍官組成。岡村寧次是誰呢？在台灣歷史教科書上，有一張八年抗戰結束何應欽接受日軍投降的照片，其中遞交降書的日本軍官就是岡村。蔣介石和日本人合作來圍堵共產黨的赤化，同時也牽制美國勢力在台灣的發展。

一九五四年，十八歲的高三學生張彬不想去當兵，不願成為幫蔣介石鞏固政權的六十萬大軍中的一員，所以他得拚上一所大學。一九五四年台灣只有一所正式的大學，就是國立台灣大學，以及另外三所學院：台灣省立師範學院（後改制國立台灣師範大學，台北）、台灣省立農學院（後改制國立中興大學，台中）、以及台灣省立工學院（後改制國立成功大學，台南）。

張彬想：「要唸就唸最好的。」台大一年只收一千零五十個新鮮人，但是每年應考的就超過四萬人。這些考生已經經歷初中與高中兩次的嚴格淘汰，大部分也都已經兢兢業業的唸了好幾年書，哪有像張彬這樣天天「偷雞摸鴨」的呢？張彬考得上台大嗎？簡直是天方夜譚。

■當年在潮州中學任教的王緒文老師（左），拿數學題給張鑫與張彤（右）演算當遊戲，發現他們兩個很有數學天分。（高丹華2014年攝於潮州）

21 台大，我來了！

她常常告誡張彬，不要讓情緒走在理智之前，現在兒子應該聽進去了。她們一家既然是匪眷，只能「忍」，也唯有忍，才能在這島上活下去。

十八歲的張彬要怎麼辦？他辛辛苦苦、忍辱負重的媽媽要怎麼辦？他的弟弟妹妹們以後要怎麼辦？他們姓張的這一家人在蔣介石掌控的這個島上，到底要怎麼活下去？他這個長子的任務是甚麼？

和熊校長談過之後回家，他坐在書桌前發呆地瞪著夜空，很久很久……然後，他做了一個決定，他打開檯燈，從抽屜裡找出一張白紙，開始擬訂讀書計畫，他告訴自己：「我要唸台大。只唸台大。」

他把以前應該唸卻一直沒有好好唸的課本找出來，要唸的還真多，包括代數、三角、幾何、國文、英文、物理、化學，還有讓他做噁的三民主義。不過沒關係，他知道要上台大，這些都是要吞下去的，就像他很討厭化學，但是他已決定，他就要變成化學高手，一切都是為了唸台大。

張彬的決定讓熊校長嚇了一跳，潮州中學創校以來，從來沒有學生考得上台大，而且距離考試只剩五個月了，也就是說他只有一百五十天可以準備，何況張彬過去成績並不怎麼樣啊！

但張彬認為夠了，一天有二十四小時，他有很多時間可以利用。他把時間表排得很緊，他要很專注地唸書，這樣才能提高效率，趕上過去荒廢掉的空白，尤其像化學這個以前幾乎不碰的科目，每完成一項目標，他就在牆上做個記號。

十八歲孩子的決心，到底可以堅持到甚麼程度？下定決心的那天晚上，張彬讀書到半夜三點，然後坐在椅子上睡覺，五點鐘醒來又猛 K 代數。

他告訴死黨們他的決定：「我要上大學。」死黨們雖然不相信，但是熱切地表示支持。放學後他們很有默契地不去打擾這個立志為自己的前途、為家人的前途打拚的同學。於是這個奮發向上的年輕人，更加賣力，即使下課十分鐘，也都要充分利用。

這真是太怪異了，平常打混摸魚的痞子，竟然痛改前非唸起書來了？聽說他要考大學？張彬唸書給人的奇異感，不僅是因為他自己過去幾年的形象所造成，也是因為過去潮中很少有立下這種大志向的學生，因此背後也有不少人在笑他：「癩蛤蟆想吃天鵝肉」。

一天，張彬下了課就衝回家，坐在窗邊的桌前唸書，幾個女孩從他們宿舍前的小門經過。

「看，是誰在唸書啊！」

「聽說他要唸大學。」

「可能要幫他蓋一所新大學才行吧！」

這群女孩平常就是嘰嘰喳喳、說長道短的一群，張彬覺得這些女孩尖酸刻薄，以往三不五時就要和她們對嗆。但是這一次，他選擇保持沉默。張彬知道，爭辯無益，等他考上台大，大家就會知道王老師家的兒子張彬是個什麼人物！

年輕女孩子們的嘲笑不屑，讓這位血氣方剛的男學生，有了更強烈的求勝慾望，他越來越清楚，最後他會讓所有人跌破眼鏡。

◆

照例每天一早剛到校的早自習時間，老師給大家上蔣公訓詞。張彬覺得每天讀書都來不及了，於是舉手要求，「老師，我們已經讀蔣公訓詞好幾年了，現在都背得滾瓜爛熟了，可不可以用這個時間來準備要考試的科目？」

張彬講完，教室一片沉寂。這位老師，就是以前和張彬家共用一間屋子，後來被熊校長另外安置的那位老師，當場甚麼話都沒說。大家繼續念蔣公訓詞。

晚上，爸爸的朋友楚老師帶著一個陌生人來到王老師的宿舍，他自我介紹說是潮州警總的頭頭，有著濃濃的山東腔。

「張彬，我要逮捕你。」

「為什麼？」張彬莫名其妙。

「你今天早上上課時說了甚麼？」

「甚麼課？」

「早自習。」

原來是早自習多嘴惹禍了，這下張彬麻煩了，對蔣公訓詞的不滿，代表他思想有問題，必須改造。

「我必須把你當思想犯來『辦』一下，也可能不只這個罪名，我可以辦你一個反對蔣總統思想的罪名，說你想要在學生之間製造暴亂，說你要推翻政府。」

「我了解你說的，先生，不過我完全沒有這樣的想法。」張彬感到全身顫慄不已，這些罪名若成立，他的餘生就要在火燒島上渡過了。

「我知道你沒有這個想法，但你的言行讓我不得不辦你。」

「張彬，劉先生是我的好朋友，他是山東人，他也認識你父親。」楚老師說。

張彬說不出話來。

「劉先生同意這次放過你，但下次再發生，你就自己看著辦了。你要知道這事情的嚴重性。」

「我懂，先生，我不會再犯了。」

這位特務頭頭走了，張彬還在發抖。媽媽在旁一句話也沒說，她知道張彬這次學到教訓了。

她常常告誡張彬，不要讓情緒走在理智之前，現在兒子應該聽進去了。在這個殘酷的社會裡，她們一家既然是匪眷，只能「忍」，也唯有忍，才能在這島上活下去。

◆

時間過得很快，張彬嚴格遵行讀書計畫。其實從第一天開始，他每天的進度都超前。他已經把要考的代數、幾何和三角都讀過了。這個發誓要讓人刮目相看的男孩，每天睡眠不到三個小時，終於把身體搞壞，累到吐血。

媽媽嚇壞了，請來潮州中山路上很有名氣的「同仁醫院」的醫師洪約伯來看診，這位洪醫師在二二八事件之前擔任省參議員，是潮州醫師公會會長，因為二二八事件被捕下獄，出來後不再參與政治。他的兒子洪啟仁是心臟外科醫師，曾經擔任台大醫院外科主任、新光醫院創院院長。

洪約伯醫師來看了張彬，給他打了幾針，勸他，「孩子啊，不要這麼拚，你這樣是在自殺，你知不知道？沒考上大學又不是世界末日，就算今年沒考上，明年還有機會啊！」

孩子倔強地沒有回答。這些年來他習慣以沉默做為不同意的表示或者抗議。尤其是當他心意已決，就覺得沒有必要浪費時間去討論。但是看到洪醫師，心裡還是很高興的，洪醫師有個女兒，也是讀中學的年紀，放學後穿著白色的洋裝，像個公主一樣，在診所彈鋼琴，音樂和青春少女的形象交織成的夢幻氛圍，熨平了張彬現實生活中的瘡瘡疤疤。

過了三、四天，恢復得差不多了，張彬回到學校上課，死黨們聽到他唸書唸到吐血都嚇死了，現在看到他健康回來都很高興，只是他瘦了很多，「走路還輕飄飄的」。

不久，學校舉行了畢業考，張彬每科都第一名，他很高興自己的努力沒有白費。不過這間學校的畢業生，從來沒人考上過台大，因此張彬也不知道這樣的成績，和全台灣其他考生比起來究竟如何？他完全不知道自己在全國四萬考生中的位置，他唯一憑藉的是對課本的真正了解和記憶，這是他唯一能做的。

一九五四年的七月，考季在熱鬧唧唧的蟬聲中登場了，張彬報名了台大與台北工專（今國立台北科技大學），以及當時在基隆的海軍官校。

他先去考台北工專，第一天坐進試場，腦筋竟然一片空白。一個在潮州鄉下的井底之蛙，現在坐在來自全國各地的考生中間，他感到恐慌。第一堂考試前十分鐘，張彬根本無法做答，還緊張到尿濕了褲子。

考台北工專是一個暖身的機會，幾天之後台大的考試，他就自在多了。考試那天，台大校園擠滿了人，除了考生，還有許多陪考的家人以及親朋好友，好像每個人都有一群陪考團。

張彬孤零零地一個人來台北考試，沒有人送水送西瓜送午餐。不過他覺得沒關係，他可以照顧自己。經過兩場考試後，最後到基隆考海官時，張彬覺得自己是個應考老鳥了，他覺得每一道題都答對了。

◆

在台北繞了一圈，他才知道原來有那麼多城裏的孩子或者請家教，或者放學後到補習班補習，他們還參加過好幾次的模擬考，藉以測試自己的程度。張彬很好奇，他這個鄉下孩子真的有勝算嗎？考完試，他告別寄宿多日的長輩家，跳上火車趕回潮州，一到家就癱在床上，連續幾個月的體力透支和緊張，這孩子真的累壞了。

媽媽問張彬考得怎樣？兒子說，「如果有更多模擬考試的經驗，我可以考得更好。」他覺得考得不錯，但總有一些是沒有把握的，但其他人又如何呢？他也不知道。

最有趣的是媽媽王培五，放榜之前她就去了一趟台北，和老朋友打招呼，尋找獎學金的機會。兒子一直阻止媽媽，起碼等考完放榜再去吧！萬一，萬一，都沒上呢？

那豈不尷尬！

但是媽媽對她的長子信心十足，她很懂這個孩子，這孩子說：「考得還好。」那一定是：「考得很好！」她這兒子初探大千世界還不知道自己的能耐。不過，他終究會是橫行江湖的大鏢客，還要領著弟弟妹妹乘風破浪。

不久，台北工專放榜了，張彬榜上有名，他想，「這學校錄取了一個考試尿褲子的學生。」有了這所學校的入學通知，起碼不用去當兵了，張彬鬆了一口氣。

再過幾天，大獎才要揭曉，台大放榜的日子到了。

這一天張彬早早起床，迫不急待地去翻報紙。台大的錄取名額是一千零五十個，張彬緊張地尋找，每一個名字都仔細確認，很不幸地，榜單上並沒有「張彬」這個名字，也就是說，他落榜了。

很難過，也感覺很悲傷，回到房間躺下，他接受失敗的事實。過了一會兒，他聽到死黨們乒乒乓乓地衝進家裡，大吼大叫：「考上啦！考上啦！張彬你個兔崽子王八蛋！」

「我考上甚麼？」張彬走出房間問道。

「王八蛋，你這不考上台大了嗎？」

「別拿這事尋我開心，我扁你們喔！」

「誰跟你開玩笑，這不，你的名字在報紙上啊！」

死黨們從屏東市拿來的是另一份報紙。原來送到潮州的那一份報紙印錯了，竟把張彬的名字漏了！

張彬不敢相信，還有這種敗部復活的事？他再三確認，高興地跳起來，「我考上了！」他衝過兩間宿舍，到熊校長的家裡給他報喜訊，校長驚訝極了，也高興極了。

「再看看，看看有沒有其他人也考上台大。」

「報告校長，沒有了。」

「一定還有，再看看，再看看！」

校長喜出望外，盼望老天的恩惠可以再大一點。如果張彬這個過去兩年半都只會晃蕩鬧事的「混混」能考上台大，別人應該更有可能性吧？

不過很可惜，一九五四年潮中只有一個叫張彬的學生，考上了台大農學院獸醫系。另外潮州鎮上還有一個姓王的學生，也考上了台大，他家是鎮上最富有的家庭，中學六年都在屏東中學讀書，相較之下，張彬對於自己寒窗苦讀的成果，覺得非常光榮。

◆

死黨們都替張彬高興，他們覺得這個同學真是個英雄，誰說潮州中學是個不入流的學校？張彬考上台大，替潮中掙了面子，也替他們這群人爭光。大家簇擁著張彬，人人手上拿著一隻長長的甘蔗，像凱旋回來的士兵揮著長劍，沿著中山路這條潮州鎮最熱鬧的街道，往火車站走去。

這是張彬人生的第一個大勝利，校長和老師們都來向媽媽恭喜，原來抱著敵意，或抱著同情的人們，現在也都轉為帶著忌妒與驚訝的羨慕，當然還有尊敬。張彬已經在花花大千世界，替張家搶下了第一個灘頭堡。

他們沿著中山路耀武揚威地走著，台大放榜是一件大事，畢竟是全台灣最菁英的學校啊！街上的人都對著張彬道賀，他們經過那位也考上台大的王同學家，王家賀客盈門，大家也互相道恭喜。過了火車站往回走，經過同仁醫院斜對角的冰店，這是他們平常下課最喜歡光顧的地方，老闆請這位潮州英雄吃紅豆冰。

這件事情給了張彬另一個感想，這想法也影響了他後來人生的很多決定，就是「寧為雞首，不為牛後」。他認為比起躍身茫茫大海，在小池塘裡比較容易出頭。但這個想法和他的小弟張彤很不一樣，張彤永遠選擇在大海裡泅泳，他要看盡形形色色的海洋生物，才覺得過癮。

相差十歲的兄弟倆，想法總是南轅北轍，不過，一九五四年的夏天，張彤雖然只有八歲，也感覺到家裡發生了一件大喜事，每個人都笑咪咪的。從有記憶以來，家裡似乎第一次有這種氣氛。

喧囂過後，到了夜晚，所有的道賀與慶祝也都落幕，孤獨的十八歲年輕人再度出現在田埂上，這次他走得更遠，走進漆黑的潮州公園，沿著兩邊高高的大樹走進公園深處。

經過白天的亢奮之後，他的心情再度陰鬱：上台北後的學費，還有住宿吃飯的錢要從那裡來？考上台大很令人高興，但畢業之後怎麼辦？

他知道媽媽希望他們幾個孩子都能上大學，受最好的教育。她這個來自山東濟寧保守家庭的女孩，都能到北京唸書，當然會希望子女也能如此。但是媽媽當初能到北京唸書，完全是因為大舅的支持，這個瓷器商號王家的長子，對妹妹非常呵護，出錢出力，成就妹妹的志向。但張彬回頭一想，媽媽那時候是富有人家的女兒，而今非昔比，全家七個人就媽媽一份薪水啊！

張彬的憂慮在開學前得到了解答，台北來了好消息。放榜前媽媽去了趟台北，她堅信兒子考得上台大，於是請託山東大老們為兒子爭取獎助學金，可以支付他在台大的宿舍與吃飯錢。張彬如釋重負，兒時在青島看到的路邊乞丐，一直是他的陰影，當時爸爸還在，他們一家住在青島美麗的海邊，他是個小官少爺，如今家有變故，他總害怕淪為乞丐般的不堪。

還好媽媽幫他預備好了獎學金。媽媽真有本領，他不知道媽媽那堅強的信心從哪兒來的？生活中有太多折磨，每天上課操持家務，每個孩子都有不同的問題要解決，還要忍受員警或者外界的歧視與打擾，這幾年孩子們常常看到媽媽瞪著牆壁虛空的眼神，孩子們知道媽媽忍受很多，即使她從不在孩子面前講一句洩氣的話。她很安靜，行事低調，但眼光放得很遠，沉著地策劃未來。她相信兒子考得上台大，所以即使還沒放榜，她就先去為將來的學雜費鋪好路子。這位從苦難中一路走來的媽媽，真是有智慧，又有謀略。

◆

至於張彬的死黨們，對飛機著迷的關永華，如願和他老爸一樣進了空軍，他唸兩年制的飛行學校，成為世界上第一位使用空對空熱追蹤飛彈打下兩台共軍米格十七戰鬥機的飛行員。一九七〇年間，不幸在一次訓練飛行中意外墜毀殉職。

劉家齊進入政工幹部學校（後改制國防大學政治作戰學院）主修新聞，他的父親在空軍的報刊頗有份量，劉本人畢業後派到高雄在海軍報紙工作，一九八二年因為酗酒死於肝癌。

楊藝梧想考海軍官校卻沒錢報名考試，張彬媽媽知道後拿出錢來，幫這位孤苦的孩子繳了報名費。楊藝梧後來如願在海軍工作，還被派到美國海軍陸戰隊受訓。從海軍退役之後，楊藝梧在高雄旗美商工教書，他任教期間成立了清寒學生獎助學金，並且告訴全校孩子：「生活上有困難的來找我！」楊蔭梧這人講話慢慢地，凡事不計較，心胸豁達，所以老天爺照顧他理財得法，安逸順遂度日。

籃球隊的張金源，後來從師大夜間部畢業，在郵政工會主任秘書的位置退休。他趕上了郵政最輝煌的時光，從基層郵差兢兢業業的往上爬，送信時就算地址不全，也想盡辦法使命必達。

中華郵政承襲清末以來中國海關的郵政制度，高階人員都以英文作業，待遇極好，配房配車，使得像張金源這樣的實習小郵差，願意咬牙拚命，務求晉升。後來張金源娶了一位賢慧的護士小姐，一兒一女都是博士，在台中退休養老，生活愜意。

◆

王培五帶著六個兒女從澎湖輾轉高雄、彰化、萬丹到潮州這五年，台灣的局勢也發生了變化。韓戰結束，南北韓隔著北緯三十八度線分治。為了圍堵共產勢力，美國派了第七艦隊巡弋台灣海峽。張彬上大學的第一個冬天，一九五四年十二月三日，台美之間簽定了「中美共同防禦條約」，蔣介石得到了美國百分百的支持。

但在此之前一年，和美國人親善的台灣省主席吳國禎，被逼迫流亡美國。之後一年，總統府參軍長孫立人被指控縱容下屬串聯密謀兵變，孫立人被軟禁在台中，直到一九八八年蔣經國死後才獲釋，於一九九〇年過世。

從一九五〇年代起，蔣經國在台灣的接班態勢越趨明顯，他在一九五一年選址台北復興崗成立的政工幹部學校就是培植自己人的機關，一如他父親蔣介石當年成立「黃埔軍校」，培養嫡系部隊才好辦事。政工幹校在軍隊裡形成另外一股勢力，像是軍隊裡的人二系統，掌握軍隊的情資。蔣經國一步一步慢慢侵蝕陳誠這些國之大老對軍隊的掌控。

蔣經國也去了澎湖，還到了澎湖防衛司令部子弟學校。這所學校一九五三年二月遷到彰化縣員林鎮，校名改為教育部特設員林實驗中學，後來又改制台灣省立員林崇實高級工業職業學校。從員林實中畢業的山東流亡學生，包括中央研究院院士張玉法、于宗先；前台大校長孫震；前警政署長顏世錫、盧毓鈞等人。

一九八〇年代張彬回來台北一次，搭計程車的時候，計程車司機有濃濃的山東腔。

「你是山東人嗎？」張彬問。

「是。」

「你是怎麼來台灣的？」

「我是跟我們校長老張一起來的。」

「喔，我知道你是怎麼來的。」

「我們校長被那些混蛋槍斃掉了。他是為我們學生犧牲的。」

他抬高了聲音，語氣中露出了怒氣。張彬沉默不語。

「你知道我在說甚麼嗎？你不了解我們經歷過的。」

「不，這些我都知道。」

司機笑了，有點不可置信，「這位先生，你知道甚麼？」

「我都知道，我是張校長的大兒子。」

「那你一定是張彬喔！」司機驚訝地喊出來。

「是，我是。」

司機轉過頭來看著張彬，「我知道你們之前過得很苦。」

「如果我知道這些王八蛋住在哪裡，我要去殺了他們。」張彬回答。

兩人陷入一陣沉默。

到了目的地，司機堅持幫張彬開車門，眼淚在眼眶裡打轉，「我不收你的錢。」

張彬放了更多的車資在後座，兩人互相注視著，握手良久。

22 老鼠捉貓的遊戲

他感覺到痛苦，任何人都可能是朋友，也可能不是朋友，張彬說：「我怕別人對我好，也怕別人對我不好，這裡面有很多的矛盾。」

暑假過去了，九月，台大開學。但張彬的心底深處對於到台北還是很抗拒。台北，是爸爸被處決的地方，是那些兇手住的地方，爸爸那些有錢有勢的朋友都住在台北。禮貌上，張彬到台北去讀書，必須去和那些長輩打招呼。

但他不願去。他還是五年前，在李伯伯家的晚餐桌上低下頭來自慚形穢的男孩。然而他又必須去，媽媽要他去，心裡再不願意他都得去。

對張彬來說，去台北只有一件好事，那就是姊姊張磊在台北。

經過了繁瑣的註冊手續，張彬這個屏東男孩，正式成了台大新生，搬進了學生宿舍。他並沒有太多喜悅，因為他知道即使台大畢業了，他這個「匪眷」的帽子依然摘不掉。因此他希望這四年很長很長，永遠不要結束……。

張彬住的宿舍有三層樓，大約三十間寢室，每間寢室有八張床，住八個學生。宿舍裡有個大餐廳，晚餐後學生就在餐廳裡讀書。張彬很喜歡這個新環境，包括校園裡面筆直的椰林大道，還有日治時期興建的紅磚校舍。

很不尋常地，員警並沒有跟著來到這個新環境，張彬想，或許是要避免情治人員進入校園的印象。但他也清楚這事情沒那麼簡單，連潮州中學這樣的鄉下地方，在他身邊都還有一批學生在監視舉報，到了台大也不可能少。

過去五年，張彬磨練出一種對人的戒心，還有一種「謀定」的能力。他像是在江湖中行走長大的孩子，嗅得出起風的味道。

他認為首要之務，就是找出要捉老鼠的到底是哪些人？在潮州，他躲在窗戶邊偷聽老師和同學的秘密會議；但在台大，他不覺得自己有這個好運道，他必須更加小心觀察，用盡各種方法。他不敢相信任何人，如果「他」或者「他們」有任何負面的報告，自己必死無疑。

還有，哪些人有可能是「賣情報」的呢？把自己的舉動賣給「他」或「他們」？張彬知道，老鼠想過大街是個極大的冒險，過程中牠會是所有人的獵物。

張彬不敢交朋友，他害怕被出賣。他非常小心地觀察身邊的每一個人，尤其是那些對他友善、想接近他的人。他感覺到痛苦，任何人都可能是朋友，也可能不是朋友，「我怕別人對我好，也怕別人對我不好，這裡面有很多的矛盾。」

每次跟人說話時，張彬就看著別人的眼睛，像機器戰警那樣會自動開啟觀察機制，還得小心不能讓別人察覺他的心思。他打定主意裝聾作啞，這是「謀定」之後的欺敵政策，張彬相信自己會打贏這場間諜戰，他不能輸，輸了就等於輸掉自己的人生。他想留在台大，不想去火燒島。

張彬絕口不談他的家庭背景，這是他的策略。做為潮州中學第一個考上台大的孩子，使他在學校裡面沒有熟人，也沒有人會知道他家出了甚麼事情。因此，如果同學裡面有人透露出他的家庭背景，那只有一個可能：這個人被情治人員收買了。張彬不動聲色靜靜觀察「他」或者「他們」，親近可疑的對象，他把敵人放在視線所及的地方，掌控敵人的行蹤。

有一次，張彬抓到了一隻貓，是他的學長，和他在宿舍裡同住了兩年，兩人還頗有交情。畢業九年後，有一次張彬去拜訪這位學長，兩人回憶往日時光，聊得不亦樂乎，學長說，「張彬呀，我這一輩子有件事情不跟你講，心裡過意不去呀！」

張彬截斷他的話，「學長，你不必說出來，我都知道，沒關係的。」

「甚麼意思？你都知道？你知道甚麼？」

「在那些美好的歲月裡，你們替國民黨監視我，不管我們去哪裡鬼混，去哪裡找樂子，你們都在看著我。」

同學的眼睛睜得好大，原本典型漢民族的杏仁眼，因為驚訝而變成一個大圓，嘴巴也張得大大的，同學完完全全愣住了：那些年，究竟是誰在看著誰？張彬從來沒有看過人的表情可以這樣瞬間變化，如此地戲劇化，都可以贏得奧斯卡的小金人了。

「哎呀，都過去了，沒關係的，我們還是好朋友啊！」張彬說。

「你不生氣嗎？」

「我還是你的朋友，因為你對我太好了。」

「你怎麼知道？」

「你每個月的報告，從來沒有講過一句不當的話，我當然不生氣。」

這件事讓張彬體悟，一隻老鼠抓到貓的樂趣，遠遠勝過一隻貓抓到老鼠。但張彬究竟是如何抓到貓呢？

原來這位被張彬逮到的貓，是個韓國華僑，大張彬九歲。張彬從不對同學透露家裡的事，誰知道他家裡的事情，誰就有問題。台灣本地生會知道的都不多，更何況是韓國僑生。

張彬說，「其實抽屜的東西，我都看了。」

那隻貓嚇呆了，張彬繼續說，「你還記得從前我有把刀吧？」

「知道啊！」

「那都是為你們準備的，你只要報我一件事情，我就要去火燒島了。但我去火燒島之前，一定會先把你們殺掉。」

張彬那把刀是屏東空軍基地的傘兵送的，就是傘兵拿來割斷繩索，或者被敵人活捉時，想要同歸於盡的那種刀。張彬的刀就是打算同歸於盡用的。九年後的告白，真相竟是如此地恐怖。

「所以，你真的隨時都有可能殺掉我？」學長問。

「但是，你救過我一命。」張彬說，「你不是曾經提醒我，張彬呀！你家的情形，你應該參加國民黨。而且你想出國不是嗎？你出不去的，你要小心，趕快參加國民黨，對你沒壞處的。」

這位長張彬九歲的韓國僑生也是山東人，對於這個小老弟，他有疼惜之情。就是這點做人的情義，救了他自己，也救了張彬。古今中外在黑暗的情治系統裡面，都殘存著一些人性的光明火花。

張彬是登記有案的匪眷，沒有一個教官會來找他入黨。戒嚴時期，不分男學生、女學生，從高中到大學，總是有人來鼓吹入黨，不入黨表示你思想有問題，麻煩大了。

這位大張彬九歲，已經歷各種人生滋味的學長，關鍵時刻拉了他一把，介紹他入黨，起碼代表了張彬這個匪諜之子沒有二心，效忠領袖。張彬那時已經計畫要出國讀書，沒有入黨，他連參加留學生出國考試的資格都沒有。後來出國要保證人背書，山東省主席秦德純理直氣壯地寫著：「…本黨同志張彬…」。

雖然張彬從骨子裡討厭入黨這件事情，爸爸不是國民黨的忠貞黨員嗎？但不也就是國民黨的人殺了爸爸嗎？

◆

雖然媽媽幫忙申請到了獎學金，住宿和吃飯的錢都有了著落，不過總還有些日常的開銷，張彬一定要再找份收入。因此他到派報社，想找個送報生的工作，人家問他是幹甚麼的？

「我是學生。」

「在那兒唸書？」

「台大。」

「台大？」

那人把張彬趕走了，台大生送甚麼報紙？於是張彬看報紙找家教工作，他這才發現，原來台大學生這麼搶手。披荊斬棘、過關斬將，四萬人才考上這一千多人，誰比這些台大孩子更有資格幫助別人考上台大呢？

張彬在台大的日子過得很闊綽，像個有錢的大爺。他兼了兩個家教，分一、三、五，二、四、六。兩個家教每個月少說就有四百元的收入，獎學金還不算在內。

有了這麼多錢，張彬帶女孩子去跳舞、看電影、坐三輪車。那時坐三輪車很奢侈的，學生都只坐公車或騎腳踏車。在西門町看電影，大世界、萬國、新生等首輪戲院，一張票就要五元五角，兩個人就十一元。還要吃個飯，跳跳舞，出去一趟，五、六十元就不見了。

比起其他同學，張彬幸運多了，他不用付學雜費，家教的錢全用來滿足自己青春的奢華。在畢業面對現實處境之前，他屬於人生勝利組：他是台大生，而且是風雲人物。他從大一開始就出名了。

台大第一年有很多共同科目，國文、英文、物理、化學、三民主義等等，共同科目教室就在現在的洞洞館（農業陳列館）附近。下課十分鐘，大家在教室前的空地「憋車」。而「憋車」這事，張彬早就是個達人了，他是屏東縣的冠軍好手，從台灣最南端殺到台北一樣罩得住。他的戰友，那台英國飛利浦，隨他征戰台北，張彬說，「沒人憋得過我！」

憋車也就是所謂的「釘車」，那個時代是個熱門的遊戲，他們還發明出在乒乓球桌上釘車，看誰定得久。有一年校方邀請釘車好手，在運動會上表演，校長錢思亮致詞完就換張彬演出，贏得了滿堂彩。

張彬個子高籃球打得好，還考上了校隊，不過訓練時間是週二和週五晚上，和家教時間有衝突，他就放棄了打籃球。第二年張彬從獸醫系轉到第一熱門的土木工程系，那年土木系破天荒多收十幾個轉系生，張彬考最後一名吊車尾，走路更有風了。

走路有風另一個原因，是他衣服穿得「趴哩啪哩」，都是美國的襯衫、牛仔褲。原來寒暑假回潮州，去天主教會的教堂望個彌撒，用台語跟著胖胖的西班牙神父唱誦：「聖母馬莉亞……阿門！」有了神氣的美國牛仔褲，從此大姊張磊一針一線縫的衣服褲子，都被弟弟嫌土，不穿了。

打著台大生的名號，張彬的家教錢賺得很容易。不過他自己承認是個兩光的家教，他教過的學生沒有一個考上台大，但他也不覺得愧咎。他發現大部分孩子的成績好壞，和家裡有沒有錢剛好相反。以他自己來說，在青島很優渥時，他上青島第一中學，還要媽媽打電話給學校關說。但來台後在鄉下讀書，沒家教、沒補習，照樣考上全台第一學府。但張彬對於學生成績與家境成反比的認知，其實也有些偏差。

首先是他取樣的錯誤，不管家裡經濟情況好不好，需要家教的學生，通常成績不會太好。其次從這裡也可以了解，這個因為政治悲劇而家道中落的年輕人，從十四歲落難公子哥兒的自卑自憐，現在已轉變成一種偽裝的「窮書生志氣」，這種心情反應在他交女朋友的事情上。

風雲人物身邊不可能沒幾個女孩的，因為身邊沒女友，就顯得太不上道、不夠炫，尤其對張彬這種不知道畢業以後人生還有什麼著落的人來說，他的生活態度是，「行樂要即時，錯過了就很難再有。」

所以張彬身邊總有幾個女孩，校門口附近的傅園，綠樹成蔭，還有老校長傅斯年紀念碑旁的巴洛克式涼亭，是抱抱女孩親親嘴的上選之地。有些女孩認為逛校園、吃飯、看電影就是約會了，一般人也認為如此，但張彬卻要定義為「朋友以上，戀人未滿」的層級，實在叫人傷心。

但真實的情況卻是，風雲人物的心靈原型，依然還是一隻老鼠，一隻不知道過不過得了街的老鼠。尤其遇上了大官的女兒，那老鼠的自憐和慌張，更不時嚙食著他的心。

「女孩子的父親請我到她家吃飯，做爸爸的當然要打聽一下，上下看一下。」但張彬根本不打算讓這些「戀人未滿」的情愫有發展的空間，「我交朋友只是交好玩的，我絕不會娶大官的女兒。」為什麼？張彬說，「如果我老張有什麼成就，人家都會說因為我是某家的女婿。但我老張如果真有成就，一定要是我自己的本事！」

◆

張彬的行事作風越是張狂，心裡的黑洞越是深沉虛空。唸土木系就是當工程師，對別人來說是前途光明，但對匪眷來說，隨時可能就鋃鐺入獄。就像高三那年的早自習事件，差點就被抓去火燒島。耗盡力氣拚上了工程師，真的會有好日子嗎？這好像是一場明知沒有勝算的比賽，卻要他口吐白沫，拚命往前跑。

最慘的是他根本不喜歡土木工程學，大學四年，他幾乎不買課本，考試就借同學的筆記讀一讀，少數幾個認真唸的科目只有虞兆中教授（一九八一至一九八四年任台大校長）的結構學、應用力學、材料力學，他覺得只有課程才是真的有學問，值得認真。

唸土木工程是當時社會的潮流，也是媽媽的希望，是張家的未來，他必須讀下去，但卻又開始玩起他沉默抗議的把戲：晚上跑趴狂歡，白天在宿舍睡覺。一如當年考上雄中不能去唸，於是考潮州中學的入學考試他故意繳白卷。白天他會自動去上的課是外文系的英詩與戲劇，其實他骨子裡是個文青。

可是偏偏他就有唸理工科的頭腦，不上課單靠自修，考試照樣都能過關。老天給了他均衡發展的左右腦，又給了他異於常人的家庭背景，讓他造成了一個奇怪的心理，一種樂於活在剃刀邊緣的癮頭。

很多事情做起來不難，所以沒有意思，那就找點有意思的事情來玩。來打賭？每科考一百分？考一百分不見得容易，但是不夠刺激。那麼打賭每科都考六十分如何？這個賭局的刺激在於必須精算分數，一個不小心，變成了五十九分，就得補考。

張彬跟同學打賭，畢業考每科都考六十分。最後成績出來了，真的每科都六十分，但有一科六十五，鐵路工程學。因此張彬拿著六十五分的考卷去找教授。

「張彬，有什麼問題嗎？」

「你給了我六十五分。」

「你有意見嗎？」

「是啊！你應當給我六十分。」

教授生氣了，哪有人要來「減分」的？「你不要胡鬧，我給你六十五分很不錯了，你再鬧，我給你五十九分，讓你補考。」

張彬跟教授說實話，「教授幫個忙，我和同學們有個賭局，每科都要剛好六十分。大四要畢業了，瀟灑一下嘛！」

教授聽了，樂了，「你這個臭小子，這樣也能玩呀？」

教授給張彬扣了五分，六十分。張彬這回真瀟灑了，原來賭注是吃飯，張彬贏了，大家請張彬吃牛排；張彬輸了，大家請張彬吃狗肉。張彬可不敢吃狗肉。

■「憋車」也叫「釘車」，騎在腳踏車上但腳不落地，車子也不移動，這需要很好的平衡感。1950年代在台灣，這是個熱門遊戲。有一年，在台大運動會上，選手們甚至在乒乓球桌上釘車，看誰釘得久就是冠軍。校長錢思亮致詞完畢，就換張彬演出，贏得了滿堂彩，也讓他成為台大的 風雲人物。

24 爸爸的骨灰罐

隨著人事變遷，殯儀館對這位「貴賓」不願再買單，託人告訴在台北的長女張磊，要不就付錢，要不就搬走，二擇一。

在台大美好的四年快要過去了，不過這四年並不只有美好。有一些事情很沉重，要長子來承擔，像是爸爸的骨灰罐。

有一天，張彬去學校找大姊張磊，張磊拉著他去一個小房間，一邊哭一邊說，「爸爸的骨灰罈放在我宿舍櫃子裡三個月了，但我對誰都不敢講。」

一九四九年十二月，張敏之校長被槍斃以後，私底下替張家覺得冤屈的朋友不少，一個朋友的兒子是稅捐處的主管，他拜託殯儀館：「張校長的骨灰，你把他收起來吧！」交換條件是稅捐處對靈骨塔的收入睜一隻眼閉一隻眼。

張校長的骨灰罐「寄居」六張犁靈骨塔幾年後，隨著人事變遷，殯儀館對這位「貴賓」不願再買單，託人告訴在台北的長女張磊，要不就付錢，要不就搬走，二擇一。

大姊張磊不想再讓媽媽傷心，默默領了爸爸的骨灰罐，就放在宿舍的衣櫃裡。但是每天這樣睹物思人，看到骨灰罐就想起冤死的爸爸，以及在屏東掙扎求生的媽媽，張磊心裡非常痛苦。過了大半個世紀，張磊都八十歲了，她說著說著還是激動難抑，「這個骨灰罈子我……放在櫃子，我誰都不敢講……我什麼都不敢講，但是這個骨灰罐子……就是跟著我在那裏……。」。

姊弟倆議定好「移靈」的那一天，張彬騎著飛利浦來接爸爸。姊姊拿了一個枕頭套，把罐子密密地包好，外觀上一點都看不出是什麼東西。張彬再拿一個袋子套起來，綁在腳踏車的後座，姊姊哭著和爸爸告別，崩潰地大哭，張彬載著爸爸走了。

路上，張彬想起了從小到大和爸爸相處的片段，有快樂也有悲傷，他恍神地騎著，覺得回台大宿舍的路途好遙遠，父子倆從來沒有這麼單獨親密的時刻。等他回過神來才發覺，他根本不知道騎到哪裡去了？

回到學校，平常難得清淨總是亂哄哄的宿舍，這天意外地空無一人，他關上房門，解開枕頭套，請爸爸坐在他的床上，然後跪下來，雙手抱著爸爸，父子倆開始談心。

「爸，您好不好？」

「爸，您跟我說幾句話，我們都很想念您。」

然後他彷彿聽到爸爸說，「隆隆，我很好，別哭了。」

「您在我們最需要您的時候，丟下我們。」

「我知道我對不起你，對不起姊姊和弟弟妹妹，尤其對不起你媽媽。」

「您為什麼要管那些事呢？」

「對不起，如果時光可以倒回，事情會不一樣的。」

「沒關係，爸爸，我們都了解，尤其是媽媽。她從來沒有抱怨，雖然她很希望你能夠多照顧我們一點。」

「我很高興你們諒解我，我需要你們的諒解。」

「我們都很愛您，爸爸。尤其是媽媽，她對您完全無怨無悔。」

「我知道。」

「現在您陪著我了。」

講完了，張彬右手抱著爸爸，左手抓了他自己的舊毯子，父子倆一起蓋好，沈沈地睡著了。

醒來後張彬覺得心情好多了，把衣櫥裡的衣服都清出來，然後將爸爸的骨灰罐鎖在衣櫥裡。這是爸爸要「住」的地方。

此後一直到大學畢業，爸爸一直陪著張彬，他覺得寂寞或者悲傷時，就把蚊帳放下來，從衣櫃裡請出爸爸陪著他一起睡，他總是因此能安心平靜地睡個好覺。

爸爸活著的時候，父子倆從來沒有單獨談心聊天。但現在，爸爸跟他在一起，只陪著他一個人。

◆

作為張家長子，與親朋故舊的聯絡，也是長子的責任。張敏之校長就讀中央黨校時，有位好友周紹賢，後來也幹過報社記者。一九四九年七月澎湖出事之前，他奉《中央日報》的派遣，在澎湖待過一陣子，也警告過張敏之對學校事務放手。一九四九年十一月，周紹賢也被牽連下獄，和張敏之關在隔壁牢房。

張彬拜訪周老師，恭恭敬敬地站著。這位個性瀟灑的周老師，很高興故友之子的到訪，招呼他坐下來。他注視著這位當年在澎湖才十三歲的小孩，現在已經是個大學生了！周老師紅了眼眶，半晌才說：

「你長得真像你爸爸。在學校好嗎？」

「還好。」

「媽媽好嗎？」

「我媽媽很堅強，她一直都是這樣。」

「我很想念你爸爸。」周紹賢說著，眼淚滾下臉頰，他努力地眨巴著眼睛，想要控制住排山倒海席捲來的情緒。

午後的陽光靜靜流逝，倆個人都說不出話來。在安徽長官店、在青島、在澎湖的日子，像電影膠捲般，安靜地放映著。

「西寧南路38號，我就住在你爸爸的隔壁牢房。」良久，周老師緊閉著雙眼，哽咽地說。

張彬也用同樣壓抑的聲音，「我知道。」

「歷史上有很多的冤獄，我是讀書人，我都讀過，但是張彬，沒有像這樣的。你爸爸受了很多酷刑，從老中國的那些玩意兒，到現代的電擊，你想像不到的。但你爸爸很有尊嚴，到最後，他就剩下皮包骨了。」

「我們的牢房中間有一堵牆，晚上沒人看著時，我們兩個會說說話。我告訴你爸爸，要撐著。」

「你爸爸說，他實在撐不下去了，他寧可像文天祥一樣死掉。他告訴我，他放不下你們。他很擔心你們。」

張彬心頭一陣翻湧。周紹賢繼續說，「那些禽獸連你們的消息都不給我們。我們也不知道你們是不是也被抓進來了？是生是死，都不知道。」

張彬忍不住哭了。

「我告訴你，那種感覺太可怕了。沒有任何語言文字可以形容。這些事情都應該被歷史記上一筆，但現在，我們連講都不敢講。」

「我知道。」

「如果你講了這事情，你會被關起來。你要小心。」

「我了解。」

「我沒想到局勢會變成這樣。共產黨也不會比這個壞到哪裡去。」

「我看不出來還有誰比國民黨更壞。」

「我想我們再也回不了家了，我們都會在台灣終老。這是我們中國歷史上最黑暗的一段。」

周老師擦乾了眼淚，望著窗外發呆，一種絕望的表情佈滿臉上。張彬覺得快窒息了，他想要逃走，「周老師，我要走了。」

「吃個晚飯再走？」

「不了，我得走了。」

「我反正沒什麼事。」

「老師您自己保重。」

「不用擔心我。你要聽媽媽的話，照顧你的弟弟妹妹。」

「我知道，我會的。」

「你是張家的長子，要像個長子的樣子。」

「我會努力。」

「記得，殺父之仇，不共戴天。」

張彬告辭出來，像是從地洞中爬出重見天日，時間又開始流動，風也開始吹拂，爸爸的朋友總要他記住仇人是誰，但是媽媽王培五卻要他們忘記。

過了很多年，張彬更深切體認，一個真正的強者是可以做到原諒，而不是去復仇。媽媽不斷地教他們要做一個真正的強者，但是傳統上，尤其是自詡為孔家儒道傳承者的山東人，關於忠孝節義，他們的想法和媽媽不同。作為山東煙台張敏之家的長子，張彬應該怎麼辦呢？

◆

潮州是屏東縣的一個小鎮，但是在世界瘧疾防治工作上，卻是一個重要的據點。《福建通志卷五十八，氣候篇》記載：「南北淡水，均屬瘴鄉。南淡水之瘴作寒熱，號跳發狂，治之得法，病後加謹即愈矣。」

南淡水指的是下淡水溪，就是今天的高屏溪，高屏溪以南叫做南淡水。「南淡水之瘴作寒熱，號跳發狂……」，主要指的就是瘧疾發作時而高燒時而畏寒，抽筋嘔吐，甚至導致肝腎衰竭的症狀。

日治時代，台灣總督府在潮州成立「瘧疾防遏所」。二次世界大戰之後，熱帶醫學成為世界公共衛生研究的顯學，一九四六年十一月，美國洛克斐勒基金會（Rockefeller Foundationu，一九一三年在紐約成立，宗旨在於提高全世界人類的福利）中國區辦公室和南京的中央衛生實驗院瘧疾組合作，在潮州成立「瘧疾研究中心」，地點就在現今潮州公園的日本神社遺跡。

一九四八年洛克斐勒基金會亞洲重點改到印度，「瘧疾研究中心」改為「台灣省立瘧疾研究所」，由中國農業復興委員會（簡稱農復會，一九四八年在南京成立，經費主要為美援）、美國經濟合作總署中國分署（Economic Cooperation Administration, Mission to China 一九四八年在上海成立，執行對中國的經援），以及世界衛生組織（WHO，一九四八年在瑞士成立，聯合國屬下專門機構）共同支持。

一九五二年到一九五八年間，是台灣除瘧的高峰期，衛生單位派人到家家戶戶大量噴灑DDT，並且發放一種叫做「白樂君」（Paludrine）的抗瘧疾特效藥。許多國際間研究熱帶醫學的專家學者來到潮州做研究，有人攜家帶眷在潮州住了好幾年。潮州這個以產米、糖，並且兼具屏東縣平地和山區部落銜接點的鄉村小鎮，因此出現了好些洋面孔。

暑假，張彬回家的時候，偶然認識了來自美國猶他州（Stafe of Utah）的貝克一家人。貝克博士（Dr. Elden Beck）是楊百翰大學（Brigham Young Universit，摩門教會成立，美國最大的宗教大學）的教授，他到潮州幫世界衛生組織工作。貝克一家都是摩門教徒，他們也介紹張彬認識台北的摩門教會，教會裡面有一個到台灣當志工的楊百翰大學學生沃克（Elder Walker），和張彬成了好朋友，並且說動張彬加入摩門教。

有人警告張彬，摩門教是奇怪的宗教，他們允許一個男人娶好幾個老婆。張彬問了沃克，了解那已經是過去的歷史，他漸漸成為台北摩門教會的活躍份子，教會的人脈對他後來的人生影響至關重大。

每年摩門教在猶他州的總部，都會送一些表現傑出的青年到世界各地聚會，一個叫做希克利（Elder Gordon Hinkely）的年輕人來台灣好幾次，張彬當他的翻譯，他很欣賞希克利的活動能量和他們志願服務傳教的精神，這個人後來成了全美摩門教會極有影響力的人。

不過在摩門教對張彬的人生產生作用之前，瘧疾研究所裡面，摩門教的美麗女孩，已經把張彬和他的哥兒們迷得神魂顛倒，他們挽著洋妞的手臂，在潮州鎮上招搖過街，或者到小溪裡游泳。盛夏豔陽下的青春如此叫人迷醉，但即使如此，經過研究所的圍牆，看到裡面洋人的豐盛聚會，一股出於自慚形穢的嫉妒，還是叫他們做出了差勁的舉動：朝裡面丟石頭。宴會中的人嚇得一哄而散。

Part 6
轉。

1960 到 1963 年，王培五任教台南女中，這期間，大女兒張磊幸福地結婚生子、大兒子張彬如願赴美、二女兒張焱在台北榮總擔任護士、二兒子張彪在台大森林系讀書、小女兒張鑫考上台大醫科、小兒子張彤從台南一中保送台大電機系。「歲月靜好」，在台灣過了十年的苦日子，全家人的生活似乎越來越見光亮。

那一晚，張彪高興得睡不著，經歷了他人生中第一次失眠。媽媽感到安慰，也鬆了一口氣，終於把二兒子也推上了台大，她又闖過了一關。

24 第二個台大生

一九五七年的寒假，有三個教職機會等著王培五老師。一個在台北，北一女中的新店分部；一個在高雄，鳳山的陸軍官校；一個在台南縣，新成立的省立善化高中。

善化高中是個新學校，一九五五年因為防空備戰需要，在善化成立台南女中分部，男女學生兼收。一九五六年分部獨立設校，由原來台南二中的教務主任曹書勤擔任校長。台南女中的教務主任，是王培五在北京師大的同學，介紹了這個新學校的機會。

離開潮州是好的，王培五希望孩子們可以受到更好的教育，也能看到更廣大的世界。不管台北、台南或者高雄，這些地方人口比較稠密，王老師晚上兼家教賺錢的機會也比較多。至少家裡幾個正在發育中的小孩，也能多補充一點魚肉蛋白質。除了最小的張彤以外，張焱、張彪和張鑫，都已經唸中學了。

還有一個非離開不可的理由，就是為了二兒子張彪。張彪也跟哥哥一樣，在潮州有了一夥狐群狗黨。張彪說，「我跟幾個外省同學，從初三開始抽菸，像混太保一樣，但也沒有做什麼壞事，就喜歡穿些比較流線型的衣服。」

抽菸還是小事，但偷菸就是大事了。張彪掩不住一點小小的得意，「我們偷菸是很厲害的，兩三個人進去店裡，一個人負責分散管理人的注意力，其他人就可以順手拿一包，很簡單的。」其實這些小孩也沒菸癮，但一、兩個禮拜去偷一包菸，就是好玩。

張彬與張彪，初高中時總是讓媽媽費神，相形之下，張磊、張焱就是媽媽的好幫手，放學回家不是讀書，就是做家事燒飯、洗衣服。幸好張彬高三時覺悟了，唸書唸到吐血，總算考上了台大。那麼張彪呢？

他的青少年生涯，也要跟哥哥這樣荒唐幾年嗎？但張彪是個比哥哥更難讓人理解的孩子，他不像張彬這麼張揚，總是安靜地過自己的日子。他不是沒有意見，但不會聲嘶力竭地去主張。他幹了些小壞事，但會不會去幹一些根本沒有人知道的大壞事？沒人知道。他是個小天才，入學比人家早一年，小學二年級唸完又直接唸四年級，腦袋聰明，卻不是書獃子，最叫人捉摸不到。

那麼，離開潮州去哪裡好呢？官校和軍方牽扯太深，先被王培五否決了。去台北，大哥張彬反對，他認為台南縣的善化單純一點，台北太複雜了。大哥的這個決定，後來小弟弟張彤認為走錯了一步棋，起碼影響了張彤的高中生活。

◆

要離開潮州，大家沒有什麼特別的情緒，搬家對他們來說，已經很習慣了。懷抱著對美好生活的憧憬，一家人帶著行李再度啟程，上了火車。

作為「鼠頭」，張彬在搬家前幾天回到潮州幫忙打包。出發前一晚，在一堆箱子行李與鍋碗瓢盆的混亂當中，唸初一的小妹妹張鑫，早就安安靜靜沈沈睡去。在搬家的忙亂繁瑣當中，張鑫照吃照睡，她永遠是不慌不忙的個性。這是難得的天賦，對她將來的事業發展很有幫助。

從潮州搭火車到台南，要到高雄換車。從高雄到台北的鐵路叫做縱貫線，縱貫線才有莒光號這種對號快車。張彪高二了，他在高雄和大家道別，因為媽媽為他準備了一個冬季特訓營，他要住到高雄女中一位數學老師家裡，每天做數學練習。

這位數學老師姓陳，是爸爸張敏之在安徽長官店的學生。數學老師對恩師的公子很嚴厲認真，住了兩個禮拜，張彪哪裡都沒有去玩，只記得高雄有一條河（雄女旁邊的愛河），一個天主堂（雄女對面的玫瑰天主堂）。

善化中學是個新學校，教職員宿舍也是嶄新的。一家人馬上喜歡上了這個有水泥隔間的宿舍，王老師分配到的單位包括四個臥室，一個浴室，一個很大的廚房，還有一個私人的庭院。每天晚上吃過飯，所有的小孩都在餐桌上讀書，由媽媽壓陣。在善化的生活平和安穩。有一天，媽媽帶著大家坐半個小時的火車，去台南市一家山東館子打牙祭，大家都很高興。

◆

這一年的農曆春節，張彬聽弟弟妹妹說，有一個高個子的山東老鄉來了很多次，他宣稱自己是警總的人，每次都來要錢。剛開始媽媽以為是倒楣，遇到了欺負孤兒寡母的特務，幾次以後發現，這人根本是個假貨。不過每次這人上門來要脅，媽媽還是盡量招待他吃一頓好的，起碼任他吃飽喝足，免得旁生枝節。

張彬聽了氣瘋了！他恨這人利用他們家畏懼警總的痛楚和軟弱來敲詐，這種欺負人的方式，尖銳地刺傷了他作為長子卻為家庭悲劇無能為力的自尊。他找來中學的死黨，帶了棒球棒，打聽到這人在一家山東餐館裡工作，地點在台南縣的另一個小鎮新營。

「我找李先生。」張彬告訴餐館的人，叫姓李的出來。

「你是他朋友？」

「不是，我是他仇人。」

「我幫他帶個話吧！他現在不在。」餐館的人說。

「告訴他，我是善化張太太的兒子，他來我們家好多次。」張彬一邊說著，一邊打量到姓李的就躲在廚房，馬上一腳踹開廚房的門，拿著球棒往前衝，那位姓李的見狀立刻從後門逃跑。

「你個龜兒子，下次再讓我聽說你這個髒臉出現在我家，我打斷你兩隻狗腿！」張彬對著逃跑的背影大聲咆嘯。這人後來再也沒出現過。

◆

善化中學是個新學校，張彪一九五九年畢業時，是善化第一屆高中畢業生。他到善化讀高二，那一年善化高中部招生招了三次，才招滿學生人數。台南市區的學校考不上的，才到善化來。張彪回憶說，「流氓都在我們班上，天天打架。我剛去時，連上廁所都要很小心，他們在走廊邊邊上講話，站一排，我從中間走，頭都不敢歪一下。」

在新環境，張彪有時也打架，但也只是做個樣子，表態一下，他並不喜歡這麼搞。那時學校附近都是稻田，有很多灌溉溝渠，不放水時就成了乾涸的深溝，是學生們偷抽菸的好地方。張彪喜歡這樣的小叛逆，「一根煙這樣子傳來，等到第十個人抽到時，拿在手裡會被燙到叫出來。」

一根菸傳十個人，每個人都只有吸一口的機會，兄弟情誼就是這樣建立起來的。抽菸這事不僅滿足了叛逆的好奇，最重要是確保在群體不落單，這也是生存之道。

張彪和哥哥一樣，對於未來都有一種自覺，就是必須唸大學、出國，這樣才有出路。這是媽媽來台灣後就不斷灌輸他們的概念。但看到張彬高三衝刺時唸到吐血，媽媽防患未然，這個二兒子高二寒假時，就先送到高雄特訓，提早開跑。張彪腦袋聰明，卻是一種「不喜歡把事情玩到極限」的個性，使壞也不會太過分，成績剛好可以過就好。他喜歡優遊的過日子，但不表示他什麼事情都不放在心上。

媽媽是教英文的，可是張彪到了高三，英文還考不及格，很不給媽媽面子。張彪的英文老師兼導師很著急，都要考大學了，這怎麼行？老師請媽媽王培五想想辦法。媽媽回家叫來了兒子，「是不是覺得學習英文很困難？」張彪不慌不忙，說，「現在這個階段唸書是為了考大學，不是唸一般學校考試的東西。」

原來，張彪認為英文程度是要長期累積的，現在距離考試沒幾個月了，這個衝刺階段拿來唸英文很不划算，投資報酬率太低，不如把數學、物理、化學的題目多做一點。媽媽聽了說，「喔，我理解，不過你考好一點，我比較有面子。哈哈！」張彪對媽媽非常佩服，媽媽完全接受兒子的主張。

張彪很高興媽媽不是一個神經質的人。更佩服的是，媽媽把自己的面子放一邊，完全信任兒子，放手讓兒子按照自己的步調去做。

最有趣的是，兒子唸書唸到焚膏繼晷，媽媽還叫他不要唸了。有時媽媽睡了一覺，半夜醒來，看見兒子還在奮戰不懈，媽媽心疼了，「不要唸了，還年輕嘛！你再考一次、再考兩次都還比人家年紀小，無所謂嘛！」

媽媽很懂得欲擒故縱的道理嗎？

◆

大學考試放榜了，果然張彪的英文只考三十四分，其中十三分還是從單字選擇題「矇」來的。他根本不認得那些單字，但是做考古題時抓到一些技巧。張彪是個聰明的孩子，他看事情是看「局勢」，找「策略」。做考古題很無趣、很厭煩，與其不斷死背，張彪開始研究出題的「邏輯」，「有一天，我發現了考古題的秘密，我很快樂，但對其他人都不敢講，擔心一講出去大家都知道了，但是我自己知道我發現了！」

生活的技巧在一點一滴的摸索中被驗證，張彪也在自信中長大了。

考大學的試場在成功大學，張彪前一晚借住在台南市區的同學家。那一晚，「同學家有爸爸媽媽，還有一個妹妹，加上我五個人，吃飯時我就坐在他妹妹對面，她大概比我小三歲吧。有一道菜是蝦，帶殼的蝦，我不曾吃過，就連殼一起吃了，他妹妹看著我就笑了出來。」

■1955年因防空備戰需要，台南女中在善化成立分部，男女學生兼收，隔年獨立設校。王培五由屏東潮州遷往台南善化任教。左上圖為王培五指導學生。右上圖為該校畢業紀念冊上王老師的題字。下圖為1961年善化中學師生合影。這時台灣政治氣氛稍鬆，王培五也得以擔任導師。

張彪知道被人笑了，別人笑他是鄉下土包子，沒見過世面，但他一點也不以為意，他說，「我沒有哥哥那種處處都要跟人比高下的好勝心，晚上六點鐘吃過飯，我六點半就睡覺了。睡到第二天早上六點鐘，精神好得很。」

第一堂考數學，考完張彪跟人說，「我數學一定一百分。」但第二天翻報紙一看，昨天的題目他只答了前面一頁，後面還有題目他沒看到！結果數學只有八十七分。

考完回家，張彪快樂的不得了，天天遊手好閒、鬆散得很。善化中學的老師跟張彪說，「東海大學也不錯，你應該考得上。」這時東海大學剛創立，一九五五年開始招收第一屆學生。媽媽就問張彪，要不要去台中考考東海大學？他回答媽媽，「妳對台大的學生怎麼這樣不禮貌，等著看放榜吧！」張彪很有自信，他一定上得了台大。

八月放榜的那一天晚上，全家人都緊張地守在收音機前，大哥張彬認為弟弟不是一個很用功的學生，而且才十六歲，很為弟弟擔心。接近十二點時，收音機報出了張彪的名字，台灣大學森林系！全家高興得不得了！大哥點燃一大串鞭炮，劈哩啪啦地響了整整十分鐘，宿舍區也為之沸騰。

張彪是善化中學第一屆畢業生，給學校贏得了好彩頭！大哥下廚房給全家煮了一頓宵夜，那一晚，張彪高興地睡不著，經歷了人生第一次失眠。媽媽感到安慰，也鬆了一口氣，終於把二兒子也推上了台大，她又闖過了一關。學校老師紛紛來給她道賀，誇讚說：「王老師的孩子都不得了！」

25 全家上台北

考大學，對其他同學來講，為的就是單純的「前途」兩個字，但是在張家，考大學、出國，還包含了「生存」這個更卑微的需求。

從一九四九年到台灣，一直到一九六〇年代結束，張家在台灣這二十年，是台灣政治最為風聲鶴唳的歲月，對於可能涉匪的人事物極度敏感，全力圍堵。一九五〇年王培五剛帶著孩子搬到潮州時，就發生了一個小插曲。

他們清理宿舍，有一個廢棄不用的發報機，可以發摩斯電訊的那種。雖然只剩下一個板子，板子上有一個敲打的鍵，所有零件都已經生鏽破損，應該是以前課堂上教學生使用的教具。

王老師一家大掃除的時候，就把這個發報機跟其他雜物，丟到外面垃圾堆，不久，員警就上門了。這說明了一件事，這家人被盯得死緊，學校裡有告密的人。

一九五三年韓戰結束之後，美國和蔣介石的結盟關係趨於穩定，以《自由中國》雜誌為首的自由派，壓力越來越大。一九五四年，《自由中國》刊登了一篇「搶救教育危機」，內容批評政治介入校園、救國團破壞學校體制等等，雷震被開除國民黨黨籍（其實雷震遷台以後未登記黨員歸隊）。

一九五六年，《自由中國》刊出《祝壽專刊》，倡議內閣制、軍隊國家化。

一九五七年，台大教授殷海光寫了一篇《反攻大陸問題》，更是挑到了國民黨已經無法反攻大陸的敏感神經。

一九六〇年，雷震公開反對蔣介石違憲三連任總統，還刊登了《我們為什麼迫切需要一個強有力的反對黨》的社論，並且和李萬居、高玉樹，籌組「中國民主黨」，成員包括外省籍的齊世英（曾任立法委員、前台大外文系教授齊邦媛之父），以及本省籍的吳三連（曾任台北市長、《自立晚報》創辦人）、郭雨新（曾任省議員）、許世賢（曾任省議員、立委、嘉義市長）等人。反對黨是民主政治裡的基本元素，但在戒嚴時期的台灣，這是捻老虎鬚，雷震被捕下獄，關了十年。

在這樣的環境裡，像張家這樣的「匪眷」，保持沉默是唯一的生存之道。王培五已經打定主意要離開台灣，其實來台之前，她就跟張敏之說過：「到美國去。」可惜張敏之沒有聽她的，最後自己也命喪馬場町。現在，她是一家之主了，她替六個小孩設定了清楚的方向：出國。所有需要做的，也是唯一能做的事情就是：等待。等待時間過去，等待孩子長大。即使她還沒有看出來，她們憑什麼能到美國去生活。

她也還沒看出來，《自由中國》事件餘波盪漾，一九六一年年，「匪眷」張彬要出國讀書，難上加難。

◆

一九五九年八月七日，八七水災災情慘重。台南地區大雨下個不停，張彪冒雨到善化鎮公所幫哥哥抽兵籤，張彬當然希望在台北服役，而且最好是當空軍或者憲兵，結果，張彬失望了，「我那個傻弟弟幫我一抽，鳳山，陸軍！」

九月份，張彬入伍，一千個大專畢業生在鳳山的新生訓練中心，他被分配到第七連，一連有九十九個新兵，張彬的連長個子高高的，山東口音，是個少尉。這位王連長，讓張彬帶一個班，十二個人。張彬馬上覺得被盯上了，事有蹊蹺。

當天晚上，每個人都要自我介紹。作為這個連的編號第一號，張彬是第一個上台的人。看著連長和其他三個長官不苟言笑的臉孔，張彬真討厭他是那個「第一名」，要不然他就可以參考別人的說法來應付這些嚴肅的長官。他知道這種場合，通常是不容許隨便開玩笑的，但是他決定要讓場面輕鬆一點。

「我叫張彬，台大土木系畢業的。我本來很想抽到憲兵，這樣我巡街時，就可以抓到你們在執勤時偷喝兩杯。不過，既然幫我抽到陸軍這個籤的人是我弟弟，我能說什麼呢？還好，我來這裡當個班長，也不錯啦。如果在台北，頂著班長的頭銜大概很容易釣馬子吧？倒楣的是，我只能在這裡看你們這些男生的醜臉。以後，如果我對你們不太禮貌，那並不是因為你們長得醜，那是因為我個人不肖，請多包涵。好了，言歸正傳，我希望大家都是朋友，在訓練期間，大家和睦相處。」

張彬說完，全連歡聲雷動，大家都希望找點樂子。他觀察那些長官的撲克臉，沒人臉上露出什麼表情，他摸不準連長心裡真正的想法。其他的阿兵哥都說得中規中矩，這個標新立異的台大學生，很快就出名了，他被選為新兵中心的頭頭，代表參加各個大小集會。

連上有個規定，每個新兵在第一週，都要和連長個別談話。張彬覺得連長對他有所防範。連長卻只告誡張彬，要遵守規定，否則會受到處罰。這個連長是黃埔畢業生，張彬覺得他是個好軍人。

新兵訓練既嚴格又辛苦，第一個月天天操練，沒有一天休息。第五個禮拜天，終於放假，從早上九點放到晚上九點，如果遲歸，下個禮拜天休假就會泡湯；如果超過半夜十二點才回來，下個禮拜天不但不能外出，還要被關禁閉。

張彬已經打定主意，要對連長做一些測試。第一個休假日，他準時回營，在操場上接受點名，然後和其他的弟兄一起行軍答數回到營房。第二個休假日，他故意遲到一個小時，錯過了點名，他直接回宿舍爬到床上，半個小時過後，王連長悄悄地來到床畔，確定張彬已經回來，連長悄悄地離開。第三個休假日，張彬又故意遲歸，王連長又悄悄地來視察，然後，同樣地，連長沒有舉發他，什麼都沒有說，張彬也沒有受到任何懲罰。

連長通過了張彬詭計多端的測驗，張彬知道這位王連長是朋友不是敵人，他鬆了一口氣。如果在軍隊裡有個敵人，那可相當不好受，動輒得咎。其實從連長的山東口音，張彬認為他很可能是一起到澎湖的聯中學生之一。

·◆·

新兵訓練營的最後一天晚上，連長單獨召見了張彬，「我要跟你聊聊，你坐下。」張彬坐下後，連長說，「你來之前，我就知道你是誰，我故意把你編在第一號，你知道為什麼嗎？因為這樣我才可以盯著你。」

「我知道，長官。」

「張彬，我是你爸爸的學生。」

「我猜到了。」

「喔，你怎麼知道的？」

「因為我對您做了是敵是友的測試。」

「我知道你在測試我的底線。」

「我很抱歉，連長，但是我必須知道我的處境。您一定也能了解。」

「是的，我了解。我聽說你打算去美國。」

「我不知道我出不出得去，不過的確是有這樣的計畫。」

「我很希望你能夠做到，你跟你爸爸一樣都很傑出。唸台大不容易啊！我祝福你前途光明，我們都為你感到驕傲。幫我向你媽媽還有你的兄弟姊妹問好，我們這些學生都惦記著你們一家。」

「連長，謝謝您。你們的關心，對我媽媽來說，這是很大的安慰。」

王連長是個朋友，他的友誼對這個怨憤老天的年輕人意義重大。讓他對陌生人的防範戒備，一點一點地消融。十八世紀法國思想家盧梭（Jean-Jacques Rousseau）說：「我們的存在不過是所有瞬間通過感官感知的繼承。」如果可以，張彬希望能丟掉所有經歷過的痛苦記憶，這樣才能消除不斷嚙食他的對未來的焦慮。

原來為期六個月的新兵訓練，提早三個月結束。耶誕節前幾天，部隊裡十四個土木工程師被調到台北市工務局，目的是協助八七水災的災後重建工作，對這十四個阿兵哥來說，這真是最好的耶誕禮物。

他們被分配到自來水及污水下水道單位，每天還有額外的酬勞可領，再加上原來當兵的軍餉八十元，張彬一個月的收入超過一位高中校長。

一九六〇年的夏天，張彬遇到以前在湖南藍田的老同學，他邀請張彬一起去參加女友的姊妹淘王珏的生日宴會，王珏是台灣省立法商學院（後改制為台北大學）一年級的學生，她長得很漂亮，是一位頗有名氣的芭蕾舞者，張彬被她迷住了，王珏曾經銜在他的畢業典禮上表演，他覺得他們兩個非常有緣份。

過了不久，張彬這批阿兵哥又被送到內湖的陸軍工兵學校，為期三個月的訓練，幾乎無事可做，每到星期天，阿兵哥都高高興興地放假約會。此後，張彬被輪調到台南與屏東縣，他已經掛少尉階了，所到之處遇到的主官，竟然都是一起經歷過澎湖那段艱辛歲月的山東流亡學生。他們都對張彬放水，甚至可以不用待在營區，但張彬至少每月回營一次，因為要領薪水！

一九六一年二月四號，退伍的時間到了。他得開始面對真實的人生。

◆

一九六〇到一九六三年這三年，王培五一家有許多好事發生。首先，王培五老師在暑假調職到台南女中，小弟弟張彤考上台南一中，小女兒張鑫在前一年考上了台南女中，每天從善化中學宿舍騎車到火車站，坐火車到台南市，再步行十五到二十分鐘到台南女中，她的通勤時間很長，一度老師要她加入合唱團，她都只能放棄。

媽媽調職到台南女中以後，張鑫就住在學校的宿舍裡面，這真是太棒了，老天好像要彌補她過去一年的辛苦。住在台南女中的宿舍，小弟弟張彤也很開心，每天早上騎腳踏車出校園，迎面而來一大群漂亮的高中女生，賞心悅目。

王培五在台南女中教了三年，這三年是她教書生涯中最愉快的時期。台南女中是位於熱鬧市區的明星學校，女同學對這位亦師亦母的英文老師都很親近。張鑫笑著回憶，「她們都很喜歡媽媽，常常都到我們家來，尤其是張彤，最喜歡看到女學生來，哈哈。」從這時期的照片可以看出王老師的心情明顯開朗許多，笑容也最多，生活於她似乎越來越見光亮。

張鑫也很懷念這兩年住在台南女中宿舍的時光，寧靜祥和，「每天中午，有一個歐巴桑來宿舍給每戶人家做午飯，因為那時景校長也是個單身女性，教務主任也沒有結婚，所以這個歐巴桑就來每個人家裡做幾樣菜，然後我與張彤也能回家吃個午飯。」晚餐媽媽再炒點豆腐乾、青菜，張鑫覺得那時的生活就是三個字：「很滿足」。

南女的宿舍是日式木造房屋，門口有棵龍眼樹，在玄關脫掉鞋子就進入吃飯的餐廳，廚房的後面有個對著後院的小房間，打開紙拉門就是張鑫的小天地，「每天晚上那裡都很安靜，只剩下外頭蟲子唧唧唧地叫，我坐在書桌前面看書，尤其是寫數學計算題，每個單元後頭有幾個特別難的，我最喜歡做那種題目，常搞到半夜一、兩點終於做出來了，就覺得很有成就感。」

窗外的文旦樹與芒果樹，伴著燈下用功讀書的女兒。另一個房間住的是考上台南一中的小兒子張彤。大女兒張磊即將到高雄壽山下的台泥礦區診所，那裡待遇好得多。大兒子張彬已經到美國。二女兒張焱在台北榮總工作。二兒子張彪在台大讀書。張愛玲說的：「歲月靜好」，應該就是這個意思吧！

張鑫和張彤對數學有天份，小時候住在潮中的宿舍，有位王緒文老師很喜歡小孩，會講故事給這對小姊弟聽。他發覺這兩個小孩資質蠻好，於是給他們做些數學題目，他很驚訝地發現這兩個小孩很能解題。張彤唸中學時還發展出一項娛樂，就是找出數學參考書解題的錯誤，寄給出版社要求更正。這種找樂子的方法對小孩子來說，真是相當罕見。

姊姊張鑫也是數學小天才，高中老師知道她的能力，會出些困難的題目，叫她在黑板上解給同學看。有一次，數學老師不知道從哪裡弄來一些考試題目，非常難，連張鑫都考不到六十分。她覺得非常生氣，對自己生氣，她想這老師一定會跑到媽媽面前抱怨，「妳看，妳看，妳女兒這次數學可是栽跟頭了。」她為此覺得很傷心。自從懂事以來，不讓媽媽失望，不讓媽媽覺得沒面子，這是張鑫的孝順，榮耀媽媽是她孝順的方式。

從小，媽媽稱讚張鑫很乖，很會讀書，她就覺得很高興；如果考試考不好，她就覺得對不起媽媽。媽媽撫養六個小孩很辛苦，「我們將來唯一的目標就是要出國，而要出國就必須把書讀好，要考大學。」

其實在台南女中這種明星學校，成績好的同學也是同樣的目標：考大學。但對其他同學來講，為的就是單純的「前途」兩個字。但是在張家，考大學、出國，還包含了「生存」這個更卑微的需求。

張鑫一九六二年從台南女中畢業時是全校第三名，第一名保送台大藥學系，第二名保送台大化學系，因為她是第三名，沒有保送名額了，必須參加聯考。

從一九五四年開始，台大等四所大學採聯合招生，也就是每年在七月一日、二日舉行的「大學聯考」，這是教育部長張其昀的主張。以往各校個別招生，考生要繳好幾次報名費，遠地考生還要舟車勞頓好幾回合，精神與物質的損失很大。

一九六二年七月一日，張鑫要出門去考試，卻不知道考場在哪裡？前一天她讓張彤去幫忙看考場，他是很可信任的人。但第二天去考試時，媽媽說她也要陪張鑫去考，結果母女倆就坐了三輪車，張彤騎腳踏車，這天人潮洶湧，每個考生都有好幾個陪考，三輪車與腳踏車就被衝散了，這下糟了！張鑫不曉得自己的考場在哪裡？是在成大？還是在台南一中？

那個年代沒有手機，還可以打電話問一問，張鑫只好先衝到成大，問了工作人員，哇！不對喔，考場是在台南一中！張鑫趕緊跳上三輪車來到南一中大門口，張彤在那裡著急得快抓狂，還好還來得及進教室。

上午的烏龍事件才剛發生，沒想到中午吃過飯還要再來一次。中午休息時間，張鑫回家吃個飯，吃完看看還有一個鐘頭，又小睡片刻。就一般人來說，這個午覺鐵定是睡得不太安穩，也不可能熟睡，但個性裡頭永遠不慌不忙的張鑫，卻睡得又香又甜，差點又誤了考試！

考完一個月，成績單寄到了，接下來的大事就是填志願。張鑫喜歡化學，她想要唸化學系，雖然台南的環境氛圍，總認為成績好的人應該讀醫科，這是受到日治時期台灣人不被鼓勵唸法政的影響，當醫生既賺錢又受人尊重。弟弟張彤也極力慫恿姊姊去唸醫科。

張彤對姊姊說，「哪有人第一志願不是醫學院的？改過來！」就幫姊姊改了志願。但張鑫想，「不對啊，我為什麼要去唸醫學院？我明明就是喜歡化學啊！張彤到底是我小弟？還是我老哥啊？」張鑫把志願改成化學系。張彤早料到姊姊意志不堅，於是嚴加把關，「填好了吧？填好了我幫妳檢查一下。」張彤又把姊姊的第一志願改回醫學系。張鑫想，「改就改吧！又不一定會考得上？你愛忙就去忙。哼！」

結果放榜時，張鑫考上了台大醫學系。張彤比姊姊還高興，拿了一串大鞭炮，在宿舍門口劈哩啪拉放起來。張鑫自己也很高興，「不是為我自己高興，而是我給媽媽爭了面子，讓她在學校裡很光彩。」張鑫的數學老師是道地台南人，說國語說得很吃力，特地跑來跟張鑫全家合照，給王老師道喜。

第二年，一九六二年，又發生了一件好事。唸台南一中的張彤，因成績優異保送台大電機系，在同學們揮汗衝刺的夏季，張彤已經拿到通往天堂的入場券！高三下學期，張彤輕輕鬆鬆，天天看電影。

張彤選擇電機系，讓他趕上了一個好時代。一九四七年美國貝爾實驗室（Bell Laboratories，一九二五年成立於美國新澤西州，這裡誕生了七位諾貝爾獎得主）發明了電晶體後，這世界就告別了真空管，開啟了半導體的時代。一九六〇年德州儀器公司（Texas Instruments，以開發、製造、銷售半導體和電腦技術聞名）開始大量生產ＩＣ（積體電路），人類的通訊科技起了翻天覆地的大變化。

張彤往後的人生，跟隨著二十世紀下半場科學技術的噴發成長息息相關，他趕上了這個浪頭。張彤在美國住家的對門鄰居，是蘋果電腦三個創辦人之一的史蒂芬・蓋瑞・沃茲尼克（Stephen Gary Wozniak），他是設計出蘋果一號、蘋果二號的「神奇巫師沃茲」。

◆

一九六〇年的冬天，張家還有另一件大喜事，張磊結婚了。

張磊的先生楊慶安是上海人，溫文儒雅，十八歲跟著招商局到台灣以後就回不去了，在台灣一個親人都沒有。楊慶安原來在商船工作，為了調養身體暫時休息，到台大學習檢驗的技術之後，就到屏東的教會診所，跟著宣教士去做痲瘋病人的工作。痲瘋病人全身都是潰爛的傷口，要幫病人做抹片頗需要點勇氣。

張磊自己當時第一志願，也是想做痲瘋病人的醫療工作，因此對楊慶安有了好感。他們一起工作了一年，也上同一個教會，漸漸地滋養出愛情。他們在屏東的教會結婚，婚後應媽媽的要求，張磊也搬到台南女中宿舍，和媽媽、弟弟住一起。這時她已經考上公保護士，轉到台南空軍基地的診療所。

張磊的第一個孩子就在台南誕生，取名楊慕白（Paul）。張磊生產時，妹妹張鑫陪著到醫院，看到待產室裡頭一群產婦呼天嗆地，「我進去看姊姊，不到兩分鐘，我就昏倒在地上啦！醫生護士本來要把張磊挪進產房的，只好停下來先救我。」張鑫醒來後覺得很不好意思，「哎呀，以後我這個醫生要怎麼當呢？病人喊叫，就已經把我嚇昏了！」

因為姊姊是剖腹產，聽說開刀的人需要進補，張鑫和張彤特地去殺了一隻雞燉雞湯。殺雞對這兩個從小只會讀書的書獃子來說並不容易，好不容易殺雞拔毛，煮了一鍋湯，到了醫院才知道，產婦第一天開完刀不能進食！那時代醫院裡沒有冰箱，結果，「我與張彤兩個就把雞湯帶回來，自己打了牙祭了。」張鑫說。

■1960-1963年，王培五任教於台南女中。大女兒張磊已經結婚，大兒子張彬也如願赴美，在台生活有如倒吃甘蔗，出現了苦盡甘來的曙光，「歲月靜好」就是這段日子的寫照。左圖為小兒子張彤在台南女中教職員宿舍的書桌，右圖為王培五與學生的生活照。

■1961年王培五任教台南女中，師生同遊烏山頭水庫。在女中三年，是她教書生涯中最愉快的時期。台南女中是位於熱鬧市區的明星學校，女同學對這位亦師亦母的英文老師都很親近。

■王培五（圖中）在台南女中教職員宿舍前，與次子張彪（右一）、么子張彤（右二）、次女張焱（左一）、么女張鑫（左二）合影。這時長女張磊（左三）已經結婚生子，長子張彬也負笈美國。

■張磊的先生楊慶安，曾在畢士大基督教診所(後改為屏東基督教醫院)擔任檢驗工作。他隻身跟著招商局來台，與張磊婚後，把王培五當做親娘，也照顧拉拔張磊的五個弟妹。

■張彤在台南一中唸書成績很好，1963年保送台大電機系。但是同學間的省籍情結，讓張彤覺得被排擠而情緒低落。等到解嚴之後，很多人才知道張彤一家人，當年在台灣的悲慘遭遇，大家的感情更勝於以往。

26 投奔新大陸

船離開基隆港後，張彬潸然落淚。十一年前全家一起坐船到台灣，張家的命運從此改變；十一年後又坐船了，這次只有他一個人。

一九六一年二月，張彬退伍了，他馬上面臨能不能出國的問題。因為留學生出國要過好幾關，首先，要找到國外大學的入學許可，然後報名中華民國留學生考試，考試過關後再申請出入境許可證（男生要服完兵役）、護照，最後申辦簽證。

張彬透過摩門教會的幫助，拿到美國猶他州楊百翰大學的入學許可，以此報考第二屆中華民國留學生考試。他英文考了六十分，所以其他科目加起來要一六〇分。他算一算，主科結構力學有四、五十分就可以了，因此四大題，他只答了兩題（滿分五十分）就交卷。

他認為改卷老師一定可以從答題的深度，看出這個學生的程度，老師會惜才，不會給太差的分數。反正，「考第一名或者考最後一名都沒有差別，留學考試只要能過關就好，不必拿太高分。」這真是匪夷所思的心態，永遠把自己逼到懸崖邊的刺激。

放榜當天晚上十點鐘，同學慫恿他，「去看一下吧！」兩個人拿了手電筒，跑到榜單前面，他從後面名次看，嘿！倒數第八名，考上了！

這榜單同時也登在報上，媽媽在台南小恙住院，二表哥一早去探病拿了一份報紙，「留學考放榜了，找找張彬上了沒有？」媽媽看也不看就說，「不用看，張彬一定上。」

考上以後，張彬開始忙著向警備總司令部申請出入境許可，結果總司令黃杰竟批了：「免議」兩個字。這個通知書寄到台北的摩門教會，這是張彬在台北的通訊處，他拿到以後當場大哭。

傳教士艾德蒙（Cliff Edmonds）著急了，發生了什麼事？張彬把通知書遞過去，氣急敗壞說不出話來。艾德蒙更急了，他看不懂中文啊！折騰了半天，艾德蒙這個天真的美國人，終於了解集權國家究竟是怎麼一回事。

他請好幾位傳教士一起跪下來禱告，請上帝讓張彬的夢想成真，至少也要拯救張彬的靈魂，讓他免於這樣絕望的痛苦。

美國人的友情安撫了張彬，他帶著通知書跳上火車回台南，媽媽一看，驚訝地說，「不准我們出去啊？」第二天，她帶著張彬北上，路上，媽媽跟兒子說，「張彬，你一定要出國！」

到台北第一站就去找爸爸的老師，當時已經是立法委員的崔唯吾。在崔家客廳，崔太太，也是國大代表張志安說，「培五啊，這留學不是每一個人都能做到的。」這話刺到了張彬的心裡，難道我們真的一點機會都沒有？

接著母子倆又找了山東省議長裴鳴宇、國大代表孫敬塘、譚明華，大家都建議要找主席秦德純。

秦德純是山東省政府主席，剛到台灣時是山東省政府主席兼國防部次長，後來轉任總統府戰略顧問，之前在大陸擔任過青島市長、北平市長。他就住在信義路，副總統陳誠官邸的隔壁，這一年他已經六十八歲了，雙腳行動不便。

他看到王培五帶著張彬到來，誠懇地說，「很高興看到敏之的孩子都長大了，我已經聽說要張彬出國的事情，我會找陳誠談談這個事情。」當初就是秦德純力邀張敏之擔任煙台聯中的總校長，母子倆很欣慰秦德純還是念舊情的人。

過了兩個星期，秦德純很高興地告訴王培五母子，陳誠已經呈報了蔣介石，也下了條子給警備總司令黃杰，指示張彬這個學生如果查了沒什麼問題就放行。這真是一個好消息。

張彬滿懷希望地等啊等，但等了一個禮拜，警總還是沒有任何動靜，連個訊息都沒有。張彬再回台南找媽媽，對這個二十初頭的大男孩來說，媽媽是他在這個世界上唯一的希望，於是媽媽又帶著兒子到台北。

秦德純表示，他和黃杰並不熟識，不懂為什麼陳誠都下了條子，黃杰還不放人？他直接打了電話給黃杰，黃杰回訊，「不能放人，這學生的父親是共產黨，是被槍斃的，這一家都登記列管，怎麼能讓他出國呢？」秦德純說，「澎湖這事情是假的，是冤案。」黃杰回說，「假的也是真的。」

張彬就是離不開台灣這個小島吧？以後弟弟妹妹們也都走不掉嗎？

·◆·

有一天，黃杰手下的警總第一處（情報處）處長于寶崙，突然來拜訪王培五。他跟張敏之是中央黨校第一期的同學，對日抗戰時期一起搞地下工作。

他說，「大嫂啊！妳這個事情辦的都錯誤了。」

王培五問，「錯在哪兒呢？」

于寶崙說，「用妳這方法，張彬永遠出不去。辦事有一定的方式，我來替妳辦吧！每星期周一、周二，我都會和司令開會，開完會，我把我的方法拿出來，給他參考一下！等著，下星期二下午，我給妳們消息。」

下週二，于處長真的來了，還拿了一張保證書，他說，「大嫂，這張保證書上面要求五個人聯名做保，秦德純、崔唯吾、譚明華、裴鳴宇、張敬塘。這五個人都打過電話給黃杰，黃杰也都記錄下來了，保證書要他們五個人用生命擔保，張彬出國後不會出事，如果五個人都簽名了，黃杰就放人。」

于寶崙告訴王培五，「張彬出國不是沒希望，但現在我們有個現實的困難，就是司令擔心這孩子，會不會在美國亂講話。」黃杰這麼做，是自保。將來張彬在海外出了亂子，黃杰沒有責任，是他們這五個大老要承擔。

但是，「陳誠不是下了條子要放人嗎？」王培五疑惑。

「陳誠這樣講，黃司令更不敢放人了！放人的條件是要查查這個學生有沒有問題，將來張彬如果真出了事，那表示黃杰沒有調查好。所以，他更要拉秦德純他們來具保。」

官場的角力，非久經大內之人無法識得眉角。于寶崙歷經抗戰、遷台、韓戰，專搞情報，還做到警備總司令部情報處處長的職務，當然識得其中曲折，也才知道解套的方法。

于處長為什麼願意幫忙呢？多年後他告訴弟弟張彪，「你爸爸做人講義氣，抗戰時我在安徽搞情報工作，重慶方面有時金援不到位，你爸爸就四處張羅。我更感激的是在你家吃了三年的飯，他這人很大方，從來沒有抱怨過一次。就是這個原因，我願意幫張彬這個忙。」

張彪聽了後心想，「爸爸偉大，但媽媽更偉大，流亡在外養小孩都不容易了，還養一個朋友？如果媽媽要趕他走，爸爸能不趕嗎？」

話說回來，王培五從于處長手中接過保證書看了一看，跟兒子說，「張彬，你去試一試吧！人家不見得願意蓋章。」于寶崙不知道這孩子能不能成事，考考他，「這事你打算怎麼辦？」

張彬想了一會兒，擬了策略，他要先找這五個人之中帶頭的秦德純。只要他簽字，其他的人都會簽，「這叫擒賊先擒王，是吧！」于寶崙聽了很高興，他這忙幫得有價值，故友之子果然不是個混小子，他誇讚張彬，「小子，你聰明。秦德純不能不簽，他不簽在山東人面前就活不下去了。」

張彬拿了保證書來到秦德純官邸，秦德純看了以後大罵：「黃杰這個王八蛋，你將我一軍啊！」

他一邊罵，一邊轉身進了書房，在保證書上簽了名蓋了章！當初就是秦德純力邀張敏之接下煙台聯中總校長，不料最後張敏之竟命喪台灣。

有了秦德純的簽名，張彬接著去拜訪山東省參議會議長，也是國大代表的裴鳴宇。裴鳴宇曾經參加辛亥革命，個性豪爽，不像秦德純雖然是出身保定軍校，但因文筆好，長期擔任國史館的總編修工作，不見草莽氣息。裴鳴宇看到秦德純簽了，二話不說也簽了，只對張彬說了句，「張彬啊，你這個小子出去後，俺這個腦袋就交給你啦！」

張彬喜歡這個老伯粗人的調調，在他面前百無禁忌，「唉啊老伯，您的腦袋是我張彬的啦！哈哈哈！放心，您的腦袋永遠在脖子上，砍不掉的！」

緊接著，談明華、崔唯吾、張敬塘也都簽了。四月十五號，張彬將保證書交給于寶崙，按照常規，申請出境證起碼一個月，于寶崙卻告訴他，「你明天來拿。」

第二天，張彬果然從于處長手中拿到了出境證，一走出警總大門，張彬的眼淚掉個不停。不可能的事情，但他辦到了！

◆

然而出境證只是第一關，下一關是個現實的問題，錢從哪裡來？二千四百美金，這是媽媽十年的薪水啊！

除了錢以外，張彬心裡還有一件放不下的事情，就是他的女朋友王珏。巧的是王珏學習芭蕾的舞蹈學校，突然接到教育部的公文，要甄選一名芭蕾舞者代表中華民國到巴西首都里約熱內盧（Rio de Janeiro），參加第一屆世界芭蕾舞大賽。

經過一整天辛苦的甄試，王珏拿到了這個榮耀的代表權。雖然教育部表示有可能因為經費不足無法成行，小倆口還是滿懷希望地期待王珏能夠離開台灣，他們心裡有一些想法，不過這個時候還是秘密不能說的。

張彬第一次看到王珏是在台大的畢業典禮上，王珏是領銜演出的漂亮舞者，像洋人般深刻的五官、修長的身材，以及舞者才有的儀表身段，張彬當時就告訴同學：「娶老婆就要找這樣的。」

一年後，張彬參加同學女友的好友主辦的舞會，主人竟然就是當時驚鴻一瞥的王珏！他們兩人註定有特別的緣份。

◆

出境證和護照都拿到了，接下來就是去美國大使館考試。參加考試的同學有七位，都是台大同學，一起當兵的。每個人面前一張白紙，一個漂亮的台灣女生，蹬著高跟鞋走進來，在黑板上寫下考題：Culture differences between East and West（試論東西方文化之差異）。

寫完，一句話都沒說，正眼也不瞧一下考生，轉身又躂躂躂地走了。本來為她的美艷而瞠目結舌的考生，這下更是張大嘴、瞪大眼睛，「這女的就這樣走了？」「跩地二五八萬似的！」

張彬直覺這小姐大概十五分鐘就來收卷子，只是直覺，這位小姐根本沒有宣佈作答的時間。張彬振筆疾書，他的觀點是東西方文化各有價值觀，沒有誰對誰錯，只是不同。以一九五七年的「劉自然事件」來說，東西方處理殺人事件的思惟顯有差異。

「劉自然事件」起因於一九五七年三月二十日，駐台美軍顧問團上士羅伯特．雷諾（Robert．G．Reynolds）宣稱，中華民國革命實踐研究院少校學員劉自然偷看羅伯特的太太洗澡，還持鐵棍向他靠近，所以羅伯特才開槍打死劉自然。事發之後，外事警官原要將羅伯特移送士林地檢署，卻因駐台美軍憲兵宣稱羅伯特有外交豁免權，將羅伯特送交駐台美軍軍事法庭。美軍法庭最後判決羅伯特無罪，並立刻送他離開台灣。消息一出，全台輿論譁然。五月二十四日，大約六千人搗毀了位於北門的美國大使館（現址改為財政部台北國稅局）。

張彬寫道，如果雷諾上士真的是因為自衛殺人，那麼他應該還是有一定的刑期。但是，美國人似乎就認定這是無故侵入民宅，屋主殺人無罪。張彬最後結論表示，我不是要論對錯，但顯然在看待生命的價值上，東西方觀點不同。

過了十五分鐘，漂亮小姐真的回來收卷子，有三個人還在構思，一個字都沒動；另外兩個人也只寫了一行字。張彬和另外一個同學得到進階口試的機會。那位什麼都不交代的漂亮小姐，事後被刷下來的同學在使館外面圍堵，賞了幾巴掌。

口試官是個高個兒的瀟灑美國白人，一見面就說，「張先生，看來你真的不喜歡美國？」

「不，我不是這個意思。但東西方文化的確是有差異存在，我無法認同你們的哲學，雖然美國人一定信服美國那一套。我不會說你們的比較好，我認同我們自己的這一套。」

美國人繼續問，「攻擊美國大使館，聽說是你們蔣經國主持的中國青年反共救國團主導的？」

「我沒有聽說過。」

「你有去現場？」美國人追問。

「去了。」

「你打了？」

「沒有。」

「你認為他們打的對嗎？」

「或許不對，但是就某個觀點來說，在這件事情上我並不同情美國。」張彬坦率地回答，「這個士兵是駐紮在台灣時出了事情，應該按照台灣的法律處理，不應該讓美國的法庭來審理。如果今天一個中國士兵在美國受訓期間殺了人，你們一定會讓他在美國法庭受審。先生，你們美國的憲法說，人生而平等，說的真好。現在，這個殺了人的美國士兵不是外交官，他不該像你一樣有外交豁免權。以上是我的觀點，但是我很坦白地說，在這件事情的看法上，我是對的。人人生而平等，不需要條件。」

美國人聽了，很大方地點點頭，「你的說法很有說服力。那麼，告訴我，你為什麼要去美國？」

「我去美國是為了要學習土木工程，因為你們有全世界最進步的土木工程研究所，我並不是要去做什麼奇怪的事情。我要去拿結構工程的碩士學位。」

那美國人盯著張彬看了一會兒，「依我看來，你不會喜歡美國。」

「不是這樣。我有一些美國朋友，我很尊敬他們，他們心胸廣大而且對人很友善。我打從心底認為美國是一個偉大的國家。但我必須說，一定也存在著一些醜陋的美國人。但全世界每一個國家都一樣。所以，喜歡美國？不喜歡美國？去了以後才清楚。」

那美國人聽了，馬上簽字。他告訴張彬，「我想你會喜歡美國的。」

拿到美國入境許可後，接下來還有個更麻煩的問題，張彬必須證明他有二千四百元美金，這是美國大使館認為去美國讀書兩年需要的金額。

「我不需要花到二千四百元，給我入學許可的楊百翰大學公告，九百六十七元就可以過一年，兩個學期。包括吃住、零花、學費。我一年就可以唸完。」

「一年？」美國人不相信。

張彬拿出楊百翰大學的資料，他已經把要選修的課程寫了一個計劃，證明九百元的確可以應付一年所需。

「好，我相信你做得到，不過必須從暑期課程開始。」最後大使館同意他湊足一千一百美元就放行。

于寶崙真是送佛送上西天，他積極地幫張彬找錢。他叫張彬去找國大代表張敬塘，張敬塘就寫了一張紙條，要他到衡陽路一間山東人開的布店去拿五百美金，這是山東老鄉對張敏之的同情。

姊姊張磊也給張彬籌了五百美金。張磊的護校好友陶國華，嫁給了赫赫有名的建築師貝聿銘的弟弟，這位先生在加拿大的滑鐵盧大學（University of Waterloo）當教授，他們從加拿大寄了錢過來。

現在張彬有一千美金了。再加上他之前存的二百美金，已經透過摩門教會的朋友，放在美國猶他州一個銀行帳戶裡。現在他有一千二百塊美金，可以出國了。

張彬當兵時就在美國開戶了，早在他不知道能不能出國之前，他就這麼做了。張彬事後回憶，「不知道為什麼，我內心深處就是相信我一定出得去。可能是因為我媽媽一直說：『我的兒子要去美國唸書的。』所以我們一定要出去。我媽媽這麼說的，我相信我媽媽講的話。」

一九六一年春天，張彬回台南和家人相聚。大家都不提出國的事情，這一家七口人從澎湖爸爸出事後，就互相扶持到現在。張彬去美國之後，如果弟弟妹妹出國不順利，這一家人要怎麼團圓呢？他們請人拍了一張沒有爸爸的全家福。

離開台南的那一天，媽媽完全沒講話，也不知道要講什麼，媽媽癱瘓在床上起不來。張彬這一去，不知道什麼時候回來，也不知道回不回得來。他們一家人從不把情緒顯露出來，總是各自舔傷口。

小弟張彤已經高一了，送哥哥去車站坐火車，他說，「大哥，你去美國要好好唸書，不要再交女朋友胡鬧了。」火車離開月台後，張彬看著張彤逐漸消失的身影，心想，弟弟一定哭了。他自己也哭了，不管車上的人用什麼奇異的眼光看著他。

到美國的機票要五百美金，很貴，于寶崙又給張彬想了辦法，他弄了張船票。招商局（一九九五年併入陽明海運）有個高級主管是張敏之的朋友，他讓張彬可以搭貨輪，只要支付每一天三塊錢美金的伙食費。張彬上船後一天三餐都和船長、大副、二副、輪機長一桌吃飯，其他十一個學生另坐一桌。船長告訴張彬，「上面交代要特別照顧你，所以我請你每天來和我們一起吃飯。」

船從基隆港離開，張彬忍不住潸然落淚。十一年前全家一起坐船到台灣，那時沒想到爸爸會出事；十一年後又坐船了，這次只有他一個人，他擔任張家命運的開路先鋒，他要往更大的世界去，但未來會更好嗎？他並不確定。但是他別無選擇，如果他要當個自由人，他只能離開台灣。

從基隆到洛杉磯要一個月，感傷的時刻過去，張彬又開始胡鬧了。餐桌上吃魚，這面吃完了，他啪的一下就把魚翻過去。船長兩個眼睛瞪著他說，「張彬，這不可以的啊！」難道張彬自己不知道犯了海員的大忌？張彬說，「我故意的嘛！」為什麼？他說，「就是好玩嘛！」

果然出事了！第二天傍晚，船遇上了大颱風差點翻掉，船長痛罵張彬，「你看，你做的好事！」大浪從船的這邊嘩地一聲又蓋到另一邊，三天三夜，船長不敢睡覺。他真想把張彬這混蛋丟到海裡面去，張彬自己呢？他說，「我也怕了！」

但張彬甘犯禁忌，也並不真完全只是為了好玩，他只是懷疑這禁忌不會應驗，或者是個沒有科學根據的民俗而已。他想看看真的做了究竟會怎樣？張彬的個性裡有一種不信邪、看看究竟是怎麼一回事的調皮和執拗，這種個性用在研究精神上當然好，但是用來行走人間事，有時不免顯得荒誕甚或危險，就像他出國前幫同學偽造了美國大學的入學許可。

有一位同學是東北籍國大代表的兒子，申請不到學校，無法參加留學生考試。張彬仿造他自己拿到的楊百翰大學的入學許可，用打字機幫他做了一份。同學看了既驚且疑，真能這樣搞？

「為什麼不行？你真以為那些當官的，真的會跟美國學校查證？」張彬認為所有刁難都是針對他這個匪眷，權貴子弟沒人會去檢查的。不過這事實在太大膽，同學不敢惹這殺身之禍。

船到東京（Tokyo）要停留七天上下貨，這七天，貨船的餐廳只供早餐。學生們每天成群結夥上岸到處玩耍，快活得很！只是東京的物價貴得嚇死人，這樣吃喝玩樂，每天都要多花十塊錢美金，七天下來，張彬的荷包已經空了一半。

◆

橫越太平洋從東京到洛杉磯（Los Angeles）的這段旅程，海象穩定，陽光普照。每天望著蔚藍的海水，漸漸地，張彬覺得他已經準備好投入一個全新的世界。

一九六一年的七月一號，船行一個月之後在洛杉磯靠岸，美國到了！張彬對美國的第一印象很好，移民局和海關的人都很禮貌，沒有台灣的官僚衙門氣。在台北見過面的摩門教傳教士丹尼斯·克努孫（Dennis Knudson）夫婦，接待張彬在洛杉磯休息三天。

車子轉上了高架高速公路，丹尼斯問張彬，「有沒有嚇到？有四層樓高喔！」

「沒有嚇到啦，但我是學土木的，我要說，這真的是一個很棒的工程。」

第二天，丹尼斯帶客人去爸爸媽媽家。丹尼斯的爸爸是個理髮師，張彬很意外一個理髮師竟然可以住在舒適漂亮的房子裡面，如果在台灣，靠理髮為業的能擁有一間小屋就算不錯了。他們很愉快地玩起了撲克牌，遠道而來的外國年輕人手氣很好，每一把都贏。老克先生告訴其他人，「原來中國人是玩牌高手，你們要小心啊！」

玩了牌，老克努孫很體貼地招待大家到中國城吃飯。看到黑眼睛黑頭髮的華人，離家一個月的張彬覺得很舒服、很親切，有回家的感覺。進了中國餐館，老克先生要張彬用中文幫大家點餐，但令他洩氣的是，餐館的中國人完全聽不懂他的中文，完完全全聽不懂！

原來這一帶的華人，講的是廣東台山的方言，而一般大家熟悉的「國語」，是北京的方言，兩者差異極大。丹尼斯一家都很驚訝，兩個中國人竟然要靠英文來溝通。

主人告訴客人不要客氣，盡量點喜歡的家鄉菜。張彬看菜單看了半天，實在看不懂，只好說，「你們吃什麼我就吃什麼。」於是老克先生點了「Chop Suey 這道菜，張彬對這個菜名毫無頭緒。

菜端上來，原來是一碟豆芽菜炒肉絲，是美國、加拿大的中餐館名菜「雜碎」。老先生熟門熟路地倒了一點醬油，問張彬，「你們在台灣也吃這個？」

「有的。」有嗎？

「這真好吃，是吧？」

「是的，好吃。」其實張彬一點也不以為然。

大家一邊吃飯，一邊喝冰水。張彬覺得真奇怪，吃飯怎麼能喝冰水？不過，當時在台灣的一般百姓，家裡也都沒有冰箱，自然也沒有冰水可喝就是了。接著，年輕的廣東服務生收拾了餐盤，送來一碟餅乾。在台灣也沒人吃了飯就吃甜點，他覺得美國的餐館真是奇怪。

克努孫家每個人都興沖沖地拿了一個餅乾掰開，原來每個餅乾裡面都包著一個小紙條。老克先生催促張彬試試，張彬選了一塊餅乾掰開，紙條上用英文寫著：「Confucius said do not do unto others what you not want others do unto you.（孔子說，己所不欲，勿施於人。）」哇，原來孔夫子在美國也受歡迎，張彬覺得一切都新鮮有趣。

三天後，張彬要獨自一個人坐灰狗巴士到鹽湖城（Salt Lake City，猶他州首府）去，他口袋能動用的只有美金二十五元，付了車票只剩五分錢。傳教士看出他的困窘，要幫他買車票，張彬拒絕了，他不願意接受人家的同情。

巴士一開八個鐘頭，張彬肚子餓得不得了，中途休息只能喝免費的自來水，口袋裡只有五分錢，連一支熱狗都買不起！到鹽湖城要在拉斯維加斯轉車，既然什麼都買不起，張彬把口袋裡全部的財產，五分錢全賭上了吃角子老虎。

或許像媽媽講的：「神是恩待孤兒寡婦的。」突然間，老虎機的鈴聲大響，發生了什麼事情?張彬以前從來沒有賭過。

賭場經理朝著他走過來，抱著一堆硬幣，一千個五分錢的硬幣!張彬這一把贏了五十塊錢!不玩了!他高高興興地跑去買一個漢堡，忍不住讚嘆，「美國的麵包夾肉真好吃!」

美國夢就是這麼一回事吧!但他一輩子也就賭博這一次，此後再沒賭過，即使退休以後定居賭城拉斯維加斯。

■1961年，張彬揹著山東五大老的項上人頭保證，好不容易得到出國簽證，全家到相館合影。這是一件喜事，但媽媽王培五臉上並沒有笑容。政治氣象陰森詭譎，兒子這一別，與家人也不知什麼時候才得以再團聚呢？

■2008年12月15日，內政部為山東師生冤案在澎湖立碑，張彬當年在台灣摩門教會的教友，Jerry Walker（左一）和Cliff Edmunds（右一）都出席參加。Walker是達美航空資深駕駛、Edmunds是芝加哥大學博士，華府有名的中國事務專家。（左二）是張彬太太王玨。（高丹華2008年攝）

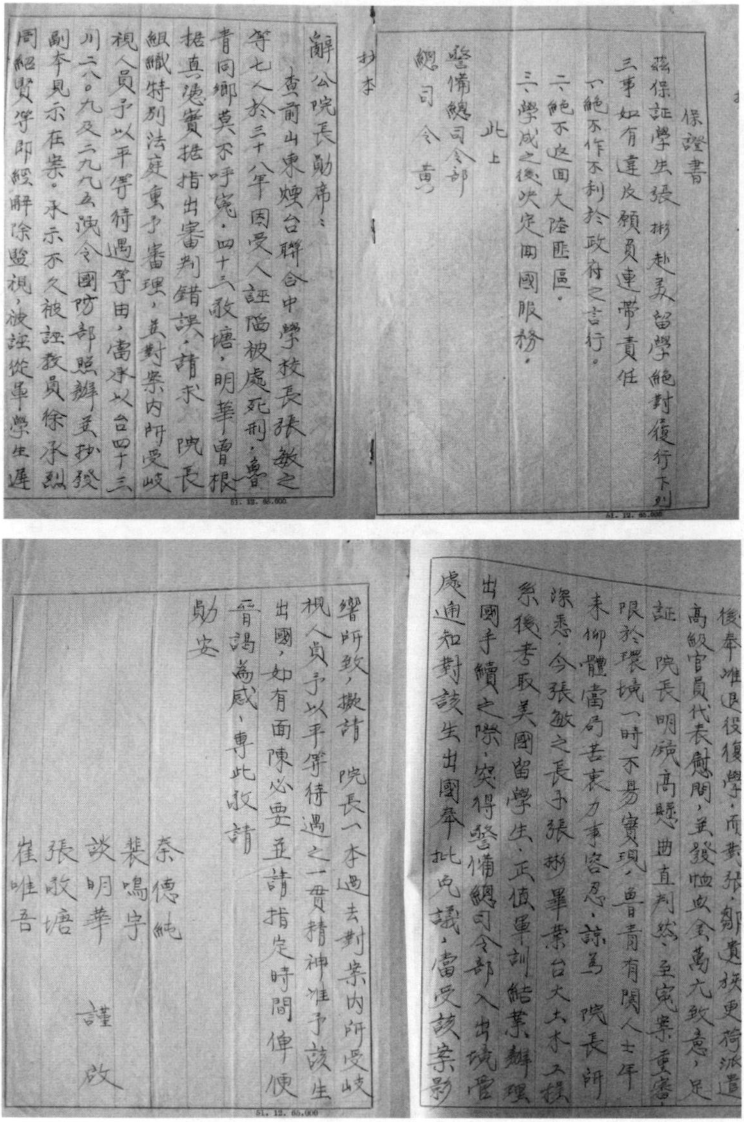

抄本

保證書

茲保証學生張彬赴美留學絕對履行下列三事如有違反願負連帶責任

一、絕不作不利於政府之言行。

二、絕不返回大陸匪區。

三、學成之後決定回國服務。

此上

警備總司令部

總司令黃

辭公院長勛席：查前山東煙台聯合中學校長張敏之等七人於三十八年因受人誣陷被處死刑，魯青同鄉莫不呼冤。四十三年敬塘、明華曾根據真憑實據指出審判錯誤，請求院長組織特別法庭重予審理，並對案內所受歧視人員予以平等待遇等由，當承以台四十三川二八〇九及二九九五號令國防部照辦並抄發副本見示在案。承示不久被誣教員徐承烈同經貫學即經解除監視，被誣從事學生遲後奉准退役復學，而其張、鄒遺族更荷派遣高級官員代表慰問，並發恤金萬元致意，足証院長明鏡高懸，曲直判然，至冤案重審限於環境一時不易實現，曾青有關人士早未仰體當局苦衷力事容忍，諒為院長所深悉。今張敏之長子張彬畢業台大土木工程系，後考取美國留學生，正值軍訓結業，辦理出國手續之際，突得警備總司令部入出境管處通知對該生出國率批免議，當受該案影響所致，擬請院長一本過去對案內所受歧視人員予以平等待遇之一貫精神准予該生出國，如有面陳必要並請指定時間俾便晉謁為感，專此敬請

勛安

秦德純

裴鳴宇

談明華

張敬塘

崔唯吾

謹啟

■1961年4月15日，張彬的出國保證書上，有秦德純、崔唯吾、談明華、裴鳴宇、張敬塘這五位黨國大老聯名做保，確保張彬出國後不會對父親的冤案有任何動作，等於是用五大老作人質。警總在拿到這份保證書後，才准許張彬出國讀書。

27 遠離傷心島

「媽媽是個不多說的人，我也是，我們兩個就微笑著互相對看，手牽著手，一起上了飛機，我們從此卸下了重擔，我們終於擺脫了匪眷的身分。」

一九六三年，王培五轉到建國中學教書。這一年張彤要唸台大，母子倆一起搬到台北。她是現代的孟母三遷，遷來遷去都是緊盯著老么張彤。張彤唸台南一中，她就「轉學」到台南女中；張彤到台北唸台大，她就「轉學」到建中。比起哥哥姐姐，老么張彤一直有媽媽照顧，吃住不愁，幸福多了。

台北這個新環境，對張彤來說是如魚得水。張彤以前在台南一中並不快樂，台南本省人多，高中三年，班上只有兩位外省籍同學，「我另外那個同學，他從小生長在台南，所以他比較適應。我以前住在潮州、善化，沒有遇過這麼尖銳的對立。來台南之後常常挨罵，因為那時候，有些同學總覺得外省人是壞人，甚至叫我們外省豬，很不客氣的。」張彤在台南覺得很孤單。

到了台北，班上外省籍同學多了，包括國家安全會議國防計畫局副局長方天的兒子。方天以前是江西省政府主席，和蔣經國關係很好，方天的兒子去成功嶺受訓遇到蔣經國視察，「蔣老伯」還認得這位年輕人。其他還有僑務委員會副委員長何宜武的兒子等等。這些權貴子弟知道張家的事情，

比起以前常被小小管區員警恐嚇查戶口、或者被高中同學譏笑「外省豬」的處境，張彤很喜歡台北。在台北自由、有尊嚴，他認為媽媽當初應該捨善化中學，直接到台北來教書。

但是媽媽在台北教書並不那麼輕鬆愉快，當時建中的校長賀翊新，北京大學畢業又做過河北省教育廳廳長，他在職期間號稱是「北大自由學風在台灣重現」的「建中黃金年代」，學生可以自由進出校園，不上課也沒關係。建中學生有才氣也有傲氣，對老師不像女校學生那樣恭敬貼心，有的學生專以挑戰老師為樂，這對於習慣壓抑、謹言慎行的王培五來說，頗為辛苦。

王培五在建中遇到一些舊識，包括前濟南第一聯中校長劉澤民，還有和張敏之一同被關在保安司令部監獄的周紹賢。周紹賢國學造詣深厚，一九五八年開始陸續在東吳大學、師範大學、輔仁大學，以及政治大學兼課二十多年。

和台南女中寬大有庭院的宿舍比較起來，建中的宿舍差多了。王培五剛到建中的第一年，住的是騰空出來的教室，隔壁就有學生在上課。應媽媽要求，帶著小孩搬到台北的大女兒張磊回憶，「在這間教室裡，中間拉上布簾，就是她住一邊，我弟弟住一邊，我又自己住一邊。我們三餐都在走廊裡煮飯，是用煤油爐煮飯。」

張磊的先生這時已經是商船的船長了，待遇不錯，即使是這樣奇怪的住宿環境，但張磊的先生也沒有抱怨，下船回台灣時也和他們一起住教室，張磊說，「現在想想真的很對不起他。我先生回來，我們搬著被褥到樓上，住在兩間教室中間的一個小房，我們就住在那裡。我先生的朋友來看他時都覺得很奇怪，我們也覺得不好意思。」

生活條件這麼差，媽媽卻硬要張磊跟著，張磊認為媽媽的心情是：「她認為我應該跟她一起努力，我是老大，現在又沒有父親，就該跟她一起負擔這個家庭。所以她到台南我要跟著，她到了台北我也要跟著。」

過了一年，建中泉州街的木造兩層樓宿舍有了空位，王老師終於住的像樣一點。宿舍旁邊有塊小空地，張磊出錢蓋了一個小屋子，有臥室、廚房、衛浴和客廳，她讓媽媽和弟弟張彤搬過去，自己帶著兒子女兒和一個年輕幫傭住在舊宿舍。張彤印象中最高興的就是有了抽水馬桶，上廁所舒服多了，「以前舊宿舍那種掏糞廁所，好臭，不得了，嚇死人了！」

其實那時張磊已經在仁愛路復興小學附近買了一個房子，她央求媽媽，全家一起搬過去，「我請黃包車來拉妳，每天接送妳上下課。」但媽媽怎麼都不肯，她說，「既然公家有配給，為什麼要到外面去住？」媽媽叫張磊把房子租出去。

張磊又恢復以前在屏東的角色，幫媽媽管家，還多了兩個小小孩。一家人的日子過地緊湊熱鬧，張鑫、張彤整天忙著讀書，張磊說，「那時候他們在家裡唯一的事，就是讀書。我媽就只是說：『讀書要緊！』什麼事都不能夠拉著他們做，他們就是專心一直讀書，有時候雖然我心裡很氣，我懷著第二個孩子，挺著大肚子了，很多事情要這個那個的，哎呀，我母親那個個性……。」

長姊如母，少女時代的張磊如此，婚後的張磊依然如此。

◆

家裡的日常開銷由管家大姊負責，媽媽把錢存起來，準備將來弟弟妹妹出國。一九六四年一月，搬到台北的第一個農曆春節快到了，二姊張焱在除夕前兩天坐上了華航的飛機，飛往加拿大。

張焱護專畢業後，就在台北榮總工作，「我們住的宿舍裡，有同事申請去加拿大的醫院服務，我也申請了，很快就拿到聘書。一有了聘書，就可以申請加拿大移民。那時候比較快，也比較容易，加拿大、美國都缺護士，很順利就出國了。」

比起大哥張彬出國前遭遇的各種波折，張焱的出國就順利多了。在春節前夕的濃濃年味中，張焱一個人孤零零地坐上華航班機，她從台北一直哭到東京。在東京住一個晚上，然後轉機到加拿大的溫哥華（Vancouver），媽媽有一個學生來接機，在她家住了一晚。

短暫的溫暖之後，張焱又一個人坐上火車，坐了三天三夜，才到了要上班的溫尼伯綜合醫院（Winnipeg General Hospital）。張焱在這裡工作了一年半，一開始也是住在媽媽的學生家，那時候出國的人少，能幫忙大家都會盡力，頗有人情味。

幾個禮拜後，張焱摸熟了環境，搬到醫院對面租房子。北國的冬季一片冰天雪地，沒什麼娛樂，生活費便宜，張焱領了薪水就到銀行簽支票寄回台灣。她說，「我很感謝我媽媽，那時後在善化，有人跟我媽媽說：『不要讓她讀書了，留一個女孩子在家裡幫忙。』但媽媽堅持給我上學。」

張焱的同事有很多菲律賓女孩，她們希望搬到陽光燦爛的溫暖地帶，她就跟著申請了美國加州的醫院。這時美國也鬧護士慌，張焱很快被洛杉磯的醫院錄取，一年之後，她就拿到身分，成了美國公民。

她的護士生涯一做就做了四十三年，這中間有很多辛苦的事，「媽媽總是要我多做事，少說話。我每次看到人家偷懶，就忍不住想抱怨，為什麼我這麼努力工作，人家卻在偷懶？但只要一想到媽媽講的『多做事，少說話』，我就不生氣了。」張焱現在洛杉磯安心領著退休金，每個禮拜上教會，她很滿足。

一九六二年，張焱二十歲的時候離開台灣，再次踏上這塊土地，已經是二十七年之後的事了。

◆

張焱出國之後不久，過了春節，張彪也要出國了。

張彪在台大的大學生活，並不像哥哥那樣風騷，他很能享受自然吹過來的風，自然落下的雨，他沒有汲汲營營去兼家教打工，更不像哥哥一口氣花掉整個月的家教錢，只為了買張音樂會門票送女朋友。他說，「我出去都吃什麼呢？吃成功中學後面那個小攤子，那裏五毛錢一碟的小菜，對我來講已經是很大的享受了。我沒有那種本事像我哥哥那樣出去賺錢，我也不需要賺錢，因為我根本不需要錢。」

張彪認為人生要有智慧，他不信仰任何宗教，自然而然發展出一套「道」的生活路線，他的「無為」總給他帶來好運氣：媽媽給他生活費、媽媽幫他還學費貸款、看電影有女朋友的媽媽塞錢、出國唸書哥哥幫他找獎學金。畢業以後，趕上了大建設的潮浪，早早成了猶他州政府交通部門的公務員，現在領著令人羨慕的退休金。

台大畢業以後，張彪並不想出國，也不感覺環境有多險惡，雖然他一樣要掙扎困惑於人與人之間究竟是真情還是假意？

張彪班上有一位越南華僑對他非常熱情友善。大一那年因為八七水災，學校開學晚了一個月，縮短了農曆年的假期，所以過年時張彪沒有回家，這個僑生也沒到親戚家過年，「那個時候一塊錢可以打一瓶酒，拿了吃飯的碗，你一碗，我一碗，一個年就這麼過去了，整個台大宿舍裡，就我們兩個人。」窗外冷風呼嘯，酒酣耳熱之際，張彪為「哥兒們」的友情感動。

大學四年張彪一直搞不清楚，這個同學真的是朋友，還是一隻盯住老鼠的貓？最讓張彪懷疑的是，「我當兵時，他經常來看我。我當兵，他也當兵，他這麼勤快的來看我是為了什麼？」或許他真是朋友；但也或許盯住張彪是一種可以賺錢的工作。

張彪決定採「懷柔政策」。在部隊擔任採買時，就想辦法弄幾個錢請這個同學去看場電影、喝點小酒。張彪始終認為，這些跟監他的貓，目的也都只在賺點錢，大家都是討生活，因此他盡量對這些貓友善，讓他們有報告可以寫。查戶口的員警每個月都來，四年來從不間斷，一開始他極度厭惡，到後來他甚至替員警寫報告，這樣大家日子都好過。

當完兵，張彪想和女朋友留在台灣，過著養雞養鴨自然派的生活，但是媽媽不同意。媽媽認為匪諜的標籤不拿掉，她的子女在台灣沒有好日子。張彪的女朋友是家中長女，媽媽跟女朋友家商量：「你看，我的大女兒跟女婿是幫忙我的，你們勸張彪出國，將來你們的大女婿，也可以幫忙你們家裡兩個弟弟出國。」

在母親的催促與期盼下，過完春節，張彪也出國了。

如果距離學校遠近，也是幸福的指標之一，那麼張彤真是一個幸福的人。從小學到大學，學校永遠在他走路或者騎腳踏車輕鬆可及之處。大學四年，他從建中宿舍到台大，騎自行車只要二十分鐘。

電機系的功課很重，張彤每天放學回家吃過飯，就跨過南海路，到對面的中央圖書館唸書。現在的中央圖書館在台北市中山南路，台大醫院的對面；不過在一九八六年以前，央圖一直在南海學園和歷史博物館「同居」。

在央圖唸書有個好處，許多穿綠色青蛙制服的北一女學生，成群結隊在那裡出出入入。高中女生清純可愛，活潑愛笑，比起留在電機系館清一色男生強多了。張彤在這裡享受了四年的大學時光。

每個週末晚上，從圖書館 K 書回來，經過南海路三十九號的南海路聚會所（台北市基督徒聚會處），莊嚴的詩歌與熱情的禱告，打動了張彤的心。

張彤基本上是個嚴肅的小孩，他的青春叛逆期延遲到大學才爆發，但遲來的叛逆已經不是十七、八歲的煩躁和衝動，二十歲的叛逆是對人生的大哉問：我是誰？人生是怎麼回事？

台北的多元以及台大的開放，像是一個目不暇給的萬花筒，看得人眼花撩亂，看得人失去了自己的定位。在漫無邊際的自由，以及從懂事以來，就不斷鞭策自己「只有第一、沒有第二」的嚴格自律之下，張彤覺得苦悶。

每個週末的夜晚，一個人的精神力最渴望從戒律中逃脫的時刻，教會的燈光與音樂成了一種救贖，張彤說，「來教會後，心裡變得比較踏實，也覺得平安。信仰在我身上最大的作用，是給我一個安定的力量，讓我不會太焦慮。在教會裡有了固定的聚會以後，心裡比較平靜，反而書讀的比較好。」

巧合的是，南海路基督徒聚會處的創辦人李繼聖，也是山東煙台人，在青島和濟南傳福音多年。一九四九年到台灣後成立了這個教會，不過張彤來到這裡時，李繼聖已經因病過世。

四年大學生活很順利地度過，但張彤心裡一直有個出國的壓力，「我這一輩子真正擔心過的事，就是去美國唸書。之前我每天擔心出不了國，因為從小在家裡看到這些爛七八糟的事，始終沒有安全感，每天擔心人家會來找我們的麻煩，所以從小就有這個心願，打破頭也要出國。」五十年後，張彤看到電影「鳥人」(Birdman，2015奧斯卡最佳影片)，他想起了小時後在台灣常做的夢。夢中他像鳥人展翅飛翔，卻找不到回家的路。然後，他就會醒來。

擔心拿不到出境證，張彤服役時還特別去考政工官，表示忠黨愛國。這位考了第一名的軍官，每天在政工幹校的教務處處理文書，因為「匪眷」的身分，他不能帶學生。張彤因禍得福，樂得輕鬆，這種當兵的方式真是美呆了，「每天坐交通車上下班。早上從台北坐交通車來北投上班，晚上還可以回家吃飯，根本不用睡在軍營裡。」張彤真是福星高照，連當兵都當得快樂輕鬆。

張彤當兵的日子和大學生活沒甚麼兩樣，每天晚上在家吃過飯，就外出用功。只是他現在的目的地不是圖書館，而是美國新聞處（現為二二八國家紀念館）。那時的美國新聞處位在台北市南海路54號，和建中宿舍隔著泉州街相望。這棟美麗的建築，在日治時期就是舉辦大型集會展覽的場地，後來美國大使館租下來作為美國新聞處林肯中心，一九六〇年代是青年學子吸收西洋文化的聖殿。

張彤去美新處是為了查閱美國大學的資料，「所有的資料都在美國新聞處，每天我都在那裡翻來翻去。」比起那些在外島當兵的同學，張彤有大把的時間可以找資料申請出國，他覺得自己真是幸運，也不吝於幫同學一把，「有些同學在金門當兵，我就幫他們找資料寄給他們，同學就這樣子申請出國了，感激得不得了。」

張彤大學畢業時是一九六七年，他趕上了一個好時代。那時候，美國因為太空計畫落後蘇聯急著迎頭趕上，需要很多「聰明的腦袋」，台大電機系的學生很容易申請到獎學金。張彤總共申請到六個獎學金，多到他自己都不好意思，於是趕快通報同學，哪個學校還有獎學金的名額，叫同學趕快去申請。張彤的成績很好，從大學到唸完博士，張彤從不打工。書唸好了就有獎學金，唸書就是賺錢。

張彤在三個學校之間猶豫不決：哈佛大學（Harvard University）物理系、麻省理工學院（Massachusetts Institute of Technology）電機系、史丹福大學（Stanford University）電機系。以電機相關科系來說，史丹福和麻省理工併排第一，不過史丹福在矽谷，比較靠近半導體高科技聚落，張彤選了史丹福。

一九六八年秋天，二姊張焱給張彤寄了一張飛到舊金山（San Francisco）的機票。但是出國前，張彤有一件大事要辦。作為張家唯一一個還在台灣的兒子，張彤非辦好不可。

老么張彤出國之後，緊接著小姊姊張鑫以及媽媽，也很快都要出去，他們希望幫爸爸找一個永遠的家，管理嚴謹的陽明山第一公墓是個好選擇。於是在山東省議長裴鳴宇的主持之下，辭世十九年的張敏之終於落土為安。這個位在陽明山上遠眺淡水河的墓，是個雙穴位，王培五也替自己留了一個位子。

·◆·

一九六〇到一九七〇年代，是個「來來來，來台大；去去去，去美國」的時代，想住洋房、過好日子的人會去美國；想研究高端學問的人也會去美國。大家畢業都去美國。張鑫也被這股潮流推動著。

與兩個哥哥相比，甚至與弟弟相比，她並沒有感覺到政治的標籤對她的未來會有什麼干擾，可能醫生這個行業是救人命的，比較被尊重。但張鑫還是打算出國，她對臨床沒什麼興趣，想走研究路線。在紐約市曼哈頓上城的哥倫比亞大學醫學院（P&S.）給她獎學金做生化方面的研究。

媽媽決定從學校退休，和張鑫一同出去。張鑫回憶，「媽媽與我來美國也很簡單，就兩個皮箱，她一個、我一個，就這樣飛過太平洋，媽媽還帶了她的大學畢業證書、教師獎狀。」

畢業證書上的王培五，剪了個西瓜皮的髮型。當初她也不知道，原本單純只是為了青春理想去唸的大學，後來成了她賴以養家活口的救生符。這紙畢業證書到美國以後再也沒派上用場，這是好事。因為兒女個個有成，媽媽也不再操勞。

一九六九年秋天，以前在濟南中西中學的學生高慕君，意外得知王老師在建國中學教書，「我第二個孩子考上建中，陪他去註冊時，我就聽他們教務處的人在講話，有個人在問：『王老師走了沒有？』另外一個人回答說：『大概就這幾天了。』我一聽，那個答話的人，口音是山東鄉音，而且他們講的好像就是王培五這個名字，於是我就冒昧去請教他，王老師是什麼地方人？他一講，我就非常激動。他告訴我：『王老師就住在後面那個紅樓。』但我趕去拜訪時，王老師已經離開台灣了。」

王老師和她的小女兒張鑫，帶著兩只皮箱，早兩天搭上了華航的班機。離開那一天，「媽媽是個不多說的人，我也是，我們兩個就微笑著互相對看，手牽著手，一起

■張彪的個性和哥哥完全不同，他享受自然吹來的風，自然落下的雨，他發展出一種「道」的生活哲學。大學畢業當完兵後，張彪想和女朋友留在台灣，過著養雞養鴨的恬淡生活，但母親一定要他出國，因為貼著「匪眷」的標籤，永遠擔驚受怕。（高丹華2014年攝於美國）

■王培五在紐澤西大女兒張磊家中，與外孫Paul（右一）、外孫女Joy（左一）合影，他們兩個都在台灣出生。

■張磊的兩個孩子楊慕白（Paul，左）與楊慕潔（Joy，右），分別從紐約、倫敦，搭飛機到拉斯維加斯參加外婆106歲的生日宴。Paul促狹地說，「我外婆從不煮飯。」妹妹Joy心領神會地笑了起來。（高丹華 2014年攝於美國）

■1963年，王培五轉調台北建國中學。原本學校給一間空教室當作宿舍，一年後，泉州街的木造兩層樓宿舍終於有了空位，宿舍旁邊還有塊空地，於是孝順的張磊出錢蓋了一個小房，給媽媽和弟弟住。張彤很喜歡這個新房子，因為新房有抽水馬桶。上圖為建中校門，下圖為舊建中宿舍區。(李國壽 2014年攝)

■1968年秋張彤出國前，將爸爸張敏之的骨灰罐從台北六張犁公墓，遷到管理嚴謹的陽明山第一公墓。在山東省議長裴鳴宇的主持下，辭世19年後，張敏之終於落土為安。

上圖為張敏之遲來的告別式。

左圖為張彤出國前，媽媽與親友在松山機場送行。

■1969年7月，王培五與小女兒張鑫離開住了20年的台灣，再回來已經是20年後，為先生張敏之校長、難友鄒鑑校長，舉辦逝世40週年紀念會。左圖為出國前，張鑫和媽媽同遊台北動物園，與大象林旺合影。右圖為出國當天在松山機場所攝。

就卸下了重擔，我們終於擺脫了匪眷的身分。」

搭機走了。我覺得她很像就是，終於離開了這個傷心地，那種心情。上了飛機，我們

◆

現在只剩下張磊還留在台灣。

張磊說，「我那個時候根本沒有想到要出去，因為我想弟弟妹妹都出去了，我在台灣也習慣了，弟弟妹妹們都大了，出國後也都有自己的前途，我母親跟著出去了，我也就放心了嘛！」

這時張磊已經是兩個孩子的媽，兒子唸小學一年級，女兒也上幼稚園了，先生當船長收入豐厚，已在台北仁愛路買了房子。在台灣就這麼定下來也好。

但是媽媽非要張磊出來不可，張磊說，「我母親心裡一定是想：『大家都出來了，妳一個人待在台灣做什麼？』所以她就生病了。她那時開始生了心臟病，意思就是：『張磊，妳非出來不可。』就這樣，我們也去了美國。」

一九七〇年夏天，張磊也離開台灣，全家在美國團圓。

Part 7

愛。

王培五 90 歲生日時，她的六個兒女都已經遠離台灣白色恐怖的陰影，在美國安居立業。孩子們小時候在屏東沒有錢買鞋子，赤腳的日子久了，每個人的腳掌都寬大厚實，女生很難穿高跟鞋、男生買皮鞋一定要選楦頭寬的，但這些苦難生活的印記，都成了飄零異國奮鬥的動力。

28 終於得到的自由

這裡是美國，一個新天地。這裡的人可以公開表露他們的喜怒哀樂，他們不需要隱藏。張彬痛快地哭了，和他的老婆、小孩一起哭。

抵達洛杉磯以後，張鑫轉機到紐約哥倫比亞大學攻讀博士，王培五則留在洛杉磯和二女兒張焱住了一段時間。

從戰亂動盪的中國，經歷澎湖的悲劇，在台灣恐共防諜的肅殺中生活，王培五咬緊牙關，帶著六個孩子逆風飛翔，終於到了一個沒有戰亂、沒有政治紛擾的甜蜜國度。但是，在他鄉異國紮根，又是一番奮鬥。其中大兒子張彬的歷程是最具傳奇性。

一九六一年七月，當美國人還在歡度國慶的漂亮煙火中，張彬的美國夢開始了。從賭城的經歷中，他感覺上帝仍看顧他這飄泊的遊子。在台北認識的摩門教好友艾德蒙在鹽湖城接待他，並且幫他在聖馬克醫院（St. Marks Hospital）找了一個打雜的工作，艾德蒙的鄰居是這個醫院的護士長，張彬抵達的第二天就去上工。

張彬的部門在地下室，有兩個黑人婦女、一個印度學生，還有他這個亞洲臉孔，帶頭的艾伯特（Albert）是個講西班牙話的拉丁美洲人。張彬納悶著為什麼其他部門清一色都是白種人？醫院的工作每小時酬勞是美金一塊錢，一個星期之後，張彬問艾伯特是否滿意他的工作表現？

「你做得很好，不用人家教你就自動完成工作，你真的蠻聰明的。」

「那我能不能一個禮拜七天，天天都來工作呢？」

「當然可以，但是很辛苦喲。」

從第二個星期開始，張彬天天都到醫院工作。做什麼呢？就是雜役，除了例行的掃廁所、拖地板之外，遇到病患嘔吐、流血，就要趕快去處理，另外抬屍體到太平間，也是張彬的工作。

第三個星期，張彬告訴艾伯特，他想要一天做兩班，一班是八個鐘頭，兩班就是十六個鐘頭，艾伯特說，「你瘋了！那會累死人的！」但張彬堅持這麼做，一個禮拜工作六天，每天十六個鐘頭。他很快就把大姊張磊向同學借的五百美金還清了，他自己還剩下八百美金。忽然間，他覺得自己真是有錢人，這一輩子還不曾擁有這麼多錢。

在異鄉的孤寂中，張彬很高興接到女朋友來信。王珏要去巴西參加第一屆國際芭蕾舞大賽，中途會過境美國，也拿到了入境許可，但是到美國的飛機票要五百美金，於是張彬寄了八百元過去。一切又要從頭開始了。

王珏到了鹽湖城，張彬頓時覺得世界美好了起來。不過王珏的簽證只有一個月的期效，如果她去巴西參加比賽，比賽完了，她就不能再到美國和張彬團聚。王珏回台灣以後，什麼時候還能再出國呢？他們的愛情怎麼辦呢？兩個年輕人做了一個大膽的決定：王珏不去巴西了，她選擇「跳機」，也就是留在美國成了「黑戶」。

張彬是個大膽的人，勇於「開創新局」，他先說服美國大使館的人把他出國的保證金減半了，順利拿到簽證到了美國；現在錢花在女朋友身上了，沒錢了，他去學校找系主任，找到了助教的工作，當助教可以免繳學費！然後他鼓動女友跳機，高高興興地在鹽湖城摩門教會的地下室結了婚，婚禮一結束，夫妻倆開了一輛出廠三年的「老別克」，到楊百翰大學讀書去了。

為了賺錢，王珏這個原本在台灣頗被看好的芭蕾舞者，在美國當起了小工。每天早上四點鐘開始工作，趕在七點上課之前，把教室清潔乾淨。夫妻倆辛苦地讀書工作，希望能在新天地存活，不過移民官通知學校好幾次，要王珏去中華民國大使館把簽證展期。這根本是不可能的事，台灣對這個「叛逃者」不會法外施恩。每次學校派人來敲門，就算在屋子裡，兩個人還是裝做不在家，因為他們不知道該怎麼辦。

張彬除了攻讀自己的碩士學位之外也努力賺錢，他在學校當助教、每週兩個晚上教中文，到了星期六開一個多小時的車到鹽湖城的醫院，再上十六個小時的班。唯一休假日的星期天早上，張彬已疲累不堪，但他精神上是快樂的。他寫信回台灣，告訴弟弟妹妹們：「美國真是個好地方，可以讓我盡量地去做我要做的事情，自由自在，沒有限制。」即使這麼辛苦，他修的十二個學分，每科照樣拿好成績。

◆

王珏工作的地方有個年輕的黑人同事叫做詹姆斯（James），從剛果（The Republic of Congo，位於非洲中部）來的。張彬第一次看到他，是半夜三點半在學校大廳，完全闃黑當中只看到兩隻晶亮的眼睛。張彬和詹姆斯成了朋友，假日兩個人一起去釣魚，回程路過雜貨店，詹姆斯請張彬下車幫他買點東西。

張彬很驚訝，為什麼他不自己買呢？詹姆斯吞吞吐吐地說，「這裡有些店家不歡迎我。」為什麼？「因為我是黑人。」張彬真的驚訝了，他不知道美國的種族歧視嚴重到這種程度。

「詹姆斯，你很難受吧？是不是覺得自己像一隻臭水溝裡的老鼠？」

「是啊！說的真好，我很驚訝你可以體會這種感覺？」

「相信我，我很清楚那是什麼滋味！」張彬說。

過了幾個月，張彬的一個白人朋友，要和一個台灣女孩結婚，他們要到愛荷華州（state of Iowa）去結婚？張彬不解，就問那位台灣新娘。

「為什麼跑那麼遠去結婚？」
「因為在猶他州，我們不能合法結婚。」
「為什麼？」
「猶他州的法律不承認跨種族的婚姻。」
天哪！張彬心裡受到很大的傷害。猶他州是摩門教的大本營，他漸漸嗅到了摩門教會裡保守迂腐的氣息，他的美國夢已受到動搖。
美國不是一個講究自由、平等的國家嗎？但為什麼還有這麼多人受到歧視、受到不公平的待遇？星期天在摩門教會做禮拜，他感到很難過，但也下定了決心，他要更努力地工作，他要閉緊嘴巴，中國人說「各人自掃門前雪，休管他人瓦上霜」。美國是個好地方，畢竟比起台灣，只要願意工作，在美國總是有機會。在台灣，他可能連找工作都有問題。
但很快的，他再一次被提醒現實的殘酷。一位在台灣和香港服務兩年回美國的牧師，很盛大的舉行回鄉後的第一次講道。他告訴教友這兩年他如何行了上帝的道，最後他看著坐在台下的張彬說：
「兄弟，我很高興看到你在這裡。希望你拿到學位後趕快回台灣，統領台灣的教會。不要像那些留在這裡的中國學生，你在這裡是沒有機會的。」
牧師的話刺傷了張彬，即使是上帝的教會依然排外，這些人張口閉口都是服侍上帝，但最終還是在成就自己吧？他好想一腳踹過去，不過他忍著，講道結束，他匆匆離開，沒想到牧師還叫住了他，「兄弟，希望你好好想想我說的話。」張彬只能熱烈地和牧師握手，他已經習慣這種裝模作樣了，這是別人的土地，不是嗎？

他想到媽媽總是奉行《聖經》說的：「有人打你的右臉，連左臉也轉過去給他。」這是亂世的生存之道，也是一種心靈的修行，唯有如此才能得到平靜。張彬覺得媽媽已經走到了修行的層次了。

在外國人的地盤上有許多要重新學習的事情，所謂的「文化震撼」。一個從台灣來的朋友，熱心地燒了一桌道地的上海菜請客，同桌還有一對年輕的美國夫妻。熱情的主人頻頻勸客人挾菜，還挾了一筷子美味的「松鼠魚」到美國人盤子裡。

「啊，我們真的吃飽了。」美國男生說。

「不要客氣，不要客氣，多吃點。」

「夠了夠了，真的飽了。」

「但你吃的很少啊！」

「沒錯，我吃的不多，我真的很飽了。」客人其實在意的是沾了主人口水的「松鼠魚」。張彬和主人不知道為什麼客人這麼不賞光。

為了化解尷尬，美國客人找話題，「中國人食量都很小吧？」

「是吧！應該是吧！」張彬和主人都感到有點莫名奇妙，不過傳統上主人不會和客人唱反調。

「我覺得中國人食量小是有道理的。」客人說。

「為什麼？」張彬好奇。

「中國人口這麼多，如果中國人都像美國人吃那麼多，中國的糧食供應一定出問題的。」客人很得意他的論述。

「有道理。」

「難怪中國人這麼苗條。」客人更進一步推論了。

「是吧，應該是這樣吧。」主人齊聲附和。

這頓晚餐之後，張彬終於知道，為什麼有些移民總是和自己人混在一起。因為這樣才能避免許多令人不悅的「文化震撼」。

以前，他總想到美國後他就可以擺脫「自慚形穢的鼠輩情結」，但現在，他知道自己錯得離譜，畢竟，新移民還在社會的底層，還是隻老鼠。

◆

第二個學期，張彬在猶他州政府的高速公路局，得到一個兼職工程師的機會，雖然更忙碌，但是收入增加了。王珏在當地的飯店，也找到一個服務生的工作，每天騎著腳踏車去上班。

這對新移民夫妻，工作和學業都順利，生活加速在軌道上運行，很快地，張彬碩士班畢業論文的口試到了，口試前一天晚上，懷孕的王珏開始陣痛，張彬待在醫院不知所措，護士把這個幫不上忙的準爸爸，趕回學校準備功課。

晚上十點半，一個研究生衝進準爸爸的研究室，「醫院打了電話到處找你！」張彬趕到醫院，護士給他一個戲謔的微笑，再遞給他一個小包裹，他的兒子，張勵恆(Henry)！

張彬低頭看著兒子，止不住一陣又一陣地戰慄，「怎麼樣當個爸爸？」他心中最堅定的想法是：「絕對不要做個像我爸爸那樣的爸爸！」他絕對不要像爸爸一樣，為了大我犧牲小我，為了公眾的事情，犧牲掉自己老婆和小孩的幸福！

兒子出生三天後，張彬隻身收拾行李啟程北上，紐約州的尤納迪拉鎮（Unadilla,New York），有一個結構工程師的工作等著他。新老闆湯姆（Tom Jones）是個敏銳、能幹、急性子的前輩，從名校康乃爾大學（Cornell University）畢業的。

張彬從湯姆身上學習大型木造樓房的技巧，像是教堂、機關建築等等。同事們大多早上八點上班、下午五點下班，張彬卻是從早上七點幹到晚上十一點，他在公司對面租了房子，節省來往的交通時間。每天上、下午各一次的點心時間，他也從不參加，所有的時間都拿來拚命工作，午餐和晚餐都控制在半小時之內解決。

他的努力和工作表現得到老闆的賞識，薪水大幅度地增加，公司合夥人凡寇特（

Van Cott）聽說張彬的太太有簽證上的麻煩，就找了一位參議員幫忙，不但讓王珏的居留合法，也幫張彬弄到了所有美國移民夢寐以求的「綠卡」。

凡寇特真的幫了個大忙！一九六五年之前，美國每年允許中國移民的配額是一〇五人。張彬知道他非常幸運，雖然他並不喜歡用請託、找後門。但他更不想回台灣，也不能到中國大陸，只有吞下自己的自尊，乖乖地啃漢堡數日子，等待正式成為美國公民。不過他很清楚，在這個國家，他永遠是個外來者。一個次等公民。

一個週末，張彬全家開兩、三個鐘頭的車，到紐約市和台大同學聚會。十五、六個同學都在紐約工作，假日也常常聚在一起，他們自成一個團體，很少和外面的世界打交道。張彬也喜歡這樣的溫暖，但是紐約的華人太多，「職業學生」肯定不少，他要避著點，因為他可是扛著五位山東大老的腦袋出國的啊！

他所居住的尤納迪拉是個很友善的小鎮，王珏帶著小孩出門散步，鄰居會打招呼，停下來逗逗小孩，送貨司機也告訴張彬：「這裡的人蠻喜歡你的。」怎麼說呢？「咖啡館裡的人說，你是個好工程師，工作很認真，不會管別人的閒事，他們說這社區上有你加入很不錯。」

耶誕夜，張彬的家庭醫生約張家參加一位牧師的耶誕盛宴，張彬感覺到被接納的溫暖。晚飯後，一位牧師要大家寫下生命中最重要的事情，牧師寫下「上帝」、牧師娘寫了「家人」、醫生寫「助人」，張彬不假思索地寫下了「自由」。

在尤納迪拉九個月，工作順利，環境友善，但是張彬對於自己的專業感到不安。他想要在工程領域找到一個發展的強項。俄亥俄州的辛辛那提（Cincinnati ohio）提供一個橋樑工程師的機會。

張彬在辛辛那提的工作非常愉快，他在這裡學到了很多橋樑結構的技術。張彬的上司約翰（John DeLong）接到了一項工程，要設計俄亥俄州最長的橋樑，二十一個跨距的大橋。在沒有電腦的時代，整個數學計算非常艱難，沒有工程師想加入自找苦吃，但張彬卻自願參與，約翰非常欣賞這個年輕人的勇氣。

但是有一天，約翰很嚴肅地指出張彬的數學出錯了，「我非常不樂意看到有錯誤發生！」這個錯誤很微小，橋樑的螺形曲線計算上，二十公尺當中有零點五公分的誤差。張彬不覺得這樣是算錯了，但是他完全沒有反駁，這是東方人的服從習性。

張彬的自尊受到很大的傷害，一晚輾轉反側，第二天一早，他向約翰遞出辭呈。約翰卻笑了，「張彬，你完全搞錯了！」

「怎麼說呢？」

「我一向給我的新進工程師來個震撼教育。其實你做得很好，所以我只能從一點小事來找你麻煩。」

張彬鬆了一口氣，好大的震撼啊！震到他一夜不能闔眼。震撼教育之後，約翰更器重他了，指定張彬去學習橋樑的垂直板樑設計，這樣公司可以向西維吉尼亞州（

West Virginia）政府提出更大的橋樑計畫。張彬非常興奮有這個學習的機會。

但張彬是個永遠向前看的人，穩定的工作並不能讓他滿足，他對生活的期待不只是「能活下去而已」。他的人生前三十年都在最低限度的「活下去」，但他知道，自己的人生不能只是永遠在這樣卑微的低標上。

台大的同學大部分都去唸博士，張彬也想要唸博士！他選擇華人稀少的懷俄明州州立大學（University of Wyoming），避開那些等著抓老鼠的貓。一九六五年九月，他開著一輛拖車，載著太太與兩個兒子（老二亞當Adam，這年出生了）和全部的家當，再往新天地去了。

·◆·

一到懷俄明州的第一件大事，就是去考懷州的駕照，辦事員女士給她一張申請表格，很友善地詢問：「你知道怎麼影印嗎？」張彬覺得很驚訝，有被侮辱的感覺，是因為華人的臉孔吧？他知道美國中西部的華人大多是出賣勞力的勞工，或者開洗衣店、開餐館的廣東移民，這些第一代移民教育水準不高，英文也不夠流利。

他決定逗一逗這位女士。他假裝很吃力地影印表格，辦事員看了很同情，不但不厭其煩地反覆說明，給試券的時候還特別交代，「不要急，慢慢寫，我會在這裡等著你。」結果張彬只花了兩分半鐘就交卷，她起先為這個年輕人的「自暴自棄」感到惋惜，但是看完答案以後，她不可置信地瞪大藍色的大眼睛！張彬聳聳肩告訴她，「我運氣好，都被我矇上了！」

張彬知道中西部的白人對黃皮膚的華人有刻板印象，所以他開個玩笑，替自己爭取一點尊嚴。做了這麼多年「地溝裡的老鼠」之後，他學會每到一個新環境就先察言觀色。

懷俄明在一八八二年「排華法案」（禁止中國勞工到美國）制定之前，就有許多華工，它們大部分受僱於聯合太平洋鐵路公司（Union Pacific Railroad，一八六二年成立，擁有全美最大鐵路網），或者到鐵路公司的煤礦場工作。一八八五年，在懷俄明州的石泉城（Rock Springs），礦場為應付嚴冬要提高煤炭的生產量，從愛爾蘭、蘇格蘭以及北歐來的移民勞工為了逼迫資方提高工資，發起罷工，但華人沒有參加，引起白人勞工高度不滿。面對罷工的威脅，公司不但沒有妥協，還從加州引進一百多位華工。資方的動作點燃白人礦工的憤怒，一個叫做「勞工騎士團」（Knights of Labor 一八六九年在費城創立，最盛時會員人數達七十萬）的組織，煽動白人礦工衝入華工居住區，殺害了二十八個華人勞工、十五人受輕重傷、七十五處華人住宅被燒毀。

石泉城大屠殺在聯邦軍隊出動之後平息，許多華人往太平洋沿岸的城市移動。將近一個世紀過後，懷州的華人依舊稀少，不到總人口的百分之一。但張彬喜歡這樣沒有多少黃色臉孔的世界。他在懷俄明州立大學拿到博士，並且成了終身職的教授。

一九六六年，張彬受邀去新墨西哥州（state of new mexico）參加一項結構工程會議，太太帶著兩個兒子到巴士站送行，才一歲的亞當哭著大喊：「爹地，不要走，不要走！」三歲的亨利噙著眼淚望著巴士上的爸爸。張彬心碎了。

十七年前在澎湖馬公碼頭的那一幕，忽然衝進了他的腦袋，他不要兒子有他那樣撕裂心肝的痛苦，他跳下車抱住兩個兒子，一家人哭做一團。

他恨離別。過去，他的生命中有太多的離別。張家的離別沒有眼淚、沒有擁抱，更沒有親吻，張家人都怕流露感情，他們怕心碎。外人看來，這是一個冷漠的家庭，沒人知道這家人的心都在淌血。

但這裡是美國，一個新天地。中國與台灣那些謀殺、仇恨、動盪、貧窮、猜忌、欺壓、折磨已經很遠了。這裡不需要隱藏。張彬痛快地哭了，和他的老婆、小孩一起哭，他們一起分享離別的痛苦，也一起期待六個星期後的再團聚。

這是一次「愉快的離別」，在巴士上，妻兒的身影漸漸消失不見，張彬的眼淚沒有停下，但他知道他是朝著光亮前進，他的前途有光。

■上圖1964年，張彬長子亨利出生。作為張家的長孫，亨利對家族歷史很關心，他很早就知道爺爺奶奶經歷的苦難，因為他三歲開始，爸爸就把家裡的事情當作床邊故事講給他聽。

■下圖1972年，么子張彤在史丹福大學教堂與彭建平女士結婚。作為母親的王培五，自此刻起才自認已經盡完了所有人生的重責大任。

29 神的應許之地

「慈愛的神！感謝您賜予我們這段苦難的日子，求您看顧所有在陰暗角落哭泣的人，也求您赦免那些加害我們的人，因為他們所做的，他們不曉得。阿們！」

王培五在六十歲這一年，到了美國。

孔子五十知天命，六十而耳順，王培五的境界大概還要再高一點。她四十歲失去了摯愛的先生張敏之，就已經「知天命」了。她知道上帝給她的磨難與成長，要考驗她是否真能行「上帝的道」。

耶穌說：「伸冤在我，我必報應。」耶穌說要祝福迫害你的人，要祝福，而不要詛咒。王培五教她的孩子：「不要恨，因為這樣，心，才得以安寧；人，才不會走偏了。」為了孩子，她放下往事，絕不回頭，帶著孩子們走出一條生路。

對王培五來說，美國是上帝給她的應許之地，她帶領孩子們來到新世界，然後高高興興地從人生第一線的戰士，退居為後備軍。小女兒張鑫說，「教書對她來講，只是一個職業，她並不感到享受。教書是生活上的需要，當然她也喜歡，但並不是喜歡到不得了那種程度。所以我覺得退休對她可能就是一個感覺，如釋重擔。也就是說，這個擔子卸下來，輕鬆了。我感覺她退休以後，很自在，並沒有任何適應上的困難。」

在洛杉磯與二女兒張焱、二女婿蘇平住了兩年之後，王培五搬到紐約與三女兒張鑫會合。張鑫到美國的第二年，與台大醫學系的同班同學黃昭碩結婚，然後在哥倫比亞大學醫院擔任住院醫師，張鑫記得，「我們在醫院對面租了一個小公寓，大家都擠在一塊，就只有兩個臥室，所以媽媽跟孩子一起住。艾伯特（Albert 張鑫長子）小時候是很吵的孩子，晚上不太容易弄他睡覺，所以我們就輪流哄他。我記得媽媽發明一個歌，媽媽說：『搖阿搖，睏阿睏』，艾伯特一聽，就睡了。所以輪到我顧小孩時，我也唱：『搖阿搖，睏阿睏』。我覺得媽媽在紐約是很高興的，白天推著艾伯特的嬰兒車出去，她就在附近散步，我媽媽很喜歡散步。」

在住院醫師的忙亂歲月中，張鑫很享受媽媽帶著小孩來探班，「醫院就在住家對面，醫院裡的醫生餐廳，可以讓家人進去用餐。那時我先生在另一個醫院裡工作，遇到我值班，他也值班時，我媽媽就常把艾伯特用推車帶到餐廳，我們祖孫三人一起吃晚餐，媽媽最喜歡吃的就是披薩。」

這個在華人社會活了大半輩子的阿嬤，對於美國新天地，充滿探索嘗試的好心情。大兒子張彬邀請她到懷俄明家裡住一住，王培五毫不猶豫，一個人帶著孫子就坐飛機飛過去了。

大姊夫楊慶安原本要辭去輪船公司的工作到美國，但公司很器重他，請他管理紐約分公司，於是大姊張磊一家搬到紐澤西（State of New Jersey）。張鑫家裡添了老二琳達（Linda），也買了房子搬到紐澤西。這真是愉快的日子，家人團聚互相照顧，當張鑫在醫院裡忙得昏天暗地，全身上下所有的衣服都是大姊幫她打理。

張磊到紐約之前，在洛杉磯待過一段時間，先生常常不在家，張磊初到美國要適應英語、要學開車、要考加州護士執照，家裡還有兩個上小學、幼稚園的孩子，日子過得很緊張，「有時候晚上要到醫院輪班，我就跟我兒子保羅說，你不可以隨便開門、不可以亂接電話。如果是我打電話回來就有暗號，電話會先響三聲，掛掉，然後我再打。」

所有媽媽在陌生環境經歷過的掙扎與努力，現在下一代到了美國這個新天地，也要領受。但起碼在美國，沒有戒慎恐懼的陰影。

·◆·

歷經苦難的一家人，現在順著上升的氣流，在新社會掙得自己的一席之地。小時候在屏東沒有錢買鞋子、赤腳上學的日子好像很遠了，但每天提醒這六個孩子的事實是，赤腳的日子久了，每個人的腳掌都寬大厚實，女生很難穿高跟鞋、男生買皮鞋一定要選楦頭寬的。

不過穿鞋的難處會變成奮鬥的動力。

二女兒張焱在洛杉磯的醫院工作，先生蘇平從保險公司退休以後，經營一家粵菜餐館。兩個兒子一個是會計師、一個是電腦工程師。

二兒子張彪在猶他州政府公路局副局長的職位退休，太太林如瑤從事社福工作。兩個女兒都是醫生。

老么張彤在美國讀書非常順利，二十七歲就拿到史丹福大學的電機博士，張彤才唸了三年，有一天，他的指導教授亞瑟．夏羅（Arthur L. Schawlow 一九八一年以雷射光譜學獲諾貝爾獎）就對他說：「張彤，你該畢業了。」就這樣畢業後，他到康乃爾大學原子及固態物理實驗室擔任研究員，後來到紐約ＩＢＭ公司工作，接著開設自己的電腦公司。

他在史丹福唸書時，恰巧是越戰接近尾聲時，他支持「反戰」，和許多台灣同學不一樣。台灣去的留學生，大多有「仇共、恐共」的心理，這是長期「反共」教育的結果，但是家裡的經歷讓他早早看穿戰爭的可怕，以及所謂「政治正確」背後的黑洞。

他是六個孩子當中，對父親的冤獄平反最著力的一個。這是他心底深處「對父親沒有印象、對母親的遭遇感到心疼、對兄姊的辛苦感到愧咎」的一個反射，一種「補償」心理。他和小姊姊張鑫開始懂事的時候，家裡最椎心刺骨的一段已經過去。

張彤的家位在聖荷西（San José）寧靜的山上，從寬敞的落地窗，可以俯瞰矽谷（Silicon Valley）的點點燈火。他有兩個女兒，一個唸建築，和媽媽彭建平一起從事房地產事業，在舊金山和上海飛來飛去。大女兒克莉絲朵（Crystal）在加州大學洛杉磯分校（UCLA）教政治學，研究中國問題。

大哥張彬在懷俄明大學拿到了土木工程博士，也拿到了終身職教授的資格。他其實對土木工程並沒有興趣，因位他覺得這玩意太單一線性、太數學，簡直無聊到家了！拿到博士以後，他說服科羅拉多大學（CSU）醫學院收他當學生，但是太太阻止他變換跑道；懷俄明大學法學院收了他，三個星期以後他又拂袖而去，因為他不滿教授只教「法律」不教「公平正義」。沒有了「公平正義」，「法律」算什麼？

他也並不是真的對學醫或者學法律有興趣，他只是失去了人生的方向，找不著可以點燃人生熱情的目標，他甚至花時間去研究核子潛艇。有一天，太太的朋友有一棟舊房子要出售，買下以後可以拆掉重建成公寓出租，會是一筆好生意。

張彬原來興趣缺缺，轉念一想，「玩玩看也不錯。」精打細算之後，他接受這筆買賣，蓋了人生第一棟房子。

從此，他愛上了這種刺激的買賣遊戲，綜合頭腦的計算與判斷、人性遊戲的迴旋，還有放手一搏的快感。他說，「你拿得起必須要能放得下，放不下，就不應該拿起它。生意要事先考慮好失敗了要怎麼辦？都考慮到退路，往哪裡退？會到什麼程度？我應該什麼時候退？都準備好了。所以失敗來時，對我一點威脅都沒有，因為我已經準備好了。」

張彬深信「沒有恐怖，生活就沒有意義。」這是天生個性使然？還是政治迫害下的剃刀邊緣症候群？但無論如何，所有的苦難都轉化為成功的資糧，張彬後來成了地產大亨。媽媽晚年就安住在他拉斯維加斯的別墅中。

王培五在紐約待了幾年，然後隨著小女兒張鑫一家搬到氣候溫暖的洛杉磯。女婿黃昭碩是腫瘤專科醫師，張鑫則是受到好萊塢大明星信賴的小兒科醫生。他們家有一個寬敞的後院，緊鄰隔壁的女子高爾夫球場，這視野遼闊的一大片青青草地，是王培五最喜歡的景觀。這片綠陪伴她二十幾年。

每天下午，她盯著保母照料好兩個孫子的晚飯，還督促他們做功課，張鑫說，「媽媽在這裡，我們心裡也覺得安心一點，孩子回到家，不會沒有人在。」「媽媽的生活起居非常自律，你從來沒看到她早上超過六點鐘起床，她一定是六點鐘起床，晚上九、十點鐘睡覺。她的飲食也非常有規律，什麼該吃，什麼不該吃，都有規律，絕對不會暴飲暴食。每天早起早睡，每天都讀《聖經》，看報紙，固定看一份英文報、一份中文報。她還去打太極拳，練瑜伽，她到九十歲，還可以站著把腿翹到桌子上，九十度耶！」

在洛杉磯住了二十幾年，王培五搬到長子張彬在拉斯維加斯的別墅。那裡沙漠型的乾燥氣候，對她膝蓋關節的毛病很有幫助。

◆

王培五的孫子們都是美國人了，大部分都不太會講中文，他們比爸媽更融入美國社會，生活中的中國元素更少；他們講英文的速度越來越快，加入了更多的流行語彙，奶奶漸漸跟不上了。和所有移民家庭一樣，年輕人會離原生家庭的文化越來越遠。但是奶奶的存在，就是一個精神指標。非常深層的影響。在奶奶一〇六歲的生日宴會上，孫子們說了一些感想。

黃耀輝（Albert 艾伯特），**小女兒張鑫的長子，律師**。他是跟外婆一起生活最久的孫子，他說，「她跟我們住在一起，我們放學後都會看到她。對我們家人而言，有她在照應著就有安全感。」

艾伯特是在好萊塢執業的律師，他說自己是個害羞內向的人，但他卻選擇一個需要跟人溝通、用說話來賺錢的職業。為什麼呢？

「也許我有些受到外婆的影響，」艾伯特說，「我小時候，她帶我們去銀行，去查她的帳戶或是領錢，其實，銀行的英文用詞對她來說有些困難，但她就是很有自信、很堅決，她知道她這趟來是要完成什麼事情，即使銀行員聽不懂，或者態度不太好，她也不受影響。她意志很堅定，她決定要做什麼事，就會找到方法，完成目標。所以我相信任何事，即使有困難，但只要堅持下去，就一定可以做到。」

楊慕白（Paul 保羅），**大姊張磊長子，心血管外科醫師。楊慕潔**（Joy 喬伊），**大姊張磊女兒，先鋒集團**（Vanguard Group）**英國公司副總經理**。保羅說，「我們住在紐澤西時，有一天，我上大學放假回來，她坐在客廳，我進門她沒聽到，因為她耳朵聽力不太好，我就對她喊著：『嗨，外婆，妳好嗎？』她嚇了一跳，突然間她就心律不整，我嚇壞了，趕快把她送去醫院。外婆住院的時候，她用唱詩歌的方法，幫助自己心跳慢下來，讓自己恢復健康。這件事情讓我印象很深刻，我想，我奶奶心裡有平安。心裡平安，外面發生了什麼事都無所謂。」

如今也年過半百的保羅，對外婆的人生有一種體悟，「每個人都有自己的問題，她比大部分的人的問題更多，但她不讓這些問題困擾她。問題發生了，不要問：『為什麼是我？』『為什麼發生在我身上？』繼續向前走就是了。」

「我希望我可以達到她的境界，很沉著、很堅定地面對自己的生命課題。這樣以後我老了，我就可以像外婆一樣，輕鬆自在，啊，該走的路我已經走過。」

保羅說著說著，突然促狹地笑起來，「我外婆從來不煮飯。」保羅和妹妹喬伊心領神會地大笑起來。

為了給外婆慶生，喬伊坐了十個鐘頭的飛機，從倫敦（London）飛到拉斯維加斯，停留不到二十四個小時又得匆匆離去，「我先進入工程師這一行，然後又跨入財務管理的領域。在這兩個行業的女性都很少，別人問我：『妳是女生，為什麼選擇這些行業？妳是如何成功的？』我從來不覺得性別是個需要考慮的問題，我沒有因為女性在這些領域發展很困難，就轉頭走開。因為我外婆在很少女生唸書的時代，就去唸大學，我也從來沒有想過因為是女人就要怎麼樣，或者，不可以怎麼樣。外婆對我的影響就是，勇往直前，做自己想做的事，要堅持。」

張懷谷（Crystal 克莉絲朵），**小兒子張彤長女。加州大學柏克萊分校國際關係系副教授**。克莉絲朵開始懂事的時候，奶奶已經八、九十歲了，她印象中的奶奶是固執、有脾氣、年紀一大把卻腦袋異常清楚的人。「我奶奶一〇三歲還可以打麻將到半夜，不管跟誰打麻將，她都喜歡。但她不喜歡輸錢，她贏錢時你一定要給她，爸爸他們會故意輸給她，讓她高興高興。奶奶打麻將的動作很快，如果有人打的比較慢，奶奶還會催人家：『你在睡覺嗎？你醒了嗎？』我想打麻將讓她腦袋不會退化。」

克莉絲朵被史丹福大學錄取的時候很高興，不料奶奶跟她說：「妳要知道，妳跟妳妹妹這麼聰明，是因為我很聰明！」克莉絲朵心想，我的奶奶不是電影裡面那種溫良恭儉讓的中國老太太。

克莉絲朵很有加州女孩的開朗明亮，很難想像她曾經因為文化差異和爸爸關係惡劣，後來爸爸跟她講了張家的故事，她了解了奶奶和爸爸曾經受過的磨難，她為生做張家人感到驕傲，「我爸爸養我們兩個女兒長大，很辛苦。因為我們在美國生活，跟他成長的環境不一樣，就有很多衝突。我小的時候不太了解他，尤其高中時。但是他慢慢告訴我關於老家的事情，使我了解爺爺奶奶的故事，想到我奶奶一個人到台灣，沒有人幫助她，國民黨政府說爺爺是共產黨，哇！奶奶怎麼活下去啊？爺爺這樣冤死，很不公平！奶奶一個人帶那麼多孩子，也很難想像。我了解以後，父女的關係也就越來越好。」

這次的談話，讓克莉絲朵修復了和爸爸的關係，也讓她得到了意外的禮物，「我高中的成績很好，但還不是最好，申請史丹福大學時，要寫一篇報告，題目是「你生命中最重要的對話」，我就寫了一篇我跟我爸爸的對話，我是怎麼樣來了解他。後來史丹福寫了一封信給我，是妳的這篇報告，讓我們決定錄取妳。」

張勵恆（Henry亨利），**大兒子張彬長子，藝術家**。當他走進來時，簡直像是電影《所羅門王的寶藏》（King Solomon's Mines）裡的尤伯連納（Yul Brynner），突然出現在眼前。光亮的頭頂、後腦杓還紮了根辮子，一陣尖叫之後，兄弟姊妹們瘋傳他自拍自演的汽車廣告。亨利跟奶奶的記憶和連結很奇特，有的很詼諧，有的卻很深、很沉。

「奶奶很會打麻將的，我八、九歲時有一次跟奶奶玩麻將，有人來按門鈴，奶奶起來去應門，我從亂七八糟的牌堆中偷拿一個，藏起來。奶奶回來一坐下，馬上發現了，她告訴我：『不可以欺騙。』我實在很驚訝，她竟然可以記牌記得那麼清楚。」

「有一陣子，大概奶奶六十六歲時，她住在我們家。她看到我在學彈琴，就說：『我也想學。』她真的跟我一起學琴，每天花八個鐘頭練習。」

很努力並且很聰明的奶奶，在亨利十五歲時，跟他說人生有兩件事情很重要：第一、要好好運動，照顧好身體；第二、要節儉，不要亂花錢。這兩件事情，亨利牢牢記住，遵循不悖。

作為張家的長孫，亨利對家族歷史很關心，他很早就知道爺爺奶奶經歷的苦難，從他三歲開始，爸爸就把家裡的事情當作床邊故事講給他聽。三歲？比起妖怪吃掉人、巫婆抓小孩的血腥童話，哪一種故事更可怕？

「我喜歡聽，那完全是政治事件。」亨利對二次世界大戰的歷史有一種狂熱，因為它牽動著爺爺奶奶、爸爸媽媽，所以有今天的他。家裡客廳掛著兩張他自己做的海報，一張是爺爺張敏之、一張是奶奶王培五。爺爺他沒有見過，奶奶是塑造他的爸爸、叔叔、姑姑，以及他們兄弟姊妹共十三人命運的推手。

·◆·

二〇一四年六月二十四日，王培五在睡眠中安詳過世。享年一〇六歲。

■王培五的書桌，桌上有先生張敏之的相片，以及張彬出國前全家七人的合照（高丹華2014年攝）

■上圖是1980年王培五在美國懷俄明州長子張彬家，子孫三代全家福。

■中圖是王培五90歲生日，與6個兒女合影於美國洛杉磯小女兒張鑫家中。

■下圖是王培五90歲大壽時，與13個孫子、孫女拍照留念。

■王培五的高壽，成了上帝對祂忠信奴僕的獎勵。上左圖是她100歲大壽時，當年教過的台南女中學生，從台灣、美國各地趕到拉斯維加斯給老師拜壽。上右圖是王培五在美國拉斯維加斯的家中慶賀105歲生日。

■中圖及下圖是王培五106歲在拉斯維加斯的生日宴，姪子們都出席給二姑祝壽。王培五的孫輩嫁娶的幾乎都是洋面孔。（李國壽、高丹華2014年攝）。

■中右圖第四代也幾乎都是洋面孔了。（高丹華2014年攝）。

■張勵恆（Henry）與張懷谷（Crystal）是張家第三代對家族史最關心的兩位。（高丹華 攝）

■小女兒張鑫的長子黃耀輝（Albert），是和奶奶一起生活最久的孫子。（李國壽2014年攝於美國）

■張勵恆(Henry)為奶奶100歲生日設計的海報，掛在家裡客廳牆上。上圖是奶奶王培五。下圖是爺爺張敏之。爺爺他沒有見過，奶奶是塑造他的爸爸、叔叔、 姑姑，以及他們兄弟姊妹共13人命運的推手。

事就這樣成了！

／吳榮斌

在出版這本《一甲子的未亡人》之前，我和本書女主人王培五老師的么兒張彤先生有一段前緣，那是一九九九年十二月，我們因緣際會，先合作出版了《十字架上的校長》一書，而《十》書是《一》書的前傳，可說沒有《十》書就沒有《一》書了。這篇後記，即來做個說明。

一九七九年台美斷交後的第一年，蔣經國為安撫人心，辦「國建會」廣邀海外學者來台。張彤的大哥張彬竟以「傑出學者」的身分獲邀出席，原本張彬想藉此機會提案，為蒙難三十年的父親伸冤，但因這時戒嚴令還在，張彬失望而回。

一九八九年是張敏之蒙難四十周年，張彬與其他五個弟妹一起回台，舉辦了「張校長敏之、鄒校長鑑蒙難四十周年紀念會」。當時的國防部長是陳履安（陳誠的兒子），要讓兒子追究老子當年犯的錯，平反的確也不可能。

一九九二年六月陳履安辭職，部長由時任台大校長的孫震接任。孫震自己就是山東流亡學生，對本案十分明瞭；而副部長王文燮、海巡部司令王若愚、陸軍總司令李楨林三位二級上將，也都是山東流亡學生。一個部長加九顆星星，大家都以為平反有望了。但時任內政部長的許水德卻表示不可能。於公，當時尚未制定平反的法律。於私，當事人彭孟緝仍健在，陳誠之子陳履安又貴為監察院長，平反再度石沉大海。

一九九九年在張敏之校長遇難即將滿五十周年之際，台北傳來了好消息，在前新黨立委高惠宇、前民進黨立委謝聰敏與國民黨立委葛雨琴的不斷努力下，行政院終於通過了「戒嚴時期不當匪諜與叛亂案補償條例」。但澎湖案送「戒嚴時期不當叛亂暨匪諜審判案件補償基金會」求償卻被退件，張彬與他的弟妹們此時對政治與司法平反也死了心，只盼望在歷史上留下紀錄。

早在一九八八年，張彤就結合了山東在台同鄉會，透過《山東文獻》，廣徵煙台聯中師生罹難經過的文章，匯集成冊。此項徵文活動，獲得同鄉一致的支持，當時尚未辭世的裴鳴宇、周紹賢、徐承烈等鄉前輩都惠賜了大作。張敏之的學生時任東吳大學校長楊其銑、政大教授李瞻等諸位先生，也都寫了追悼恩師的文章。裡面收錄了第一手的資料，對整個事件做了有系統的回顧與分析，是一本極具參考價值的文獻。

一九九九年夏天，張彤請人將澎湖案與全家人的遭遇始末，寫成一本書，預計在十二月十一日父親蒙難五十週年紀念日出版。然而已簽約的出版社，高層驚覺這本書出版了難免會有政治顧慮，只好緊急喊卡，並囑副主管代尋接手人。在找了幾家都碰壁後，最後找上了我，而我一聽完說明便婉拒了。

對方說：「不然請推薦有可能出版的同業。」我提了兩家，對方卻笑說：「他們不但看了稿子，連書名提案都有了，最後仍無法合作。」我說：「我與同業看法差不多，這件事有三個難處，一是時間太緊迫，只剩兩個月能作業；二是有政治敏感度，誰也不想碰；三是根本不具市場基本出版量。三個不利條件加在一起，就成了沒人敢接的出版案。」

對方聽完嘆了口氣，我接著說：「可憐啊！這是冤案，但過了五十周年紀念日，書就更難出版，平反也更遙遙無期了。然而勉強印成書，結果也只是大家哭一哭，毫無影響力。」但在說這些話時，我的心裡也很掙扎，張校長夫人一家所信的神，不是如《聖經・詩篇》說的要「做孤兒的父，做寡婦的申冤者」嗎？

對方聽了我的話很驚訝，因為通常本省人對澎湖案所知不多，為何我知道這是冤案呢？原來我曾聽朱炎教授（前台大文學院院長）談過，還有一次搭計程車時，聽口音是山東人的駕駛說到，他們班上有一半的人遇難，更有人直接被包在麻袋裡，綁著石頭丟入大海。

我很猶豫，建議先看看稿子再說，於是找來關鍵人張彤，見面時第一句話就問他：「你為什要出這本書？出版後要達到什麼目標才算符合初衷？」

張彤說：「我要為這五十年來受難、受屈、受苦的澎湖案師生以及他們的後代，包括我的父親平反。」

原來張家子女出版這本書的目的，不只是要紀念而已。我倒抽了一口冷氣，平反的難度比出書更高，於是我告訴張彤：「如果只是出書，這稿就用改的；但如果是想平反，那就只有一個辦法。」

「什麼辦法？」張彤問。

「重寫。」

張彤聽了有點訝異，但我向他解釋一本紀實、又有可讀性的作品，必須透過什麼步驟與什麼筆法才得以呈現。張彤聽了後就回覆說：「這些日子以來，從沒有人給我這樣的建議，我覺得你說的很對，我全照你所說，拜託你與文經社來做好嗎？」

這一下又回到原點了，我原本是要委婉拒絕，卻接了一個更燙手的山芋。雖然一再推辭：「我只是提建議，但要在這麼短的時間，完成這麼大的工程，就只能請更高明的同業了。」但是當我站起來準備送客，張彤卻一把緊緊地握著我的手。這一握，萬分沉重，男人不說話往往勝過千言萬語。

這下可好了，原只是熱心提供意見，現在公親變事主。但一想到澎湖案，《聖經》裡「行公義、好憐憫」的叮嚀，就在腦海裡迴盪。考慮了許久，我們決定了，接下僅不到兩個月的出版工作。本書改由《聯合報》前副總編高惠宇執筆，用第一人稱回到以王培五女士的回憶錄形式撰稿；文經社也以基督徒的立場編輯，這是為了尊重張校長夫人愛與寬恕的精神，因此書名定為《十字架上的校長》。

十二月十日（星期五），張敏之校長殉難五十週年前一天，恰巧就是世界人權日，柏楊先生在《中國時報》的人間副刊，發表了「沒有終結不了的暴政」，介紹了《十字架上的校長》這本書。

十二月十一日（星期六），張彤與當年受難的煙台聯中師生，在台北市和平東路的靈糧堂舉行追思禮拜，《中國時報》記者林照真當天先發了特稿，讓教會擠滿了數百人，電視新聞連線播出，晚報與隔日的報紙都是滿版報導和評論。在社會各角落的受難學生紛紛投書，報紙也持續刊出。

十二月十四日，透過民進黨立委范巽綠出面申請，張彤與大姊張磊、二哥張彪，以及文經社在立法院召開記者會，兩位民進黨基督徒立委蔡明憲與陳光復，也不分政治立場，到場聲援當年忠貞的國民黨員張敏之。

經過媒體的持續關心，「戒嚴時期不當叛亂暨匪諜審判案件補償基金會」就在次年一月二十五日，以專案又召開了一次董事會，審查通過了上次沒通過的張校長補償案，獲得最高基數六百萬元的補償金，為這宗台灣最大的白色恐怖，也是牽連人數最多的第一大案「澎湖案」畫下句點。

《十字架上的校長》是文經社出版近千種圖書中，挑戰最大、最令我心驚膽戰的一本書，但也最富有意義，它見證了一本書產生的力量，這也是出版工作的迷人之處。常有人聽了這個故事，說我們如何如何，其實不是，一切都是上帝的安排，祂在適當的時機、安排適當的人、告訴我們做適當的事，就成了。

■1989年台灣解嚴後不久，王培五與子女回台舉辦「張敏之、鄒鑑校長罹難四十週年紀念會」，為澎湖案的翻案揭開序幕。上圖為張家6個子女在陽明山父親墓前合影，下圖為紀念會現場。

■2004年1月17日，陳水扁總統針對澎湖案受害人張敏之，頒發回復名譽證書，並在2008年12月15日，舉行澎湖案紀念碑竣工典禮，這是政府對該事件的初步反省。下圖為回復名譽證書，上圖為竣工典禮時合影，中圖為澎湖案紀念碑文。(高丹華 攝)

回復名譽證書

（九三）復譽字第一四一七號

第二次世界大戰後政府長期實施戒嚴
使民主發展與人權保障受到阻礙
前輩因政治案件致生命或自由遭剝奪、尊嚴被侵害
政府秉持勇於面對歷史事實與誠意負責的態度
檢討反省過去所造成之錯誤
致力重建自由、民主、安定與祥和的社會
張　敏　之　先生及家屬　因政治案件名譽受損
中華民國政府特頒此證，以回復名譽。

總統 陳水扁
行政院長 游錫堃

中華民國九十三年一月十七日

王培五女士年表

一九〇九年	出生於山東濟寧。歷代經營瓷器買賣，家境殷實。
一九二四年	進入泰安「德貞女子中學」，基督教美以美教會創辦。
一九二八年	認識「三民主義巡迴教官」張敏之，因為「師生戀」受到壓力，轉學到濟寧第七中學，完成高中學業。進入北京師範大學預科。
一九三一年	就讀北京師範大學英語系。與張敏之結婚。
一九三五年	北京師範大學畢業。長女張磊誕生。
一九三六年	長子張彬誕生。任教於濟寧「中西中學」，此校為王培五母親捐款給德國天主教聖方濟會創辦。
一九四一年	次女張焱誕生。
一九四二年	中國對日抗戰期間，山東第一臨時中學成立，張敏之出任校長。舉家遷往安徽省臨泉縣長官店。次子張彪誕生。
一九四五年	三女張鑫誕生。
一九四六年	三子張彤誕生。張敏之出任青島市政府參議。
一九四八年	國共內戰期間，煙台聯合中學成立，張敏之出任總校長。舉家隨校遷往湖南省藍田縣。
一九四九年六月	煙台聯中與濟南聯中、昌濰聯中等師生近千八多人，抵達澎湖。

一九四九年七月十三日	澎湖防衛司令部操場發生「刺刀事件」，十七歲以上男學生一律參軍。各聯中解散，「澎湖防衛司令部子弟學校」成立。
一九四九年九月	張敏之被澎湖防衛司令部逮捕。
一九四九年十一月	張敏之移送台北保安司令部。王培五帶六名子女遷往高雄，暫駐氣象站友人處。
一九四九年十二月十一日	張敏之以「匪諜」罪名槍決於馬場町。王培五帶子女輾轉遷徙高雄火車站友人處、高雄新興教會，以及台中、彰化友人處。
一九五〇年八月	王培五任教屏東縣萬丹中學英語教師。
一九五一年	長女張磊考上高級醫事職業學校（今台北護理健康大學）。
一九五二年	王培五任教屏東縣潮州中學英語教師。國大代表談明華面見總統蔣介石，為山東師生匪諜案請求平反，蔣下令調查。
一九五四年	五月—陳誠競選中華民國第二任副總統，派員到潮州致贈五千元慰問金。 七月—山東師生匪諜案平反行動告終，翻案失敗。 九月—長子張彬考上台大獸醫系。
一九五八年	王培五任教台南縣善化中學英語教師。
一九五九年	次子張彪考上台大森林系。
一九六〇年	王培五任教台南市台南女中英語教師。
一九六一年	長子張彬在山東五大老聯保下准予出國，就讀美國猶他州楊百翰大學土木研究所。 次女張焱考上台灣省立護理專科學校（今台北護理健康大學）。

一九六二年	三女張鑫考上台大醫學系。
一九六三年	王培五任教台北市建國中學英語教師。張彤保送台大電機系。
一九六四年	次女張焱到加拿大溫尼伯綜合醫院擔任護士。
一九六五年	次子張彪就讀美國猶他州州立大學土木系。
一九六九年	三子張彤就讀美國史丹福大學電機研究所。
一九七〇年	三女張鑫就讀美國哥倫比亞大學醫學院。王培五定居美國洛杉磯。
一九七一年	長女張磊出國定居美國洛杉磯。
一九七九年	王培五返濟寧老家，為父母修墳。濟寧市委書記、市長等人設宴招待。一九八九年，王培五與六名子女回台灣，舉辦「張敏之校長、鄒鑑校長罹難四十週年紀念會」。
一九九九年	前立委高惠宇、資深媒體人劉台平執筆《十字架上的校長》出版，各大媒體報導山東師生匪諜冤案。前立委謝聰敏、范巽綠、蔡明憲，以及陳光復，在立法院召開記者會，長女張磊、次子張彪，以及三子張彤到場說明。
二〇〇〇年	「戒嚴時期不當叛亂暨匪諜審判案件補償基金會」審查通過張敏之校長六百萬元補償金。張家全數捐給煙台第二中學蓋教學大樓、設立獎學金。
二〇〇八年	內政部於澎湖設立「山東師生冤案」國家紀念碑。
二〇一四年六月二十四日	王培五在睡眠中安詳過世。享年一〇六歲。

引述備註

一．山東第一臨中學生張敬周、文暖根、仝緒文、蔣向虹，引述自《杏壇之光－紀念教育家張敏之先生詩文集》（安徽省臨泉縣第一中學校長辦公室編，2004）。

二．煙台聯中學生于兆泮、孫序振、初福山、賀繼盛、孫仁山、欒秉傑、吳晶華，摘錄自《澎湖煙台聯中冤案口述歷史》（中研院近史所，2012）。

三．煙台聯中學生曹乃瀛、賀繼盛、許延熇，呂培苓訪問（2014）。

四．山東臨時師範學生劉德麟，引述自《流亡學生憶述－山東省立臨時師範》（山東文獻社，1996）。

五．煙台聯中學生呂高麟；濟南聯中學生唐克忠、張放；馬公女學生顏秋敏，引述自公共電視《獨立特派員》（2007）。

六．濟南聯中學生王殿祥，引述自東森電視台《台灣啟示錄》（2007）。

七．煙台聯中教師曲明齋引述自《家國情懷 － 曲公明齋先生回憶錄》（2009）。

八．潮洲中學教師和明藝、王緒文；潮州中學學生吳振和；中西中學學生高慕君；山東一臨中學生馬鈞銘；安徽省臨泉縣李全福；張家子女及孫輩；王培五姪子王長仁、王同生，呂培苓、高丹華、李國壽訪問（2014）。

九．前山東省府主席秦德純、濟南一聯中校長劉澤民、濟南三聯中校長王志信、煙台聯中三分校校長徐承烈，引述自《山東流亡學校史》（山東文獻社，1996）。

十．主要參考書目：《山東流亡學校史》（山東文獻社，1996）、《煙台聯中師罹難紀要》（張敏之、鄒鑑兩位校長蒙難四十週年紀念冊，1989）、《十字架上的校長－張敏之夫人回憶錄》（文經社，1999）、《吳國禎傳》（自由時報，1995）、《Year of the Rat》（張彬自傳，未出版）、張案相關公文書。

感謝

一．感謝南港中研院社會所張茂桂研究員審閱。

二．感謝烏坵高丹華提供採訪協助，她催生了這本書的寫作計畫。

三．感謝李國壽提供採訪協助，本書照片，都是他攝影翻拍；軍方公文書，也是他協助整理。

四．感謝管仁健編輯本書，本書的段落標題與照片解說，都是他研究完成。

五．感謝煙台聯中學生孫柏世、張玉法、許延熇、曲立昂、賀繼盛、煙台聯中同學會提供資料。

六．感謝潮洲中學學生張金源、楊藝梧、徐衍騰提供資料。

七．感謝安徽省臨泉縣李玉璽、張兵、曹麗芳、李瑾、王軍、張堯、臨泉縣第一中學，提供採訪協助。

八．感謝北京市師範大學檔案館楊桂明、王書珍提供採訪協助。

九．感謝高雄市陳寶鵬提供採訪協助。

十．感謝台北市蘇希宗、張良信、高有智提供採訪協助。

十一．感謝台灣基督教長老教會新興教會提供採訪協助。

國家圖書館出版品預行編目資料

一甲子的未亡人：王培五與她的6個子女／呂培苓 著.
--第一版. . --新北市：文經社，2015.02
面； 公分 . --（文經文庫；316）

ISBN 978-957-663-736-0（平裝）
1. 白色恐怖 2. 政治迫害 3. 台灣政治

733.2931 104000025

文經社網址 http://www.cosmax.com.tw/
www.facebook.com/cosmax.co 或「博客來網路書店」查詢文經社。

文經文庫 A316

一甲子的未亡人——王培五與她的6個子女

作　　者｜呂培苓
發 行 人｜趙元美
社　　長｜吳榮斌
主　　編｜管仁健
美術設計｜王小明
出 版 者｜文經出版社有限公司
登 記 證｜新聞局局版台業字第 2424 號
社　　址｜241-58 新北市三重區光復路一段 61 巷 27 號 11 樓（鴻運大樓）

編輯部

電　　話｜(02)2278-3338
傳　　真｜(02)2278-2227
E - mail｜cosmax.pub@msa.hinet.net

業務部

電　　話｜(02)2278-3158・2278-2563
傳　　真｜(02)2278-3168
E - mail｜cosmax27@ms76.hinet.net
郵撥帳號｜05088806 文經出版社有限公司
印 刷 所｜通南彩色印刷有限公司
法律顧問｜鄭玉燦律師 (02)2915-5229

發 行 日｜2015 年 6 月 第一版 第 1 刷

定價／新台幣350元

Printed in Taiwan